기적의 성령충만

기적의 성령충만

지 은 이 | 박이스라엘
펴 낸 이 | 김원중

기   획 | 김재운
편   집 | 박순주, 박성연
디 자 인 | 변은경, 류미선
제   작 | 허석기
관   리 | 차정심
마 케 팅 | 정한근

초 판 인 쇄 | 2014년 1월 15일
초 판 발 행 | 2014년 1월 20일

출 판 등 록 | 제313-2007-000172 (2007.08.29)

펴 낸 곳 | (주)상상나무
           도서출판 상상예찬
주   소 | 경기도 고양시 덕양구 행주내동 743-12
전   화 | (031)973-5191
팩   스 | (031)973-5020
홈 페 이 지 | http://smbooks.com

ISBN 978-89-93484-86-1 (03230)

값 13,000원

기적의
성령충만

지은이 박이스라엘

상상
나무

머리말

　하나님 아버지께서 이 책을 써주신 지가 5년쯤 된 듯합니다.

　두 번이나 개정판을 냈고 지금이 세 번째, 이 책 또한 수난의 시대를 저와 같이 당했지요.

　세 번째 개정증보판을 내면서 "하늘의 비밀을 맡은 자로 여길지니라(고전4:1)."

　맡은 자이긴 한데 그것도 제대로 알아야 하는 것이지 알쏭달쏭한 걸 어찌합니까?

　이 땅에 각각 맡은 바 사명(비밀)이 있지만 조금 까다로운 일을 맡아 어찌 보면 너무 감사하고 어찌 보면 너무 억울한 것 같기도 한 시간, 돌이켜 보니 감사뿐입니다.

　'신이 사람을 쓰시는구나!' 라고 할 수밖에 없습니다. 세상에 아무 배운 것도 없는 저에게 성경 한 권속에 자연의 이치, 사람을 섬기는 이치, 하늘의 이치를 가르치셨습니다. 참행복은 하나님의 긍휼함 속에 있는 예수 그리스도이며, 그 이름이 너에게 그것을 주며 그의 영이신 성령님만이 그 행복을 만들어 낼 수 있다고 가르치신 지 15년, 저는 하루만 살았는데 제 웃음소리 들으면서 말이에요.

　이곳에 도착하여 얼마 되지 않아 신학을 공부하고 있을 때였어요.

어떤 분이 말씀하시기를 설교를 절기별로 만들어서 500개 정도를 만들어 놓으면 5~6년은 걱정 없이 쓴다고 해서 아무 생각 없이 듣고 있는데 갑자기 큰소리 들리기를 '이런 나쁜 놈들 너희가 그렇게 양떼에 죽은 꼴을 먹이니 내 자식들이 광우병에 걸려서 이렇게 어렵게 됐다.' 면서 노발대발하시는데 '누구세요' 나도 놀라서 소리치니 '나다' 하고 대답해 주십니다.

무서워서 얼른 컴퓨터를 끄고 나와서 일을 했는데 밤기도 시간이 되니 습관에 따라 아버지 앞에 앉을 수밖에요. 앉자마자 또 화를 내시기 시작하십니다.

'아버지! 왜 그러세요. 광우병은 뭐예요?'

자연의 이치상 세 계절은 푸른 꼴을 먹이고, 한 계절은 죽은 꼴을 먹여야 하는데 너희들은 설교를 만들어 놓고 사계절 내내 죽은 꼴을 먹여대니 내 백성들이 광우병(레26:14~42, 돈 문제, 병, 자식 안됨, 가정 깨짐, 이혼) 저주 아래 있다는 것이지요.

아버지께서 크게 화를 내시는 바람에 제 몸에 열이 펄펄 나더니 기절하다시피 잠이 들어버렸고 새벽에 깨어나 보니 설사가 죽죽, 엄청나게 볶였던 것이지요. 저도 화가 나서 왜 그러시냐고 막 달려들었지요.

'저는 안 그러잖아요. 왜 저한테 화풀이하세요?' 했더니 너무나 가없은 목소리로 '네가 알아들어서', '네!' 너무나 안타까운 마음에 가슴이 아팠어요. '아버지! 그러세요' 했더니 '내 돈 들여서 가르치고 밥 먹이고 돌봐주면 종들이 모두 자기 마음대로 양 떼를 돌보기 때문에 자식들이 고통당하는 것을 차마 볼 수 없어 이처럼 뜨겁다'고 하시는 거예요.

마음이 불타는 것이지요. '그러셨군요. 아버지! 죄송해요. 저는 몰랐어요.' 집사로 이곳에 강제로 잡아오셨고 어떤 목사님에게도 못 배우게 하셨기 때문에 30살부터 37살까지 섬겼던 목사님 외에는 모르는 것이지요. '아버지! 그렇다면 무엇을 못 알아듣고 있는지 저에게 알아듣게 해주시면 제가 종들에게 알려줄게요. 가르쳐 주기만 하세요.' 하고 배운 세월입니다. 아버지께서 '나는 너와 함께 하고 싶다.「성령충만 받으라」', '나는 너하고 대화하고 싶다.「성경으로 해석하는 꿈과 환상」' 라고 하셨습니다.

아버지와 대화가 되어서 들어보니 죽겠네, 미치겠네, 환장하겠네, 지랄하네 같은 부정하고 욕하고 흉보고 때리고 싸우고 헐뜯는 행위를 아버지께서는 싫어하시므로 '나는 너와 함께 할 수 없어.' 라고 하십니다.

공의롭지 못하고 정의롭지 못한(마5:38~42) 행동이 귀신들이 하는 것이기 때문에 거룩한 내가(고전3:16~17) 더러운 귀신들하고(막1:23 외, 계16:14) 살 수 있겠니? 하시며 「옛 구습을 버리고 새 사람을 입으라」를 알려주신 것입니다.

몇 달 전에 꾼 꿈에 어마어마한 굴이 있고 그 속에 네모난 구멍이 네 개 있어요. 무섭게 생긴 사람들이 서류를 한 줄로 올려놓을 수 있는 손수레를 끌고 빠르게 굴속으로 들어가는데 하늘에서 소리 들리기를 '이 사람들이 너희의 죄악상을 가지고 나오기 전에 너희가 금식해야지 그렇지 않으면 너희 민족은 전쟁이 일어난다.'고 했습니다. 큰 소리에 놀라서 굴 밖으로 뛰쳐나와 보니 나는 산꼭대기에 있고, 백 미터쯤 되는 다리 하나가 놓여있는데 빨리 그 다리를 건너가야지 그렇지 않으면 전쟁을 일으킬 수밖에 없다는 것이지요. 저는 산꼭대기에서 소리쳤어요. '금식해야 해! 금식! 금식해야 해' 너무나 급하고 고통스러움 속에서 소리를 쳤더니 사람들이 한두 사람 보이더니 갑자기 물밀 듯이 밀려 나와서 그 다리를 향해 달려가기 시작했어요. 저는 계속 소리를 치다가 감사와 감탄하다가 잠에서 깼어요.

　처음부터 '네가 내 말을 잘 들어주면 네 나라는 전쟁을 막아주겠다.' 하셨는데　제가 미련하여 빨리 알아듣지 못하고 12년이라는 시간이 흐르는 동안 우리 백성들은 죄가 죄인지도 모르고 육신에 매여서 종으로부터 시작하여 믿는 자나 믿지 않는 자나 죄가 하늘에 관영했고 그 죄악상을 천사들이 가지러 들어간 것이지요. 이 세 권의 책이 소리를 지르고 있는 것이지요.

　여러분 우리는 지금 니느웨 백성들처럼 왕부터 어린아이와 짐승에 이르기까지 금식하여(요나서3장) 하나님 아버지께 용서를 빌고 그 다리를 건너가야 합니다.

　다리란 첫째는 요단 강 다리로 가나안에 들어가서 사람이 잘되는 것이고, 둘째는 죄악의 다리를 건너 거룩한 삶으로, 옛 구습을 벗어버리고 거룩하게 되어 잘되는 행복한 삶을 살아야 하는 것이지요.

이 일의 필수 조건이 금식입니다. 저희 금식기도원 뿐만 아니라 전국의 금식 기도원이 재정비 하여 금식과 보식을 잘 시켜 주고 회개의 말씀을 전하여 하나님 기뻐하는 금식을(사58:6) 할 수 있도록 이끌어 줘야할 때입니다.

아버지께서 원하시는 것은 나라의 온 산에 금식 기도원이 들어서서 백성들이 어려움 당하지 않도록 금식과 기도를 계속시켜야 하고 교회를 책임지고 계시는 목사님들은 각각 자신들이 좋아하는 기도원과 연계하여 금식을 하고 백성들을 시켜주면 모든 문제는 해결입니다. 주기적으로 금식을 해야 합니다. 부흥문제, 성도들의 병 문제까지 해결 안되는 문제가 없는 것이지요.

거룩해지는 씻고 닦음이 없으니 거룩하신 하나님은 일을 못 하시고 더러운 사단, 마귀, 귀신들이 일을 너무 잘해서 교회 내의 싸움, 분쟁, 시기, 악독, 질투가 생겨납니다. 목사님들이 일 하실 수 있게 놔두던가요? 목사님들이나 성도들이나 귀신의 인격을 버리지 않고서야 어떻게 거룩하신 하나님이 일 하시길 원하시는지요. 부흥이 거꾸로 가는 뿐만 아니라 귀신들이 만들어 놓은 인격 때문에 그들의 세력이 판을 쳐서 교회를 무너뜨리고 있는 것은 아닌가요. 함께 금식하시면 아버지께서 그런 세력은 순식간에 무너뜨리시고 다시 부흥하는 나라와 교회 가정이 된답니다.

마음에 불이 타서 도저히 말하지 않고 견딜 수 없는 이 나팔소리를

(사58:1) 믿는 자나 믿지 않는 자나 모두 들어서 우리 이제 상대를 비방할 것이 아니라 모두 내 탓으로 돌려서 내가 금식하고 기도하며 회개하여 하나님, 예수님, 성령님을 내 편 만드시면 내가 갖고 싶은 모든 것은 자동으로 주어집니다.

아버지의 애끓는 마음을 전하며 민족과 세계가 물과 성령으로 거듭나(요3:5), 성령충만에 이르러 내 삶을 내가 사는 것이 아니라 내 안에 사시는 그리스도께서 사셔서 아름답고 능력 있으며 거룩하고 복된 삶을 살아 우리 모두 하나님의 기쁨이 되어 날마다 순간마다 할렐루야로 영광 돌려 드리기를 간절히 소원합니다. 사랑합니다. 화이팅!

2014년 1월 15일

벧엘의 추운 겨울의 따뜻함 속에서 **박이스라엘**

이 책을 쓴 목적

사람으로 하여금 성령충만 받아 행복하게 살게 하고(신10:13) 하나님을 기쁘게 해드리며 주시는 복을 받아 하나님, 예수님, 성령님을 자랑케 하려고(벧전2:9) 그 방법을 제시하기 위하여

① **금식**(사58:1~12)
옛 구습을 버리고 새사람
입는 방법(엡4:22~24)
새 땅이 되어 새 하늘이
오게하는 방법(계21:1)

② **꿈 · 환상**
(행2:17) (응답)

성령충만 받으려면 ①, ②의 독수리 두 날개를 가져야 한다.
큰 믿음의 독수리 같은 사람을 만들어낸다(계12:14).

① 금식(사58:1~12)	② 꿈·환상(응답) (행2:17, 10:10, 19, 16:9~10, 27:23~25)
1) 하나님이 기뻐하는 금식(사58:6) 　① 하지 말아야 할 것 두 가지(사58:3) 　　a. 일하지 않는다. 　　b. 오락하지 않는다. 　② 해야 할 것 두 가지(사58:4) 　　a. 회개한다(렘2:9). 　　b. 용서한다(마5:22~26, 18:18). 2) 준비된 기도원에서 금식과 보식을 정확히 한다. 　① 금식 : 수술기간 　② 보식 : 회복기간 　③ 은사 집회 통하여 성령과 불로 세례받는다(마3:11).	1) 잘못된 응답법이 믿음의 장성자들을 쓰러뜨리고 있다(렘2:8). 이곳에 오신 여러분의 암환자와 삶의 환자들의 영적인 상태를 보여주시다. 　① 응답을 기다려라. 　② 세미한 음성을 들으려해라. 　③ 사랑한다는 말을 들으라. 　④ 예언하려고 하라(고전 14:24~25). 2) 우리는 삶과 인격에 너무나 많은 귀신들이 자리하고 있는 조상들의 우상숭배한 죄가 그것을 따라하고 있는 불순종의 죄가 줄줄이 3~4대를 내리고 있다(출20:5). 　① 욕 : 지랄, 염병, 환장하겠네, 죽겠네, 미치겠네 등(계16:13~14) 　② 돈, 건강 없음, 자식 안됨, 가정불화

3) 아버지께서 원하시는 기간(사58:6)

(1)

금식기간	보식기간
하루	두끼
이틀	하루 반
삼일	이틀 반

(2)보식 때 먹지 않아야 되는 음식
　① 개고기(행15:29), 돼지고기, 닭고기, 소고기,
　　오리고기, 육고기류
　② 설탕든 음식, 냉동식품, 매운 것, 익히지 않
　　은 음식, 익히지 않은 가루, 밥, 밀가루 음식
(3) 보식때 먹을 수 있는 음식
　① 아무것도 넣지 않은 흰죽
　② 된장국, 무국, 동치미, 부드러운 반찬, 부드러
　　운 생선류, 과일 부드러운 것
4) 하나님이 싫어하는 금식
　1) 금식하지 않아야 될 장소
　① 집 ② 교회 ③ 일하면서
　④ 이곳저곳 돌아다니면서
　⑤ 주의 종이 설교하면서
　2) 금식할 때 먹지 않아야할 것
　① 물외에 아무것도 먹지 않는다.
　② 물에 아무것도 첨가하지 않는다.
　③ 쥬스, 소고기 미음종류, 차종류, 음식이나 가
　　루음식이나 아무것도 물에 타서 먹지 않는다.
　④ 하나님은 그대로(요2:5) 따라하는 사람에게
　　기적을 일으키신다.
　⑤ 주사 맞고 금식하지 않는다.
5) 나를 새롭게 만들고 내 삶을 새롭게 새 땅(몸)
만들어 새 하늘을 나에게 오게 하는 최고의 비결
(계21:1)
6) 돈문제, 건강문제, 자식문제, 가정문제가 모두
해결된다(사58:7, 8, 11, 12).
7) 다달이 3년 이상 금식하면 조상들의 우상숭배
한 죄가 풀린다(출20:5).
8) 금식할 때가 된 때
　① 신랑을 빼앗겼을 때(막2:20)
　② 성령이 나에게 아니 계실 때(마25:1~13)
　③ 육체의 힘이 약해질 때(성령 충만이떨어진 상태)

3) 이런 일을 모두 귀신들이 내 몸속에서 하고 있
고 우리는 그것을 따라하고 있는데(계16:13~14) 1
번의 일을 우리가 하려고 할 때 한두번은 성령께
서 하시나 성령의 일은 신속히 사라지고 그 곳에
귀신들이 움직여 자리한다.
4) 점쟁이 귀신
5) 무당귀신들이 자리하고 춤추고 날뛰는자리에
암들이 발생하고 치명적인 병들이발생하고 있는
것이다.
6) 해결방법
1번의 잘못된 응답을 기다리지 않는다. 사랑합니다
는 나만 하고 들으려하지 않는다. 어떤 예언이든지
거절하고 자꾸 들리면 현찰로(삶을) 달라고 한다.
마음의 소리 모두 거절한다. 성경을 거절하는 것이
아니라 우리의 마음 밭이 아버지 것이 아니라 사
탄 마귀 귀신들의 놀이터가 되어 있기 때문이다.
꾸준한 금식으로 새로운 마음 밭을 만들어 그 안
에 성령님을 모실 때까지 계속 한다.
'꿈 · 환상으로 말씀해 주세요' 라고 말씀드리고 잠
을 자면 모든 것을 알려주신다.
해석은 전문가에게 받고 내가 배우면 된다.
7) 꿈 · 환상은 성령께서 주시는 우리의 구원의 방
법이며 생명의 길이다(행2:21, 28). 사단이 장난할
수 없다. 그러나 해석하는 사람에 따라서 잘못갈
수도 있다. 해석자 가 누구냐가 중요하다.
8) 응답을 잘못 받아 죽은 사람 :
　　사울(대상10:13~14, 삼상28:3~)
9) 예언을 한다고 해도 그것을 분별해야 하고 그
말뜻은 해석해야 한다.

차 례

성령충만 받으라

우리도 먼저 내 삶과 내 인격 속에 있는 빛과 어둠이 하고 있는 일을 분리해서 그것을 버리고 빛이 하시는 일을 따라 하면 하나님 아버지께서 하셨던 것처럼 우리의 삶 속에서도 말씀하신 것이 그대로 되어 아버지, 예수님, 성령님께 영광 돌려 드릴 일들이 생겨납니다.

성령충만이란 무엇인가?

성령충만이란 성령님께서 힘이 강하시다는 것을 뜻합니다.

사람이 밥 잘 먹고 편안해야 힘이 생기고 그 힘을 가지고 일하고 움직여 건강한 삶을 살듯이 성령님도 힘이 있어야 우리를 도우실 수 있는 것입니다.

우리는 그래서 성령충만을 받으려고 부흥회를 열고 성령충만을 받으려고 기도원에도 가고, 성령충만을 받으려고 수고했던 부분들이 많습니다.

성령님께서 내 안에서 힘 있게 살아계셔서, 내가 육으로 살지 않고 영으로 살아(롬8:13~) 반드시 죽을 길에서 살 길로 인도받으시길 원하십니다.

우리는 두 영(성령님과 사단)에게 내 몸을 제공하고 있습니다(삼상16:14).

두 영	빛	예수 그리스도의 영이신 성령님이 하시는 일(갈5:22~23)
	어둠	사단, 마귀, 귀신이 하는 일(갈5:19~21, 롬1:29~31)

하나님께서 천지를 창조하실 때에 땅이 혼돈하고 흑암이 깊음 위에 있고, 하나님의 신은 수면에 운행하고 계셨습니다. 하나님이 빛이 있으라 하시매 빛이 있었고, 그 빛이 하나님 보시기에 좋았더라 하시고 빛을 낮이라 칭하시고 어둠을 밤이라 칭하시니라 저녁이 되며 아침이 되니 이는 첫째 날이니라(창1:1~4).

혼돈한 세상을 첫째 날에 빛과 어둠으로 나누셨습니다. 그리고 둘째 날부터 다섯째 날까지 하시는 말씀이 그대로 되었습니다.

우리도 먼저 내 삶과 내 인격 속에 있는 빛과 어둠이 하고 있는 일을 분리해서 그것을 버리고 빛이 하시는 일을 따라 하면 하나님 아버지께서 하셨던 것처럼 우리의 삶 속에서도 말씀하신 것이 그대로 되어 아버지, 예수님, 성령님께 영광 돌려 드릴 일들이 생겨납니다.

1) 이제 우리의 삶과 인격에 빛과 어둠을 분리해 보실까요 (롬12:1).

성령님께(빛) 내 몸이 제공되면	사단, 마귀, 귀신에게(어둠) 내 몸이 제공되면
사랑하고 희락하며 오래 참음이 되고 자비와 양선이(잘하는 사람과 잘못하는 사람에게도 잘하게 됨) 충성과 온유와 절제의 사람이 되며(갈5:22)	지극히 비인격적인 사람이 되어 불의 추악, 탐욕 악의가 가득한 자요, 시기, 살인, 사기, 악독이 가득한 자요, 수군수군하는 자요, 비방하는 자요, 하나님께서 미워하시는 자요, 능욕하는 자요, 교만한 자요, 자랑하는 자요, 악을 도모한 자요, 부모를 거역하는 자요, 우매한 자라, 무정한 자요, 무자비한 자라(롬1:29~31)

돈이 많아지고 질병이 사라지고 자식이 잘되며 가정에 평화가 온다(레26:1~13).	가난, 질병, 자식 안됨, 가정의 어려움(레26:14~)
사람을 사랑하게 되고 이해하게 되며 유덕하여 사람과 부드럽게 살게 되고(잠11:16), 사랑의 도구되어 아버지 뜻을 이 땅에 이루며 가정을 화목으로 이끌 수 있게 된다.	술 먹고, 담배피우고, 바람피우고, 각종 병: 암, 아토피, 희귀병, 위장병, 아이들의 특이한 행동 안 좋은 것, 컴퓨터에 빠지는 것, 오락에 빠지는 것, 입이 까다로워 음식을 가리는 것, 왕따 시키는 것 왕따 당하는 것, 이 세상에 정상적인 것을 넘어서는 모든 것 집안에 고통이 따르고 해결할 수 없는 미궁으로 빠진다.

　그래서 성령충만을 받아 성령님의 힘이 강해지시게 하여 성령님의 도움을 받아 세상에서 인격적인 사람으로 살아야 합니다.

　"증거는 이것이니 하나님이 우리에게 영생을 주신 것과 이 생명이 그의 아들 안에 있는 그것이니라(요일5:11)"그의 아들 안에 있는 성령님이 우리에게 영생을 주시므로, 성령님이 아니시면 예수님 안에 있는 이 땅에 우리의 삶이 온전해질 수 없고 영원한 생명을 가질 수 없으며 증거자 즉 전도자도 될 수 없는 것입니다.

　성령님을 알고 성령충만을 받아야 되겠지요. 어떤 부류의 사람들은 성령충만을 치마를 벌려 받으라고도 하고 심지어 던져서 받으라고 하는 사람도 있고 끊임없이 피를 뿌리며 문제를 해결하고 성령충만을 받으려 하는데 이것이 얼마나 비인격적인 일인가를 알아야 합니다. 우리는 지극히 인격적이시고 우리의 아버지이시며 사랑하는 예수님의 영이신(갈2:20) 동시에 삼위일체 하나님의 한 분이신 성령님이 나의 참 하나님이신 것과 영생이신 것과(요일5:20) 생명의 성령의 법으로 죄와 사망의 법에서 해방 시켜주시는(롬8:2) 나의 가장 귀하신 나만을 위한 나의 하나님이신 것을 알고 섬김의 지식을 가져야 하겠습니다(고전2:8).

성령님은 누구신가?

1) 나만을 위하는 나의 하나님

"아브라함과 다윗의 자손 예수 그리스도의 세계라(마1:1)." 예수 님만 계셨던 우리의 삶에 그리스도(성령님)의 세계를 여는 것입니 다. 우리가 성령충만을 받기 위해서는 성령님이 누구이신가에 대해 서 먼저 알아야 하겠습니다.

(1) 하나님 아버지는 하늘에 계시며 그분의 성함이 여호와이십니 다. "나는 스스로 있는 자니라(나는 나다, 출3:14)." 라는 뜻을 가 지고 계십니다. 이 분은 우리의 아버지이십니다(전 우주 치리자).

(2) 우리 예수님은 살아계신 하나님의 아들이시며(마16:16), 예수 그리스도라는 이름을 가지고 율법의 요구를 이루시려고 십자가를 지시고 우리의 죄를 대속하셨으며(롬8:3~4) 죽었다가 3일 만에 살 아나셔서 지금은 하나님 우편에 계십니다(막16:19). 또한 이 세상 그 누구도 가질 수 없는 육체와 신을 동시적으로 가지신 유일하신 분이시며 전능하신 하나님이시며 다 영존하시는 아버지이십니다 (사9:6). 이분이 막았던 생명나무의 길(창3:24)을 터주셔서 우리가

깨끗이 씻는 금식을 하여 나의 직분을 거룩하게 감당하면 그 생명나무가 되어 이 땅에서 권세를 가지고 많은 영혼들을 구원하고 아버지 하나님께 영광을 돌리게 해 주십니다.

(3) 성령님은 예수님의 영이시며 예수님은 아버지 안에 계시고, 성령님은 우리 안에 우리는 성령님 안에 있습니다(요14:20). 예수님을 통하여 우리를 구원하시고 우리를 고아와 같이 버려두지 아니하시고(요14:17), 도와주시려고 보내주신 예수님의 영이시며, 참 하나님이시요 영생이십니다(요일5:20). 삼위일체 하나님 아버지의 한 분이시며 성스러운 영이라는 뜻을 가지고 계십니다. 어머니와 같이(갈4:26) 우리에게 생명을(창3:24, 계22:14) 주시며 세심하게 보살펴주시고 예수님과 아버지를 만날 수 있는 열쇠이십니다.

삼위일체 하나님은 한 분이신 동시에 세 분이시며 동일한 능력을 가지고 일하시지만, 각각 인격을 가지고 일하십니다. 따라서 사역을 하실 때는 각각의 사역을 하십니다.

예를 들어 우리의 구원사역을 어떻게 이루셨을까요?

창세기부터 함께 계신 분들이시지요(창1:26).

첫째, 하나님 아버지께서 계획하셨고(사7:14, 마27:46, 마26:39)

둘째, 예수님이 이루셨으며(마27:46, 계1:5~6)

셋째, 구원 된 우리를 도우시는 분이 바로 성령님이십니다(창27:13, 요14:16, 갈4:26).

성령님은 우리의 몸을 성전 삼아 계시는데, 예수님께서 예루살렘 성전을 헐고 사흘 만에 다시 일으키시리라(마26:61) 하셨고, 돌아가신 후 사흘 만에 살아나셔서 약속하신 대로 일으키신 성전이 바로 우리 육체의 성전입니다. 때문에 성령님이 우리 육체의 성전에 계시면서 어머니와 같은 역할을 하시며(요14:18), 예민하시고(성령을 노엽게 말라, 엡4:30) 세심하셔서 우리에 대하여 모르는 것이 전혀 없으신 분이십니다(롬8:27).

성령님을 예수 그리스도 안에 있는 생명의 성령의 법이 우리를 죄와 사망의 법에서 해방하셨고(롬8:2),

이분은 진리의 영이시며(요14:17),

이분은 우리를 물과 성령으로 거듭나게 하십니다(요3:1).

2) 거듭남의 두 가지(요3:1~5)

① 거듭나지 아니하면 하나님의 나라를 볼 수 없느니라(요3:3).	② 물과 성령으로 거듭나지 아니하면 하나님 나라에 들어갈 수 없느니라(요3:5).
· 거꾸로 하면 거듭나면 하나님의 나라를 볼 수 있는 거지요, 세상에서 살다가 예수 믿어 하나님의 나라를 볼 수 있는 사람, 하늘나라는 보도블럭도 금으로 되어있는데, 하늘나라는 없는 것이 없는데. 그런데 나는 왜 없지의 상태 · 성령을 아직 안에 모실 수 없는(계1:5) 어린 상태	· 거꾸로 물과 성령으로 거듭나면 하늘나라에 들어갈 수 있다. 그곳은 모든 것이 있다던데 ①과 같은 그것을 가질 수 있는 상태 · 젊은이 이상(행2:17), 단단한 음식은 장성자의 것(히5:14) 청년들아 아비들아(요일2:13) · 성령을 안에 모실 수 있는 성장상태(계1:6, 3:20~21) · 안에 모셔야 되는 시기가 되었는데도 모시지 못하면 더욱 가정에 어려움 온다.

· 자녀들(행2:17), 젖 먹는 자, 어린아이 (히5:13), 아이들아(요일2:14) · 밖에서 돕고 계신다.	· 예수 믿어 오래 되면 어려움 당하는 이유 중 하나(고전3:16~17) · 거룩하여 함께 해야 하는데 그렇지 못한 화, 삶이 어려움 당한다. · 이단으로 빠지는 이유: 장성자들이 많이 생긴 교회들의 상황에 성령님 안에 모시는 거룩한 금식을 해줘야 하는데 그것은 안되고 교회에서는 방언도 하지마, 성령시대는 끝났다 는 둥 성령께서 하시는 은사(고전 12:1~11)는 이제 없다 하시는데 그 들은 기도할 때 꿈으로 환상으로 보 여주시는 것도 많은데 모두 눌러 버 리니 고통스러운 마음과 답답한 삶 의 현장을 호소할 길이 없어 헤메다 걸려드는 곳

3) 성령은 진리시며(요일5:7) 이분은 예수의 영이십니다(행5:9, 갈4:6).

길이요 진리요 생명 되신 예수님의 진리는 성령이라 하셨고(요 15:15, 요일5:7), 성령님이 계셔야 우리에게 생명이 있음을 말씀하 고 계십니다(요일5:20). 생명 ①천국 생명 ②삶의 생명(삶이 잘되는 것 계22:14, 참고 P.18)

생명은 살아 있다는 의미이며 천국 가는 영원한 생명이 있는가 하 면 이 땅에서 살아가는 데에도 삶의 생명이 있습니다. 나의 삶이 윤 기가 나고 재미있고 신나는 것이 생명이지요. 가난하고, 병들고, 자 녀의 고통, 죽음이(레26:14~) 내 앞에서 왔다 갔다 하는 삶을 우리 는 내 삶에 죽음이 왔다고 표현합니다. 영·육 간에 생명을 갖기 위 해서는 성령님을 모시고 살아야 합니다.

우리의 삶에 길이 잘 지정되어야 하고, 그 길에서만이 진리를 만날 수 있고, 진리 되신 성령님만이 사랑하는 나의 아버지, 예수님을 알려주시며(요일1:2~7), 알려주신 그 가르침과 지식만이 생명을 낳을 수 있다는 것을 끊임없이 말씀하고 계십니다(요일5장).

예수님을 믿는 종이요 성도라면, 성령님을 알지 못하고서는 결코 살아 있는 영과 삶을 가질 수 없는 것이지요. 바른 성경에 대한 지식과 나의 삶에 대한 지식을 바르게 갖지 못한다면 나의 삶에 문제가 생깁니다. 그 문제로 말미암아 내가 행복한 삶에서 벗어나 고통과 괴로움의 나날이 되어 영혼이 잘 되는 길에서(왕상1:2) 제외되었다는 것을 깨달으면서도 그것을 해결 할 수 있는 방법을 찾지 못했었습니다. 진리 되신 나의 성령님께서 그것을 가르쳐 주실 것입니다. 이제 한 번 나의 삶을 되돌아보며 앞길을 열어보실까요?

"또 아는 것은 하나님의 아들이 이르러 우리에게 지각을 주사 우리로 참된 자를 알게 하신 것과 또한 우리가 참된 자, 곧 그의 아들 예수 그리스도 안에 있는 것이니, 그는 참 하나님이시요 영생이시라(요일5:20)."

성령 그분은 참 하나님이시요, 영생이십니다. 예수 안에 계신 사랑하는 나의 아버지이십니다.

어느 날 사랑하는 딸이 꾼 꿈에 작은 방이 하나 있는데 그 방에는 가구도 없고 보따리가 싸진 채로 썰렁했습니다. 이유가 있는데 그것은 남편이 이혼하고 자꾸 집을 나가기 때문에 안정이 안 되어서 가구도 못 사고 살림도 못 사고 늘 보따리를 싸놓고 산다고 하셨

습니다. 이 꿈의 뜻은 내 마음을 성전삼아 오신 성령님께서 우리와
의사소통이 원만하지 않기 때문에(요14:23), 내가 거룩하지 못하기
때문에(고전3:16~17) 내 방에서 나가신다는 것입니다. 그것도 은혜
한번 받으면 울고불고, 회개하고 "이제 말 잘 들을게요"라고 해 놓
고 또 동쪽으로 가라는데 서쪽으로 가니 "나는 말이 통하지 않는 아
내하곤 못 산다(잠21:9)."라고 또 보따리를 싸시기 때문에 우리의
삶이 안정이 안 되고 은사는 주어졌지만 삶의 고통은 여전히 해결
할 수 없는 것입니다. 우리 민족의 귀한 종들과 백성들에게 지금 성
령님과 의 관계가 어떠한지를 말씀 해주고 계시는 안타까운 꿈입니
다. 그래서 우리는 성령님과 원활하게 의사소통을 하는 방법을 배
우고 익혀서 보다 안정된 삶을 누려야 되겠습니다.

(1) 성령님은 예수님의 이름으로 일하십니다.
"예수의 이름으로 귀신아 나갈지어다."
"예수의 이름으로 깨끗이 치료 받을지어다."할 때에 성령님께서
일하셔서 귀신을 쫓아내시고 병도 고쳐주십니다. 예수님의 이름으
로만 일하십니다. 예수님의 영이시기 때문입니다(요14:20, 행5:9).

(2) 우리를 대신하여 기도해 주십니다.
아버지의 마음을 알고 성도의 마음을 알아서 해주시는 그 기도는
모든 일에 합력하여 선을 이루어 주십니다(롬8:27~28).
슬픈 일이 생겼을 때에나 기쁜 일이 생겼을 때에 그 일을 나에게

선을 이루어 좋은 일로 만들어주시는 분이 바로 성령님이십니다. 예수님을 믿는 우리의 삶 전체에서 빼놓을 수 없는 너무나도 귀중한 분이십니다. 어머니 같은 분이시랍니다(창27:13, 4:26).

(3) 성령님은 나 하나만을 위한 나만의 하나님이십니다.

하늘에 계신 하나님 아버지는(출3:15) 대통령과 같이 전체를 관장하시는 분이시라면, 성스러운 영이신 성령님은 나 하나만을 위하여 오신 나를 성전 삼고 계시는(고전3:16) 임마누엘(사7:4) 하나님이십니다.

예수님은 예루살렘에 계셨지 우리와 함께하시지 못하셨습니다. 내가 가는 것이 너희에게 유익이라(요16:7)고 하셨던 것이 바로 보혜사 성령님 때문이셨습니다(요14:16, 26, 16:7).

성령님은 내가 부족하든 잘났든 못났든 상관하지 않으시고, 나만을 위하시고, 나만을 사랑하시며, 나 하나 만으로 기뻐하시며, 만족해하십니다. 육신의 부모가 남의 자식이 아무리 잘났어도 아무리 똑똑해도, 부족한 내 자식만을 사랑하듯이 말입니다.

2006년 1월 5일 밤 기도시간이었습니다. 강대상에 쪼그리고 앉아서 기도하는 중 비몽사몽 잠이 들었습니다. 그때 무엇인지 떼구르르 구르는 것이 있어 가만히 엎드려 들여다보니 엄지와 검지손가락 두 개만 한 바퀴벌레 한 마리가 서 있었습니다. 그 바퀴벌레는 만화에서나 볼 수 있는 동그란 두 눈을 가지고 있었고 한 눈은 감고 한 눈은 뜨고 있었습니다. 너무나 신기해서 가만히 들여다보고 있었더니 내 뒤에 그의 아버지라는 분이 앉아 계셨는데 너무나 위엄이 있고 멋있는 분이셨습니다. 그 바퀴벌레의 아버지는 너무나 사랑스럽고 너무나 부드러운 음성으로 그 바퀴벌레에 대해 이야기를 하고 계셨습니다. 이 아이는 하루 종일 나를 위하여 이러저러한 일을 한다고 자랑하면서 무슨 말씀인가를 계속하고 계셨습니다. 나는 깨어나기 전에 이 바퀴벌레가 왜 한눈을 뜨고 자는지에 대해서 자동으로 알 수 있었습니다.

"아~ 이 바퀴벌레는 아버지의 마음을 살피느라고 한눈을 뜨고 자는구나!"하면서 일어났습니다(바퀴벌레가 한눈을 뜬다는 말씀은, 늘 강대상에서 기도하다 잠든 제가 아버지 마음을 살피느라고 강대상에서 자는 것을 말씀하심).

그의 아버지가 말하는 "나는 이 바퀴벌레 하나로만 기뻐한다."는 사랑 가득한 음성이 나의 마음을 녹이고 있었습니다. 잠이 깨어 앉아서 "아! 그 바퀴벌레가 부럽다. 그 바퀴벌레가 나였으면 좋겠다." 했더니 음성이 들리기를 "그 바퀴벌레가 바로 너야"라고 하시는 것을 듣고 기쁨과 감동이 넘쳐서 눈물이 범벅 되어 표현할 수 없는 감동 속으로 빠져들었고, 그 순간 성령님에 관한 이 책의 말씀들이 머릿속에 줄이어 줄줄줄 흘러들어왔습니다.

① 성령충만 받는 방법

② 성령님과 대화하는 방법

③ 성령충만을 유지하는 방법

④ 성령님이 안에서 역사하시게 하는 방법 등

펜을 들어 노트에 기록하게 하셨고, 이 일이 나에게 있으므로 속이 울렁이고 메슥거리고 머리가 어지러운데도, 아버지는 계속 쓰고 계셨고, 저는 "아버지! 천천히 하시면 안 될까요? 이제 나의 평생을 계속 해야 하는 일인데 두고두고 쓰시고 두고두고 천국에서 만나는 그때까지 하시는 게 좋지 않겠어요?"라고 말씀드렸더니 글씨로 쓰는 것을 멈추어주셨고 계속 설교할 때마다 또 말씀을 읽을 때마다 지혜와 지식의 말씀을(고전12:8) 가르쳐 주셨고 지금도 여전한 방법으로 가르치시며 권면하시고 사랑해 주십니다(요일2:27). 너희는 주께 받은바 기름 부음이 너희 안에 거하나니 아무도 너희를 가르칠 필요가 없고 오직 그의 기름 부음이 모든 것을 너희에게 가르치며 또 참되고 거짓이 없으니 너희를 가르치신 그대로 주 안에서 거하라.

제가 시골에서 농사지으며 살아보니 갖가지 곤충들이 있습니다. 밤이 되면 두 평도 안 되는 제 방에 작년까지만 해도 여름에서 가을까지 갖가지 곤충들이 들어옵니다. 귀뚜라미, 작은 벌레들, 심지어 청개구리까지 제 방에 빛을 보고 찾아들어 옵니다. 그러면 저는 밤에 잠깐 쉬는 한 시간 정도를 그들과 같이 지냅니다. 그러다가 기도시간이 되면 그들을 다 내보내면서 "얘들아 이제 나가라. 너희하고 동침은 안 되겠다."하고 웃으며 예배당으로 기도하러 나갑니다. 그러나 제 방에 바퀴벌레가 있으면 어떠한 방법으로든지 그것을 잡아 죽입니다. 한 번도 뒤돌아보거나 아껴보거나 생각할 시간이 필요 없는 것이지요. 그것이 바퀴벌레이며 다른 사람들도 그런다고 저는 생각합니다.

제가 그런 사람이었습니다. 세상에서 쓸모없고 배운 것 없고 사단의 부추김을 피 흘리기까지 대항하지 못하고(히12:4) 죄 중에 빠져 사회에 덕이 되는 사람이 아니라 안 잡히면 살충제를 뿌려 소탕하여 없애버리는 바퀴벌레 같은 존재였습니다. 그런데 하나님 아버지께서 저를 살리시고 금식과 기도를 통하여 저의 몸을 깨끗이 씻고 닦아 거룩하게 만들어주셨습니다.

성스러운 영이신 성령님께서 제 안에 오셔서 저를 성전 삼고 계시면서(고전3:15), 많이 배우고 죄도 많이 안 짓고 성격도 좋고 돈도 많은 그런 어떤 사람보다도, 자신이 성전 삼고 계시는 나 하나만으로 기뻐하시는 나의 하나님이 되어 주셨다는 이 감격을 만인에게 알리고 싶습니다. 이 분이 바로 성령님이십니다. 이 성령님과 성경을 가지고 대화를 이루고 성령님이 원하시는 대로 말하고 먹고 마시며 자고 일어나면(요14:23), 그 사람을 제사장 삼아주시고(계1:5~6, 히3:1), 그 사람을 예수님의 신부로 맞아주셔서(고후11:2), 아름답고 사랑스럽게 그 누구로부터도 다치지 않도록 보호하시고 인도해 주십니다.

어머니와 같이 세심하게 자상하게 보살펴주시며(요14:18), 나의 마음 그대로 기도해 주셔서 모든 일에 합력하여 선을 이루어주시는 (롬8:27~28, 갈4:26) 나 하나 만을 너무나 사랑해주시는 분이십니다. 그러나 말이 통하지 않는 아내와 살 수 없듯이(잠21:9,19:25:24) 말을 듣지 않으면 나와 너와 거처를 함께하지 못하십니다(요14:23). 그래서 하나님과 대화가 통하는 방법을 터득하셔야 합니다.

아무리 사랑해도 성경대로 하나님과 대화를 통하지 못하면 우리의 진실한 사랑이 아버지 앞에 전달되지 않고 도리어 내가 해를 받을 수밖에 없는 것이 영계 즉 성경입니다. 영이신 하나님은 성경 앞에 자신의 아들까지 내어놓으신 분이십니다(롬8:4). 그래서 우리는 성경을 가지고 영이신 하나님과 대화를 할 줄 아는 영의 사람이 되어야 합니다(롬8:13).

성령님을 우리 안에 모실 수 있는 방법

　베드로가 가로되 "너희가 회개하여 각각 예수 그리스도의 이름으로 세례를 받고 죄 사함을 얻으라. 그리하면 성령을 선물로 받으리니(행2:38, 마3:16, 겔36:25~27)." 예수님을 내 주인으로 모시고 물세례를 받고 죄 사함을 얻으면 성령을 선물로 주셔서 우리 안에 오실 수 있는 것입니다. 하늘나라에는 엄연히 정해진 질서가 있어서 "진리를 알지니 진리가 너희를 자유케 하리라(요8:32)."

　하늘나라의 질서에 의해서 이루어짐을 알려 주십니다. 그것은 진리 책인 성경에 있습니다. 마음대로 들어오실 수 있는 것이 아니고 이러한 절차에 의해서만 마음 문이 열리고 우리 안에 오셔서 계실 수 있는 것입니다. 이 땅에서 이루어지는 일들도 질서에 의해서 이루어지는 것과 같습니다(엡1:10). 하늘과 땅은 통일된다고 하십니다. 같은 질서를 가지고 있다는 것입니다. 예수 믿으시지요? 세례받으셨나요? 그러면 마음 안에 성령님이 계시겠네요. 그렇죠?

　자, 그러면 확인해 보실까요?

　우리가 예수 믿고 물세례를 받으면 성령을 선물로 주신다고 하셨습니다(행2:38). 하늘에 계신 하나님 아버지를 아바 아버지라고 부르고 계신다면(롬8:14~16) 그것은 성령님이 증거 하신 것입니다. 살아계신 나의 예수님이 나의 주인이라고 고백하고 계신다면(고전 12:3) 그것 역시 성령께서 그렇게 증거 하신 것입니다. 그러셨다면 성령이 이미 마음의 성전에 계시다는 증거입니다.

"네가 나를 사랑하면 내 말을 지키라 하셨고 그렇지 않으면 거처를 함께할 수 없다(요14:23)."는 말씀을 보면 아버지의 말씀을 알아듣는 사람과 함께 하십니다. 하나님께서 나에게만 하시는 개인적인 말씀을 알아들을 수 없었다면 예수님을 믿고 살고 있어도 성령님을 모시는 것은 어렵다고 봐야 하겠습니다.

이혼을 당하는 것입니다. 그러나 심각하게 걱정하실 필요는 없습니다. 하나님과 대화할 수 있는 방법을 알고 훈련되어 진다면, 육신의 남편도 화가 나면 집을 나갔다가 다시 오듯이 광야에서 혼자 살려고(잠21:9,19) 가셨다가도 회개하고 사랑스럽게 살기를 터득한 여인에게는 다시 돌아오십니다. 현숙한 여인처럼 남편을 위하여 애쓰고 수고한 우리에게 은혜를 내리신다는 것이 성경입니다(잠31:10). 그렇다면 개인적으로 하시는 하나님의 말씀을 내가 듣는 방법을 터득해야 하는 것이 급선무입니다.

내가 예수를 믿는데도 어렵고 힘들고 영혼에 기쁨이 없는 것은 성령님이 마음 성전에 아니 계신다는 증거가 될 수도 있습니다. 세상 사람들이 내 집에 올 때에도 빈손으로 오지 않고 많은 것들을 가져다주어서 육신의 필요를 채워주시는데 우리 하나님 아버지가 내 집에 아주 계신다면 사람이 집에 올 때 가져다주는 것과 같을 수 있을까요? 다르겠지요. 우리가 아버지의 형상을 닮긴 했지만 아버지께서 하시는 것과 우리가 하는 것은 하늘과 땅 차이가 나지 않겠어요? 그래서 아버지 하나님 영이신 성령님(요15:26)을 우리 안에 모시고 살 수 있게 되면 아주 행복하고 기쁘고 복된 사람이 되는 것입니다.

성령님을 안에 모시는 기쁨의 삶을 살지 못했을 때에 우리는 외형의 기쁨을 찾게 됩니다. 돈 써서 기쁘고 자식이 시험을 잘 봐서 기쁘게 해주는 것만이 기쁜 줄 알지만, 성령께서 우리 안에 계시면 외형적으로 이루어지는 그런 일들로 인해서 기뻐했던 지난날 우리의 삶이 너무나 육신적인 삶이었다는 것을 깨닫게 될 것입니다. 길 가다가 돈을 주운 사람처럼 늘 싱글벙글하며 사람을 사랑하게 되고 마음에 여유가 생기고 신나는 삶을 살아가게 됩니다. 그 뒤는 돈도 건강도 자식도 잘되고 가정도 잘되는 것은 기본입니다(레26:1~13).

어떤 사람들은 자신이 예수를 믿고 성령님의 말을 많이 하면 성령님을 모시고 산다하는데, 그들의 말 때문에 자신들의 마음속에 성령님이 아니 계시는 것을 시인하고 있는 것을 볼 수가 있습니다. 우리 성령님은 한번 오시고 말이 통하면 다시 나가지 않으시기 때문에 성령님과 늘 대화를 이루며 이 분을 거역하지 않고(마12:32) 말을 잘 들으면(요14:23) 영원토록 천국 가는 그 날까지 함께하시며 우리를 도우실 수 있는 것입니다. 그래서 새로운 임재가 필요하지 않은 것이지요.

늘 성령님이 필요할 때마다 성령이여 임하소서! 이렇게 말하고 있는데 이것은 나의 마음속에 성령님께서 늘 계시지 못하고 말을 못

듣기 때문에 나가셨다가 모셔 들이기를 계속 해야 한다는 것을 의미하기도 합니다. 이렇게 하시는 분들의 삶은 상당히 곤고한 가운데 살며 상당한 고통을 수반하게 될 것입니다. 그것은 성령님과 사이가 안정되지 못했기 때문입니다.

나의 남편 되신 예수님이 늘 보따리를 싸시고 집을 나가실 수밖에 없기 때문에 안정된 삶이 이루어지지 못하고, 예수님을 밖에 내어보낼 때마다 나의 삶의 여러 가지 부분들이 움직여서 고통을 가져다주었을 것입니다. 이렇게 하고 계신 분들은 이제 성령님을 온전히 모시고 어떻게 하면 말을 통하여 이러한 행동을 하지 않고 성령님과 자연스럽게 살 수 있을지 방법을 터득해 보시는 것이 어떨까요? 살아계신 우리 아버지 성령님을 어떻게 모시느냐에 따라서 우리의 삶이 변화를 겪는다고 성경이 말하고 있습니다. 처음에 성령님을 모실 때 "성령님 나에게 오세요."라고 말했다면 그 다음에는 임하소서! 라는 말은 안해야 되지 않을까요?

왔다 갔다 하시는 분이 아니시고 영원토록 함께 하시는 분이시거든요. 특별한 사역을 위해서 잠시 집을 비우실 때도 계시지만 대화만 잘 통하신다면 그런 일은 평생에 몇 번 없을 것입니다.

성령충만 받는 방법

1. 말씀을 가지고 기도한다.

1) 말씀을 가지고 기도해야 하는 이유(마6:5~15).

저는 진리의 영입니다(요14:17). 성령님과 교제를 이루기 위해서 우리는 말씀을 알아야 합니다.

"성령이 너희에게 임하면 자녀들은 예언할 것이요 젊은이들은 환상을 보고 늙은이들은 꿈을 꾸리라"(욜2:28; 행2:17~18)

꿈과 환상은 우리의 삶에 준하여 나타납니다. 농사꾼은 농사로 어부는 바다로, 공군은 비행기 등으로 비유하여 보이시지만, 해석하여 보면 성경으로 되어 있습니다. 따라서 성경을 알지 못하면 아버지께서 무슨 말씀을 하시는지 도무지 알 수가 없습니다.

꿈 해석의 은사를 가졌다는 분들도 그 중심에 말씀이 없이 해석하기 때문에 오류가 많습니다. 세상에서 해석하는 방법으로 하는데 그것은 옳지 않습니다. 이 땅의 법도 잘 알지 못하면 사람들에게 화를 당하고 어려움을 겪게 되는데, 땅에 사는 하늘나라의 백성인 우리가 하늘나라의 법을 알지 못한다면, 우리의 삶이 어찌 곤고하지 않을 수가 있겠습니까?(엡1:10) 그래서 우리는 날마다 말씀을 읽어

야 하며, 보이지 않는 하늘나라의 법을 숙지하도록 노력하고 애써
야만, 땅에 사는 하늘나라의 백성으로서의 모습을 갖추며 살 수 있
는 것입니다. 그래서 평신도는 성경을 하루에 10장 이상, 주의 종들
은 하루에 40장 이상 읽기를 권하고 싶습니다. 환경과 여건에 따라
서 못 미칠 수도 있겠으나 일단 정하여 읽다 보면 아주 재미있고 사
랑받는 하나님의 백성으로서의 첫걸음마를 시작하게 될 것입니다.

우리의 성경적이지 못한 옛 구습을 버리기 위해서는(엡4:22~23)
읽는 차원이 아니라 새기는 차원으로 가야 합니다. 성경이 내 혼
에 새겨지면 복 받을 일이 줄줄 생깁니다. 성경의 사람이 되기 때
문입니다.

2) 기도를 해야 하는 이유

(1) 기도는 호흡과 같아서 우리가 예수님을 만나는 그 날까지 반
드시 해야 하는 것입니다.

그런데 우리의 기도하는 모습이 너무나 육신적이라서 성경적인
기도의 모습이 필요합니다. 나의 삶의 필요한 것과 부족한 것을 채
워달라고 또는 내가 하는 일을 힘껏 밀어 달라고 하는 것이 기도
인 것처럼 되어버린 우리의 기도하는 모습을 아버지는 짜증 나 하
십니다.

"너는 먼저 그의 나라와 그의 의를 구하라 그리하면 이 모든 것
을 더하시리라(마6:33)."는 말씀처럼, 기도는 아버지의 뜻을 땅에
이루는 것이 되어야 합니다.

아버지께서 나에게 원하시는 현재와 미래를 알아서 그것을 이루기 위하여 기도한다면, 그것은 이루어주시고 나머지는 덤으로 주시겠다는 약속입니다(마6:10).

이것이 기도의 길이며 문입니다(마7:7). 이러한 이유에 의해서 우리는 말씀을 가지고 아버지의 뜻에 맞는 기도를 해야 합니다. 방언으로 기도한다면 더욱 좋겠지요(고전14:2). 우리말로 하는 기도는 거의 육신적인 기도가 많지만, 아버지께 영으로 통하는 방언 기도는 영혼이 잘되는 영의 기도를 하기 때문에 영혼이 잘되면 범사가 잘되고 강건하리라 하신 말씀(요삼1:2) 욕심을 버리지 못하고 자신의 욕심을 채우기 위해서 하는 방언은 아버지의 마음을 긁고 있었어요. 아버지의 뜻을 따라하는 기도는 우리가 형통한 자의 삶이 되니, 아버지께서 아주 좋아하시고 우리의 소원하지 않은 것까지 덤의 은혜로 주셔서 늘 나의 삶 전체를 채워주십니다(왕상3:11~15).

(2) 주의 종들은 3시간 이상의 밤 기도를 권합니다.

백성들은 1시간 이상, 주의 종들은 3시간 이상 밤에 기도해야 합니다. 밤에 양 떼를 지키던 목자들이 예수님을 가장 먼저 만났듯이(눅2:8), 우리도 밤에 기도하면 살아계신 예수님을 만날 수 있습니다.

(3) 밤에 기도해야 하는 이유

① 야곱이 얍복 강가에서 천사와 씨름하는 사건이 나타납니다. 밤에 야곱과 씨름하던 천사가 "날이 새려 하니 나로 가게 하라"라고

한 사건에서(창32:26), 영은 밤에 움직이는 것을 알 수 있습니다. 사단도 밤에 많이 활동할 것으로 예상합니다. 그래서 우리가 밤에 기도할 때에 사단과의 싸움이 벌어지고 거기서 자동으로 능력이 길러집니다. 권투선수가 스파링 연습을 열심히 하면 챔피언이 되듯이 영과의 씨름이 우리에게 능력을 가져다주게 되는 것입니다. 얍복 강에서 하나님과의 씨름이 야곱의 일생을 변화시키는 밤이 되었으며 이스라엘로(승리자, 하나님과 겨루어 이겼다.) 이름으로 바꾸어 주셨습니다.

"네가 하나님과 및 사람들과 겨루어 이겼음이니라(창32:28)."

우리가 아무리 힘이 세다고 하나님을 어떻게 이길 수 있겠어요. 해보겠다고 아버지를 붙들고 늘어지는 사람에게 져주시며 네가 이겼다고 해주시는 것입니다. 우리의 해보겠다는 열성이 성경적으로 맞기만 하면 하나님 아버지의 말씀이 우리에게 응하는 것입니다. "천국은 침노하는 자의 것이니라(마11:12)."

② "나를 간절히(새벽에) 찾는 자가 나를 만날 것이니라(잠8:17)." 고 하셨는데, 낮에는 일하느라고 바쁘고 분주하여 아버지의 음성을 들을 수 없음은, 우리가 미세한 소리는 시끄러운 낮에 들을 수 없고 적막한 밤의 고요 중에 들리듯이, 우리 예수님과의 만남은 조용한 밤이라야 기도가 깊이 들어갈 수 있고 온전한 만남이 이루어지는 것을 볼 수 있습니다. 새벽은 밤 12시부터로 봐야 합니다.

2) 시시때때로 금식한다(사58:6, 마6:16~18).

성령님과의 교제를 원하신다면 필수 과목이라 할 수 있습니다. 자세히 성경에서 알아야 하는 이유가 있을 뿐이지 금식이 필요하냐, 필요하지 않으냐는 논란의 여지가 있는 것이 아닙니다. 성경은 예수님께서 그것을 원하시고 하셨기 때문에 우리에게는 논란거리가 될 수 없다고 생각합니다. 이 금식에 대한 것은 뒤에 '제3장 금식'에서 자세히 이야기하도록 하겠습니다.

3) 성령을 시인한다(롬10:10).

"사람이 마음으로 믿어 의에 이르고 입으로 시인하여 구원에 이르느니라(롬10:10)." 그래서 우리는 예수님을 믿음으로 구원받아 천국에 갈 수 있는 백성이 되었고, 육신의 삶도 기도와 금식함으로 우리의 문제를 해결해 주십니다. 영·육 구원을 이루어 주신 것입니다.

그런데 잠깐! 우리는 예수님을 어떻게 시인하지요? 지나가는 사람 붙잡고 나 예수 믿는다고 시인하십니까? 이런 방법으로 해 보시면 어떠실까요?

"예수 믿으세요. 천국 가십니다. 제가 예수님을 믿으니 병도 낫고 자녀도 잘되고 마음의 평화도 덤으로 얻었습니다."라고 전도한다면 자동시인이 되겠지요. 말하지 않아도 "나는 예수 믿는 사람입니다."라고 말하는 것과 같이 됩니다.

자, 그렇다면 '성령을 시인한다'는 것은 무슨 뜻일까요?

이는, 성령님이 내 안에 살아계시는 것을 시인하는 것입니다.

예를 들어 내 부모님이 집안에 함께 살고 있다고 가정을 해 보겠습니다. 집안에 들고 나면서 인사는 해야 하지 않을까요? 자식이 집안에 들고 나면서 아버지가 계시는데 인사도 하지 않으면 그 부모님은 어떻게 생각하실까요? 몹시 괴로워하시고 자식을 미워하며 결국은 밖에 나가서 자식의 흉을 보게 되고 그 부모님의 마음에 고통거리가 되겠지요. " 내가 교육을 잘못시켜서 이 모양이 되었구나!" 하고 탄식하시지 않을까요? 이와 같이 우리의 마음에 하나님 아버지께서 성령님의 이름으로 와 계시는데 우리가 살아계신 아버지를 살아계신다고 인정해드리지 못한 것입니다. 자!! 이제부터 살아계신 내 아버지 앞에 인사부터 해 보겠습니다. 인사는 시인의 시작입니다. "안녕하세요. 아버지! 예수님! 성령님!" 한 분만 부르면 약간 서운해 하실 것 같은 생각이 들지요. 세분 모두를 불러도 누가 뭐라고 하겠어요. 아버지께서 몹시 기뻐하십니다.

아버지! 예수님! 성령님께 인사하기 위해서는 먼저 이분의 사역을 알아야 하겠지요. 우리를 어떻게 도와주시는가를 알아야 그때마다 그의 도우심에, 애쓰시고 수고하심에 감사하며 사랑을 보내드릴 수 있습니다.

삶에서 잘 풀리지 않는 일이 생겼을 때, 성령님 어떻게 해요? 하면 생각나게 하십니다(요14:16). 꿈과 환상으로 길을 지도하시지요(행2:17). 사람을 사랑할 수 있는 힘을 주시고요(고전13:1~). 용서할 수 있는 마음도 주시고요(마18:18). 유덕하게 하셔서 하나님과 사람에게 사랑받게 하셔요(잠11:16). 자신의 맡은 직분에 충실케 하시고요(계22:14). 그 외에도 내가 살아 숨을 쉬며 행복하고 좋은 일은 모두 성령님이 하셔요.

시인하는 방법은 간단합니다.

"성령님 감사합니다. 애쓰시고 수고하셨습니다. 사랑합니다."라고 인사하시면 됩니다.

예를 들면 어떤 집에 시집온 며느리가 있었습니다. 시어머니는 며느리에게 시아버지와 남편이 좋아하는 것을 가르쳐주셨고, 며느리는 그대로 했습니다. 그러자 시아버지가 좋아하시고 기뻐하시면서 그 며느리에게 100만 원을 주었습니다. "아버지! 감사합니다." 하고 받았습니다. 남편도 사랑스러워하며 백화점에서 예쁜 옷을 사주었습니다. 좋아하며 집에 돌아왔더니 세 분이 다 계셔서 "아버지! 감사합니다. 여보! 고마워요." 하고 방으로 쏙 들어가 버렸다면 누구에 대한 인사가 빠졌습니까? 그렇습니다. 어머니에게 인사가 빠졌습니다(갈4:26). 어머니의 마음은 어떨까요? 처음에 한두 번은 조금 속만 상하셨겠지만, 계속 이런 일이 반복된다면 아마 너무도 마음이 상하셔서 이제는 더 이상 함께 못산다고 하지 않으실까요?

이와 같이 우리의 마음을 성전 삼아 계신 성령님께서 마음 상하시고 속상하셔서 우리 마음에서 나가버리셨거나(요14:23), 아니면 가만히 계시면서 우리를 도와주시지 못하시므로 우리의 삶에 기쁨이 없이 망가지고 고통을 당하는 것은 아닐까요?

그래서 우리는 이제 살아계신 아버지 성령님께 인사부터 드려야 합니다. "아버지! 예수님! 성령님! 감사합니다. 사랑합니다." 이 분은 예수님의 영이시며, 우리 아버지와 예수님을 섬기는 데 있어서 성경을 가지고 아버지의 마음을 시원하게 해드리며, 섬길 수 있는 지혜와 명철을 주시고 모략과 모사와 판단력을 주셔서(사11:2) 세상을 살아가게 하시며 승리하여 아버지를 노래하게 해 주십니다(사 5:1~2). 이제까지 우리는 아버지와 예수님께만 "감사합니다. 사랑합니다."라고 인사했습니다.

이제부터는 거기에다가 성령님을 넣어서 감사와 사랑을 표현해 보세요. 우리의 부모님들이 우리에게 감사하고 사랑하는 말을 듣고 싶어 하시고 또 그렇게 했을 때에 너무나 좋아하시듯이 살아계신 우리 아버지 예수님 성령님도 똑같습니다. 이 분은 살아계십니다. 돌아가신 부모님에게는 아무리 인사해도 모르지만 살아계신다면 분명히 우리와 대화하기를 원하시고 인사하고 사랑받기를 원하실 것입니다. 아버지! 예수님! 성령님! 사랑합니다. 오늘도 기대하며 기뻐합니다. 화이팅! 이렇게 인사하기 시작하시면 이제까지 받은 은혜에 덤의 은혜가 주어지고(왕상3:11~15), 삶의 변화가 시작될 것입니다.

예수님께서도 감람산에 가셔서 습관에 따라 기도하셨습니다(눅 22:39). 우리도 습관에 따라 성경 읽고 기도해야 하며 습관에 따라 금식해야 하며 습관에 따라 아버지, 예수님, 성령님께 감사하고 사랑한다고 고백해야 합니다. 여전한 방법이(수6:15) 몸에 밸 때까지 신경을 써야 합니다. 습관이 되어 있지 않기 때문입니다. 좋은 습관은 우리의 삶을 행복하게 만듭니다. 살아계신 삼위일체 하나님 아버지를 기쁘게 해드리면 그만큼 아니 그보다 더 큰 기쁨을 갖게 됩니다.

말씀을 가지고 기도하고 금식으로 성령충만을 받아서 삶을 능력 있게 살아도 인사를 하지 못하면 얼마 못 가서 성령충만이 소멸하지만 시간 시간, 순간순간 인사는 습관을 가지면 성령충만을 더욱 지속시키고 아름다운 유대관계를 유지시켜 제사장의 나라로 갈 수 있는 통로가 열리게 됩니다.

제사장의 나라(계1:6)로 가는 길은 구약의 제사법이 있듯이 신약에도 방법이 있습니다. 성령님께서 꿈과 환상으로 인도하시는 그 방법(행2:17)을 따라 인도받고 지시하시는 대로 따라 하면 제사장의 나라로 가게 됩니다(계1:5~6, 5:10). 그 방법을 터득하는 데에는 조금의 시간이 걸리지만 터득되고 나면 우리의 삶이 향기로워질 것입니다. 이 일에 필수 과목이 금식입니다.

성령님이 왜 여러 가지로 표현되어 있을까?

① 내 영, 하나님의 영 : 하나님 아버지 속에 있는 영이라는 것을
알리실 때(욜2:27, 행2:17, 롬8:9, 14)

② 그리스도 : 예수님 안에 있는 영으로서 우리를 대신하여 저주
받으사(십자가 사건) 우리 죄를 속량하셨고 오늘도 저주받을
수밖에 없는 우리의 행위를 눌러주시고 성경이 원하는바 말과
행동을 할 수 있도록 도우시는 역할 담당 또는 사역을 말씀하
실 때(마1:1, 갈3:13외)

③ 성령 : 삼위일체 한 분이라는 것을 말씀하실 때(신약성경 마
1:18 외 82번 이상), 성스러운 영

"그날에는 내가 아버지 안에 너희가 내 안에, 내가 너희 안에 있는
것을 알리라(요14:20)."는 말씀을 설명하기 위해서 세 가지로 설명
이 필요하셨던 것, 표현은 다르지만 우리의 마음성전(고전3:16,17)
에 계신 한 분이십니다.

그 외에도 여러 가지 표현 방법을 쓰신 것은 성령님의 사역적인
표현입니다.

① 진리의 영 : 참이며, 이것 밖에 없다는 뜻(요8:32, 14:6, 7, 17, 16:13, 18:37, 요일5:6, 20, 요이1:3)

② 사랑 : 성령님이 아니 계시면 사랑을 할 수 없다는 것(고전 13:1~13, 요일4:8)

③ 은사 : 은사의 주인이시라는 뜻(롬1:11, 5:16, 6:23, 8:32, 12:6, 고전1:7, 24, 30, 12:31)

④ 참 하나님 : 진리의 영이라는 뜻(요일5:20)

⑤ 생명 : 살아 계시다는 뜻(요14:6, 롬8:2, 요일5:11 외)

⑥ 생수·샘물 : 우리에게 없어서는 안 되는 분, 생명의 근원자(요4:14, 7:38) 물과 성령으로 거듭나지 아니하면 (요3:5). 우리 속에 수정같이 맑은 물로 임하신다는 뜻(계22:1)

⑦ 영생 : 영원한 생명이라는 뜻(요6:68, 10:28, 12:50, 롬6:23, 요일5:20 외)

⑧ 보혜사 : 사람을 보호하며 은혜중에 가르치는 자라는 뜻(요 14:16, 26, 16:7)

⑨ 주의 영(예수의 영) : 예수 안에 계시다는 것(행16:7, 고전3:17)

⑩ 신령 : 신실하신 영(롬2:29, 고전15:44, 2:15, 9:11, 갈6:1, 엡 1:3, 벧전2:5)

⑪ 기름 : 감람유와 기름 사람의 인격으로 나타나는 성령 역사 등 급(삼상24:6, 요일12:20, 27, 계6:6)

⑫ 그 아들의 영 : 예수님 안에 계신 영(요14:20)

⑬ 너희 안에 행하시는 이는 하나님이시니 : 아버지 속에 영이라

는 뜻(요14:20, 빌2:13)

⑭ 그리스도 예수 안에 있는 생명의 성령의 법 :

- 생명 : 살아서,

- 성령 : 내 이름은 성령이다.

- 법 : 나는 말씀의 법을 가지고 있다는 뜻(롬8:1~2), 죄와 사
  망의 법에서 해방하셨다는 것은 앞쪽 ②번의 설명과 같
  이 죄가 우리 속에 들어와 사망을(돈, 건강, 자식, 가정
  안됨, 레26:14~42) 낳고자 할 때, 그런 행위를 하고자
  할 때 유덕하게 대처하게 하여 말씀의 법안으로 사로잡
  아 주시는 일을 하심. 성령을 기름으로 표현하신 이유(
  계6:6) 기름은 유하기 때문에 유덕의 주인이시기도 하
  다(잠11:16).

성령님을 통한 구원 방법(행2:17)

성령님이 우리를 도우시는 도구(길, 문, 행2:28, 요10:9, 계22:14)

성경에 길과 문을 찾는 것은 그것이 생명이며 그것이 권세이며 그것이 예수님을 만나는 길이다 "그는 변함도 없으시고 회전하는 그림자도 없으시니라(약1:17)." 그것은 성경의 방법을 찾지 못하면 도움을 받지 못한다는 것과 같은 말입니다.

1) 자녀들은 예언할 것이며

여기에서 자녀들은 예수를 이제 믿어 새로 입교한 자를 말하며 영혼이 어린 상태를 이야기하며 아무런 영적인 분별력이 없는 자들을 말합니다. 젖을 먹는 자(히5:13), 의의 말씀을 경험하지 못한 자, 사람의 궤술과 간사한 유혹에 빠져 모든 교훈의 풍조에 밀려 요동하는 자(엡4:14)입니다. 이러한 어린아이 같은 사람을 통하여 예언하신다는 것입니다.

예언은 심령에서 나오는 것이며 세 가지로 나누어 볼 수 있습니다.

첫째, 성령님의 예언이 있습니다.

이것은 "모든 사람에게 책망을 들으며 모든 사람에게 판단을 받고 그 마음의 숨은 일을 드러나게 되므로 엎드리어 하나님께 경배하며 (고전14:24)" 하나님이 우리 가운데 계시는 것을 알게 하며 우리의 숨은 죄를 드러나게 하여 회개하여 구원의 역사를 이루기 위한 일이라고 볼 수 있습니다. 그 외에 모든 일은 분별해야 하는데, 성령의 예언(행2:17), 사단의 예언(출20:1~5), 마음의 예언(겔13:2~3) 이 모두가 마음에서 이루어지고 있기 때문에 이 세 가지의 예언을 분별하기가 어렵습니다. 그래서 심령에서 나오는 성령의 예언은 맞는지에 대해서 분별해야 하는데, 분별은 꿈과 환상으로(행2:17) 합니다.

꿈과 환상으로 보여 달라고 기도해서 보여주시면 따라 하고 안 보여 주시면 무시해버리면 됩니다. 심령의 예언은 혼에 새겨진 우리의 삶에 의해서 이루어지고 있어서, 마음의 예언은 내가 하고 싶으면 하라고 말합니다(겔13:1~) 혼에 새겨진 습관을 말하고 있습니다.

사단의 예언은 하나님께서 하시고자 하시는 것을 반대로 유도합니다. 우리의 마음속에 우상숭배의 죄와 불순종의 죄 때문에 들어와 있는 사단이(배운 습관) 예언하고 있는 것을(출20:5) 정확하게 분별하지 못하면 성령님께서 우리를 아버지의 뜻대로 인도하고 싶은 방향과 반대로 갈수 밖에 없습니다(롬8:13).

사단의 세상(엡6:10)에서 길들여진 우리의 습관 된 삶은 마음의 예언과(겔13:2~3) 사단의 예언을 좋아합니다. 내 삶을 거스르지 않기 때문입니다(갈5:17). 우리가 성령의 인도 하심을 따라 영혼이 잘되는 방법은 성경에 길들지 않았기 때문에 우리의 육신의 삶은 거스르고 그것을 꺾어 주는 것이 죽음입니다(요12:24). 죽어야 열매 맺어진다고 하신 것은 육의 생각(사단)을 물리치고 영의 생각, 영혼이 잘 되는 방법을 택해야 한다는 것입니다.

우리는 성령의 예언도 꿈과 환상으로 분별하여 따르고, 마음의 예언과 사단의 예언을 버려야 합니다. 그렇게 해야 하는 이유는 분명하게 응답받지 않고 무슨 일이든지 시작하였다가 어려운 일을 만나면 좌절에 빠지기 쉽기 때문입니다. 그러나 응답을 분명하게 받고 시작하면 어려운 일이 생겨도 극복할 힘이 생기기 때문에, 성령의 예언이라 해도 꿈과 환상으로 분별하여 우리의 삶을 힘 있게 살 수 있는 준비를 하기 원합니다. 전에 배우기를 기도한 후에 응답을 기다리라고 말하는데, 이제는 응답을 기다리지 말고 "아버지 사랑합니다. 기도 도와주셔서 감사합니다. 성령님! 사랑합니다. 예수님! 이름으로 기도 드립니다. 아멘"하고 끝내시면 꿈과 환상으로 응답해 주실 겁니다. 사랑합니다.

둘째, 사단의 예언이 있습니다.

우리 민족에게는 조상들의 우상숭배 죄가 내려 3~4대(3~4백 년, 창15:12~16)의 벌이 내려 있습니다(출20:1~5). 이러한 벌은 저주로 표현 되며 대를 내려가며 내리는 벌을 말하고 있습니다(렘15:1~, 레26:14~). 그래서 우리의 마음의 집을(고전3:16~17) 보면 황폐되어 있거나(사58:12), 부서져 있습니다. 마음의 집을 보면, 그곳에 여러 가지의 영적인 상황을 볼 수 있습니다. 우상의 물건들이 있기도 하고 사단이 들어 있기도 합니다. 이것은 인격이 무너져 있다는 것입니다. 말씀 듣고 행하면 반석 집이요, 행치 아니하면 모래 위에 집을 지음과 같다는(마7:24~27) 것은 말씀대로 행하지 못하는 보모에게 배운 대로 말하고 행동하는 것입니다. 죽겠네, 미치겠네, 환장하겠네, 지랄하네(사57:19) 등 각종 욕에 미움은 기본이요, 이것이 죄인 것에 대해서 모르고 있었고 지금을 알게 된 것이지요.

이는 썩어지지 아니하는 하나님의 영광을 썩어질 사람과 금수와 버러지 형상의 우상과 바꾼 죄 때문에(롬1:23), 하나님께서 저희를 마음의 정욕대로 더러움에 내어버려 두셨으므로(롬1:24), 저희가 상실한 마음대로 온갖 합당치 못한 일을 저지르니(롬1:28), 곧 불의, 추악, 탐욕 등(롬1:29~31) 성경에 나타난 대로 여러 가지 죄를 짓게 되었습니다.

그 때문에 빈곤하게 되고, 질병이 생기며, 자녀의 일이 잘 풀리지 않고, 때가 차지 않은 죽음을 맞이하는 등 갖은 고난을 겪게 되는 것입니다(레26:14~). 이런 일들은 하나님이 그 대행자로 하여금 일하게 하시는데, 그 대행자가 바로 사단 마귀 귀신입니다.

예수님께서 "더러운 귀신아 이 사람에게서 나오라(막5:8)" 하신 것처럼 그들은 더러운 영으로써 하나님의 일을 대행하는 아버지의 말씀대로 살지 못하는 사람들을 치리하는 치리자들입니다. 그들이 우리 속에서 더럽게 하고, 수군거리게 하고, 교만하게 하고, 우매하게 하고, 배약하게 하고, 비방하고, 미워하는(롬1:29~30) 일을 대행하고 있는 것입니다.

우리 민족의 이러한 우상숭배의 죄가 우리가 바른 예언을 하지 못하도록 하고 있는 것입니다. 3~4대를 그렇게 해도 된다는 것과 같은 이야기입니다. 예수님을 믿어 우리 속에 빛이 있는데도 그곳에 뱀이 같이 살고 있어요. 대낮에도 뱀이 다닐 수 있듯이 말이에요. 그것이 우리 민족의 슬픔이 아니겠어요. 이러다 보니 심령에서 나오는 예언이 하나님과 별로 상관이 없는 자신들의 마음에서 이루어지는 경우가 많은 것을 볼 수 있습니다. 그래서 우리는 우리 마음속에 자리하고 있는 우상단지들을 내치고 사단의 모든 것들을 버리고 빛을 환하게 받을 내 영혼(사58:8)을 위해서 금식이 필요합니다. 조심스러운 분별이 필요합니다.

성경에 한 예가 있습니다. 아합을 죽이려 하시는 아버지의 말씀에 거짓말하는 영이 나와 선지자의 입에 있어서 아합을 꿰어 말하게 하여(대하18:19~22) 길르앗 라못의 싸움에서 아합을 죽이는 사건이 나오는데, 아버지의 계획 하에 이루어지는 거짓 예언이 있다는 것을 볼 수 있습니다(롬8:27). 그러면 천사가 거짓예언을 할수 있을까요? 하나님의 치리법이 있는 것이지요.

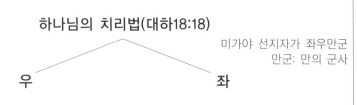

하나님의 치리법(대하18:18)

미가야 선지자가 좌우만군
만군: 만의 군사

우   좌

① 순종자
② 복줄 때 : 천사 온다
③ 복의 종류 : 돈 있다, 건강 있다, 자식 잘 된다, 가정에 평안이 있다 (레26:1~13).

① 불순종자
② 벌(저주)줄 때 : 사탄, 마귀, 귀신 온다
③ 벌의 종류 : 돈 없다, 건강 없다, 자식도 안 된다, 가정이 깨지거나 어렵다 (레26:14~42)

복 받을 일하는 사람에게는 복 받게 대처하시고 벌 받을 사람에게는 벌 받게 대처 하신다는 것입니다. 미가야 선지자가 그것을 보았습니다(대하18:18).

사탄, 마귀, 귀신이 이렇게 쓰임 받을 수밖에 없는 성경적인 근거:

"여호와 하나님이 여자에게 이르시되 네가 어찌하여 이렇게 하였느냐 여자가 이르되 뱀이 나를 꾀므로 내가 먹었나이다(창3:13)."

"여호와 하나님이 뱀에게 이르시되 네가 이렇게 하였으니 네가 모든 가축과 들의 모든 짐승보다 더욱 저주를 받아 배로 다니고 살아 있는 동안 흙을 먹을지니라. 내가 너로 여자와 원수가 되게 하고 네 후손도 여자의 후손과 원수가 되게 하리니 여자의 후손은 네 머리를 상하게 할 것이요 너는 그의 발꿈치를 상하게 할 것이니라 (3:14~15)"

이 사건의 저주가 바로 "용을 잡으니 곧 옛 뱀이요 마귀요 사탄이라 잡아서 천 년 동안 결박하여, 무저갱에 던져 넣어 잠그고 그 위에 인봉하여 천 년이 차도록 다시는 만국을 미혹하지 못하게 하였는데 그 후에는 반드시 잠깐 놓이리라(계20:2~3)"라는 계시록 말씀에서 이 옛 뱀이 마귀요, 사탄을 잡아서 무저갱에 넣을 때까지 저주 받아 저주 받은 백성을 괴롭히는 일을 하게 하신 것이지요.

실제로 뱀은 흙을 먹고 살지 않는 것으로 압니다. 흙으로 만든 사람을 먹고 사는 것이지요. 병을 일으키고, 돈을 없애고, 자식들 어렵게 하고, 가정을 깨고(레26:14~42), 이와 같은 일을 하는 것을 여자의 후손(예수님)은 그의 머리를 상하게 그가 하고 있는 이러한 일은 예수님의 발꿈치를 상하게 하는 것과 같으나(롬8:28), 모든 일에 합력하여 선을 이루시는 예수님은 그동안 우리의 어려움을 훈련으로 사용하시고 멋진 사람으로 만들어 나가시며, 이사야서 58장의 말씀을 통하여 회개하는 금식을 통하여 흉악의 결박을 풀어주시고 우리를 깨끗하게 씻기셔서 다시 복을 주시는 일을 하십니다. 성경의 멋진 장치이십니다.

지금의 시대에도 많은 선지자나 예언자들이 있으나 그것을 분별할 수 없어 삶으로 당하고 나서야 거짓이었다는 것을 알게 되고 그 일은 이미 많은 시간과 많은 것들을 잃은 다음이라야 알 수 있었습니다(신18:20~22). 다니엘과 같이 마음이 민첩한(금식하고 기도하며 삶을 절제한 다음 아버지 앞에 예민하게 된 탁월한 영을 의미, 단1:8, 5:12) 예언자라면 미가야 선지자와 같이 지금도 그것을 알아낼 수 있다는 것입니다.

말라기 3장 17절에서는 하나님의 특별한 소유들이 있다고 하시는데 그 사람들이 18절에 의인과 악인을 하나님을 섬기는 자와 섬기지 않는 자를 분별한다 하셨습니다. 그것은 분명한 분별을 할 수 있게 하신다는 전제와 같습니다.

예레미야 때에도 바벨론에 그들의 불순종으로 인하여 포로로 70년 갈 것에 대하여 예언했고(렘26:20), 우리야 선지자도 70년이라고 했지만, 그는 보호받지 못하고 죽임을 당했고(렘26:20), 하나냐 선지자는 2년이라 했으나(렘28:3) 예레미야 선지자가 금년에 죽으리라 했고, 그의 예언대로 "그 해 7월에 죽었더라(렘28:17)."고 성취되었음을 보게 됩니다. 예언은 잘못하면 자신의 죽음을 가져옵니다. 이는 바르지 못한 예언은 하나님 아버지와 싸우는 결과를 가져오기 때문입니다.

하나냐 선지자는 이미 내려진 예언을 뒤집고자 마음의 예언 사단의 예언을 사용하여 그렇게 하고자 하나(렘29:8) 그것은 자신들의 고통과 죽음으로 연결된다는 것을 알려주고 있습니다. 이 본문의 말씀은 꿈은 사단이 줄 수 없으나 사단의 선지자들이 해석은 합니다. 잘못하겠지요. 해석이 필요하므로 자기 마음대로 해석할 수 있다는 것을 가르치고 계십니다. 내가 하고 싶은 방향대로 해석할 수 있다는 것이지요.

벧엘의 늙은 선지자를 보면, 그는 유다 출신 하나님의 사람이 받은 예언과 다른 응답을 받았다고 거짓 하여 그를 죽이고 있습니다(

왕상13:18). 우리는 예언을 엄격히 분별하여 사용해야 합니다. 분별하는 방법을 터득해야 합니다. 우리가 잘못된 예언을 듣고 그대로 따라 하면 죽음을 가져올 수도 있다고 미가 선지자를 통하여 말씀하고 계십니다. 죽음의 두 가지 첫째 육체의 죽음, 둘째 삶의 죽음. 이스라엘 왕 아합의 죽음이 그 증거가 아니겠습니까?(대하18:33~34) 우리도 예언을 그냥 믿지 말고 분별할 수 있는 방법을 성경에서 터득하여 나도 안전하게 되고, 나의 도움을 원하고 있는 사랑하는 사람들에게 바른 선지자 역할을 한다면 아버지께서 기뻐하시고 우리의 사랑을 흠뻑 받아 주실 것입니다.

"이 땅에 기괴하고 놀라운 일이 있도다. 선지자들은 거짓 예언하며 제사장들은 자기 권력으로 다스리며 내 백성은 그것을 좋게 여기니 그 결국에는 너희가 어찌 하려느냐(렘5:30~31)"

바른 예언, 바른 응답, 바른길은 우리 아버지, 예수님, 성령님을 능력 있게 일하실 수 있도록 나를 제공하는 것입니다. 또한 사랑하는 자들과 이 나라 이 민족을 바르게 이끌어 나가는 귀한 길이 되어 복된 사람으로 이끌게 됨을 기억하고, 다니엘과 같이 금식하고(단9:1), 음식을 절제하며, 기도하여(단1:8), 민첩함(탁월한 영)으로 예언하고 사랑받길 원합니다. 꿈과 환상이 예언임을 또한 함께 알게 되길 원합니다.

셋째, 마음의 예언이 있습니다.

"주 여호와의 말씀에 본 것이 없이 자기 심령을 따라 예언하는 우매한 선지자에게 화 있을진저(겔13:2~3)" 우리의 예언이 마음에서 나옵니다. 하고 싶으면 하라고 하고, 하기 싫으면 하지 말라고 하는 응답 말입니다. 이런 자를 황무지의 여우(겔13:4)라고 책망하고 계십니다. 우리는 이 땅에서 살아갈 때에 영과 혼과 육체를 가지고 있습니다(살전5:23). 영과 혼은 떼어 낼 수 없는 관계를 가지고 살고 있습니다. 육체의 삶의 모든 것을 새기는 곳이 혼입니다. 그 혼에 새겨진 나의 육신의 삶은 사단의 세상에서 배운 것이 새겨져 있습니다(엡6:1~12).

내가 늘 편하게 살고 있는 삶은 어떻게 보면 영이 원하는 것과는 너무나 거리가 멀지요. 육은 영을 거스르고 영은 육을 거스른다고(갈5:17) 하셨는데, 영이 하는 일을 육이 싫어하고 육이 하는 일은 영이 싫어합니다. 그래서 예언을 하면, 마음 곧 나의 육의 삶이 새겨져 있는 블랙박스와 같은 마음이 움직여 그 마음이 원하는 대로 예언을 하는 것이지요.

육이 죽지 않고 말씀을 제대로 알지 못하는 자신의 눈으로 보고 판단하고 너무나도 간절히 바라는 것들을 마음에서 나는 대로 말하는 것 때문에 마음의 응답이 이루어지고 있으며, 이러한 응답은 무서운 심판을 받게 되는 것을 볼 수 있습니다(겔13장). 너희가 육신대로 살면 반드시 죽을 것이라고 했는데(롬8:13~14), 우리가 육신의 생각대로 하는 예언은 나의 삶에 치명적인 해를 가하게 됩니다. 그 예언을 따라 하는 자 또한 같은 일을 당하는 것을 너무나 흔한 일입니다.

그래서 예언은 반드시 분별이 필요합니다.

그렇기 때문에,

① 분별의 은사를 받아야 하며(고전12:10)

② 성경으로 분별해야 하며(요14:7)

③ 꿈과 환상으로 분별합니다(행2:17, 욜2:28).

여러분의 분별 은사를 받았다고 하는 분들의 분별 척도는 여기가 어둡다 환하다. 이 사람의 심령상태가 안 좋다는 정도의 분별로서 10% 정도의 분별 상태를 나타내고 있습니다. 성경에 의해서 어떤 영이 어떻게 움직이고 어디에 영향을 주며 삶에는 어떤 영향을 미치는가에 대한 성경적인 분별은 아예 없었고 거의 모든 분이 이런 정도를 가지고 분별력이 있다고 말하고 있다는 것을 알게 됩니다.

심령에서 나오는 예언은 우리의 숨은 죄를 드러나게 하는데(고전14:25) 사용하는 것이 성경적이며, 우리의 갈 길을 인도함 받는 것에는 분명하게 꿈과 환상으로 보고 분별한 이후에 삶에 적용한다면, 어려운 일을 만나지 않게 될 것입니다. 하나님께서 천지를 창조하실 때에 빛과 어둠을 나누셨듯이(창1:1~5), 우리는 보이지 않는 세계를 빛과 어둠을 보는 영의 눈이 열려야 하며 그것을 삶으로 접목하여 회개하여 버릴 것은 버리게 하고 천국의 삶을 갖게 하는 것이(마3:2) 분별이라고 합니다.

성령님께서 나누어 주시는 은사 중의 하나이며(고전12:1), 그것은 말씀을 가지고 있는 자라야만 온전한 분별력을 성령 안에서 가질 수 있습니다. 우리 모두 온전한 분별력을 가질 수 있도록 기도하고 말씀을 많이 읽고 꿈과 환상으로 보고 분별하도록 애쓰고 수고해야 하겠습니다. 사도요한도 하나님의 말씀과 예수 그리스도의 증거 곧 자기의 본 것을 증거하였다고 하셨습니다.

2) 젊은이들은 환상을 보고

① 젊은이들이란 자녀들의 때를 지나 성장하여 힘이 세진 상태를 이야기합니다. 그러나 청년의 특성은 아직 모든 면에 미숙하나 힘이 있고 세상 모든 것이 내 마음대로 할 수 있을 것 같은 때입니다. "청년들아 내가 너희에게 쓴 것을 너희가 강하고 하나님의 말씀이 너희 속에 거하시고 너희가 흉악한 자를 이기었음이라(요일2:14)." 흉악한 자를 말씀으로 이기며 승리하는 때, 조금 미숙하긴 하지만 이러한 힘으로 교회가 활발해지고 전도가 이루어지며 봉사 활동하고 있으나, 말썽이 많이 일어나는 때이므로 먼저 가고 있는 선배님들의 많은 배려와 보살핌이 필요한 때입니다.

이런 때를 사랑으로 잘 보살피고 잘 이끌기만 하면 교회의 힘을 얻게 되고 성장하는 원동력으로 가게 하는 밑거름이 되는 때입니다. 많은 미숙함을 사랑으로 감싸 안고 보살피고 가르친다면 많은 덕을 사랑하는 자들에게 향하여 끼치게 될 것입니다.

② 환상은 기도를 많이 하는 사람들에게 보이는 현상이며 비몽사몽(행10:3, 10:10)과 비슷한 현상으로서 기도 중이나 아니면 눈앞

에 갑자기 나타나 아버지의 뜻을 밝히는 현상이며 과거, 현재, 미래의 일들을 나타내시는 이상입니다(행18:9~10, 바울에게 환상으로). 해석은 꿈과 동일합니다.

3) 늙은이들은 꿈을 꾸리라.

늙은이란 모든 것을 경험한 노련한 지도자와 백성이며 장성한 자로서 단단한 음식을 먹을 수 있는 그런 사람들입니다. 연단을 받아 선악을 분별하는 자(히5:13~14), 오직 사랑 안에서 참된 것을 하는 자(엡4:15), 그러나 위험성도 있습니다. "서기관이 인치고 남은 사람은 아껴보지 말고 긍휼을 베풀지 말고 죽이되 성전의 늙은이로부터 시작하더라(겔9:6)"고 하십니다. 너무나 노련한 탓에 자기 생각을 버리지 못하고 아버지의 뜻을 따르지 못한 탓이라고 생각합니다. 아무리 노련한 노인이라 할지라도 아버지 앞에서는 응답을 원하여 보여주신 다음에 꿈과 환상으로 응답받고 영혼들도 돌봐야 한다는 것을 말씀하고 계십니다. 결코 경험으로만 하나님의 일은 할 수 없습니다.

경험으로 잘못하면 영혼을 다치게 되고 영혼을 다쳐 실족시키면, 연자 맷돌을 매고 바다에 던지는 것이 낫다고(마18:16, 눅17:1) 말씀하셨으니 영혼의 잘되고 못됨은 아버지만 알 수 있는 일이며 그것을 보지 아니하면 우리는 결코 알 수 없다는 것을 의미합니다. 노련한 경험이 아니라 그것은 보여주심의 은혜를 사모하고 대비해야 된다는 것입니다.

경험이 많은 사람일수록 조심해야 합니다. 꿈을 꾸고 시간을 가지고 천천히 응답을 받아 아버지의 지시를 따라 해야만 안전합니다. 묻지 않고 자신의 마음대로 했던 예가 성경에 있습니다(수9:1~5). 이스라엘 백성들이 기드온 사람들의 꾀에 빠져 아버지께 묻지 않고 동맹을 맺었다가 나중에 옆구리의 가시 같은 존재가 되어버린 사건이 있습니다(수23:13).

이러한 어려움을 당하지 않기 위해서는 응답 받는 방법을 배우려 합니다. 계속 가보실까요?

삼위일체의 하나님

· 빨강 : 생명의 근원자 여호와 하나님(출3:14~15)
· 노랑 : 예수그리스도 그 이름은 기묘자라 모사라 전능하신 하나님이라
　　　영존하시는 아버지라 평강의 왕이라(사9:6).
· 초록 : 성령님, 참된자 곧 그의 아들 예수 그리스도 안에 있는 것이니
　　　그는 참 하나님이시요 영생이시라(요일5:20).
· 원 : 우리의 삶을 완전으로 이끄시는 분은 삼위일체 하나님이십니다
　　　(마5:17).

꿈과 환상을 통한
성령님과의 대화

꿈은 하나님과 대화의 수단입니다. 예언과 다른 점은, 예언은 심령에서 보이지 않은 상태에서 나오지만, 꿈과 환상은 보이는 현상으로서 사진을 찍어서 보여주는 것과 같아 확실히 볼 수 있어서 영계를 조금 더 밝게 들여다볼 수(고전 13:12, 거울로) 있는 방법이라 하겠습니다.

꿈과 환상

　한 가지 문제를 놓고 여러 번에 응답을 통하여 퍼즐 맞추기와 같이 맞추어 나갑니다. 그림공부라고 합니다.

　꿈은 기도를 많이 하지 못하는 사람에게도 믿지 않는 바로에게도 (창41:1), 느브갓네살 왕에게도(단2:1), 야곱에게도 이상으로(창46장) 나타난 것으로, 이는 하나님의 비밀을 드러내는 것이며, 환상과 같이(마13:35) 해석이 필요합니다(단2:29, 단5:12, 마13:10~12).

　하나님께서는 모든 말씀은 모든 사람에게 주시는 것 같지만 복 받을 자와 복 받지 못할 자를 엄격히 분리하고 계시는 것을 볼 수 있습니다(막4:12, 마13:10 참조 P.52 하나님의 치리법).

　우리에게 자신의 비밀을 가르쳐 주셔서 의로운 길로 다니게 하시고 공평한 길 가운데로 다니며 자신을 사랑하는 자로 재물을 얻어서 곳간에 채우게 해주시는 것입니다(잠8:20~21).

　꿈은 하나님과 대화의 수단입니다. 예언과 다른 점은, 예언은 심령에서 보이지 않은 상태에서 나오지만, 꿈과 환상은 보이는 현상으로서 사진을 찍어서 보여주는 것과 같아 확실히 볼 수 있어서 영계를 조금 더 밝게 들여다볼 수(고전13:12, 거울로) 있는 방법이라 하겠습니다. 예수께서 가라사대 "나는 길이요 진리요 생명이니(요 14:6)"라고 하셨습니다. 우리가 아버지 원하시는 길을 알아야만 나의 삶이 생명이 되어 살아나는데, 그것을 잘 알지 못하면 결국은 잘못된 길을 가서 자신의 잘못을 알지 못하고 하나님을 원망하므로(말3:15) 더욱 꾸짖음을 당하는 경우가 많습니다. 그래서 우리는 우리의 길을 잘 알고 가야 합니다.

첫째, 사명의 길입니다. 금식의 기본도 나의 길을 알려달라고 하나님께 간구하는 것(사58:2)입니다.

둘째, 사업 등 나의 삶의 중요한 일들입니다. 목회의 길도 마찬가지입니다. 훈련을 받을 때인지, 교회를 개척할 때인지, 앞으로 나아갈 때인지, 앉아서 기다려야 할 때인지를 알아야 하는 것입니다. 이때 어떻게 알 것인지가 우리가 해결해야 할 숙제입니다. 이것은 금식하면서 여쭤보면 알려주시는데, 어떤 사람에게는 심령에서 나오는 예언으로, 또 어떤 사람에게는 환상으로, 또 어떤 사람에게는 꿈으로 보여주십니다. 이때에 길을 지정하는 일에 있어서 심령에서 예언이 나왔다면 다시 꿈과 환상으로 보여달라고 기도하면 보여주십니다.

오늘: 우리의 모든 대화를 들으시고 거기에 대한 대답을 주시며,

고민, 고통스러운 현실, 즐거운 일 등을 보시고 우리에게 해답을 꿈과 환상으로 주십니다. 설교가 고민되십니까? 살아계신 아버지께서 꿈과 환상으로 성경을 가르치시고 날마다 새로운 성경을 열어 주십니다. 백 년을 목회한다 해도 설교 고민은 없습니다.

위와 같이 꿈과 환상으로 나타내주셔서 우리의 장래 일도 다가올 재앙도 현재와 과거를 말씀하셔서 대비하게 하시고 진리 가운데로 인도하셔서(요16:13) 말씀에 어긋나지 않게 살도록 도와주십니다. 그것은 우리의 삶에 평안을 주시려는 계획이십니다(요14:27). 말씀을 어기면 사단이 오고(불순종) 육신의 생각을 가졌을 때에도 마찬가지입니다(마16:23). 그것을 막기 위해서 이처럼 자세하게 말씀하고 계시며, 또 우리에게 알려주시는 대화의 수단이 꿈과 환상입니다. 다니엘이 꿈을 해석하여 총리가 되었고(단5:12), 요셉도 그랬습니다(창41:16). 꿈은 해석이 필요합니다. 진리의 영이신 성령님이 우리를 도우시는 방법인 예언과 환상과 꿈을 잘 이해하고 해석하기 위해서는 그 중심에 말씀이 있어야 합니다. 이분은 진리의 영이시기 때문에 말씀을 꿈과 환상으로 나타내십니다. 말씀을 삶으로 접목하는 믹서기로 보시면 되겠습니다.

모두 말씀에 기초가 돼 있고 말씀으로만 해석할 수 있습니다. 말씀을 붙잡고 기도하면 때가 차서 조금씩 열어주시므로 하나님과 대화할 수 있는 통로가 열려 다니엘처럼(단5:12) 꿈을 해석할 수 있는 은혜가 주어지게 될 것입니다. 예언이 마음의 숨은 죄를 드러나게 하는데(고전14:25) 사용된다면, 환상과 꿈은 여러 가지의 일에(

과거, 현재, 미래) 사용됩니다. 특히 나의 인생길에 대해(사58:2) 여쭐 때에는 꿈과 환상으로 지시받고 그것을 해석하여 아버지가 원하시는 길을 가면 됩니다. 나의 생각과 다를 때는 순종이 필요합니다. 길이요 진리요 생명이신 예수님은(요14:6), 우리의 길이 제대로 결정되면 진리 되신 성령님(요일15:7)을 만날 수 있고 성령님을 만나야 참 생명이 살아나게 되는 것입니다(요일5:11). 영·육이 잘못되면 예수님을 믿으면서도 내 삶이 살아 있지 못하여 조화와 같이 향기를 내지 못하나 우리의 길이 아버지 원하시는 대로 지정되면 우리의 삶은 살아나고 생명이 있어 살아 있는 꽃과 같이 향기를 풍기게 되는 것입니다. 꽃이 향기를 발하여 벌이 날아들듯이 자연스레 전도하는 삶을 살게 되는 것입니다.

1) 하나님께서 원하시는 두 가지 노래

하나님께서는 자녀로서의 사랑(노래)과 열매로서의 사랑(노래)을 원하십니다(사5:1). 자녀로선 우리가 아버지의 사랑을 받았으나 우리의 삶에 열매가 맺어지지 못하고 늘 두렵고 안타까운 삶을 산다면 그것은 아버지 앞에 영광을 돌려드릴 수 없는 것입니다. 우리의 삶에 아름다운 열매로서 사랑을 돌려드리기 위해서 우리는 향기 나는 삶을 살아야 하고 그러기 위해서는 아버지의 뜻을 바로 알고, 알았다면 순종하도록 노력해야 하는 것입니다.

말씀대로 여종과 남종들은 예언하게 해주신다고 하셨습니다(행2:17~18). 환상과 꿈을 해석하고 성경적으로 이해하게 되면 이것이 예언입니다. 예언을 통하여 맡겨주신 사랑하시는 자들을 잘 돌봐주면 아름다운 열매를 맺어 아버지 앞에 영광이 돌려지게 됩니다. 꿈과 환상(욜2:28, 행2:17)은 하나님 아버지께서 우리의 구원(영·육)을 위하여 우리와의 대화의 수단으로 주신 것입니다(행2:21). 개미라면 개미의 언어가 필요하고, 개라면 개의 언어가 필요하듯이 하나님과 우리 사이에는 소통 가능한 언어 수단이 필요합니다. 하나님은 영이시기 때문에 영의 언어가 있어야 하는 것입니다. 요셉과 다니엘이 이와 같은 꿈을 해석할 수 있도록 지혜와 민첩함을 주셔서 총리가 되었고 그로 인해 생명을 살리는 열매를 맺어 아버지를 노래하게 해드렸습니다.

2) 하나님과의 대화는 곧 삶의 구원입니다(행2:21).

아버지는 자신과 대화의 통로를 열게 되면 이 땅의 삶에 구원이 이루어주십니다. 우리의 삶 속에서도 어떤 사람과 대화가 통하면, 그 사람이 나를 도와주기도 하고 돈을 빌려주기도 하고 나의 어려움의 호소를 듣고 여러 가지 행동을 취할 수 있는 것입니다.

예를 들어 우리가 답답한 일을 당하여 상의할 사람이 없고, 예언자를 찾아도, 어떤 사람을 찾아도 답답함을 벗을 수 없을 때, 나라에 통치자인 대통령과 통할 수 있다면 얼마나 쉽게 문제를 해결할 수 있겠습니까? 사람도 그럴진대 만물의 주관자이시며 못할 것이 없으시고 "사람으로서는 할 수 없으되 하나님으로서는 다 하실 수 있으신(막10:27)" 하나님 아버지와 대화가 통한다면 얼마나 큰 도움을 받을 수 있겠습니까? 그 어떤 문제도 시원하게 해결해 주실 수 있습니다.

　비유로 되어 있는 것을 해석하고 분별하여 대화를 이루면 제사장이 될 수 있고(계1:5~6), 대제사장 되신 예수님께(히3:1) 깊은 믿음의 도리에 대하여 배울 수 있고 예수님이 아버지를 위해서 순종하고 돌아가셨듯이 나도 기꺼이 육을 죽이고(요12:24), 아버지 앞에 순종의 삶을 살 수 있습니다.

　성령께서 우리에게 오셔서 우리를 제사장과 선지자를(계5:6, 마5:17) 만드신다 하셨는데, 제사장과 선지자가 그 주인이신 아버지와 대화할 수 없다면 어떻게 되겠습니까? 구약의 제사장에게 제사법이 정해져 있듯이 신약의 제사장에게도 하나님을 섬기는 법이 있지 않겠습니까? 하나님을 성경을 통하여 제대로 섬기고 대화하면 성령님으로 말미암아 우리는 제사장(계1:5~6 5:10, 22:14)과 선지자(고전12:28)가 될 수 있고, 그렇지 못하면 그 자리에 도달할 수 없습니다.

　성경을 통하여 자신이 하나님과 대화를 하고 제대로 하나님을 섬기기를 잘하고 있는지 자신의 모습을 살필 줄 알아 거룩하게, 아름답게, 아버지에 마음에 꼭 맞게 가꿀 수만 있다면(명철, 잠1:2, 4:7, 28:11) 우리는 제사장이 될 수 있는 것입니다.

　많은 사람이 목사가 되면 제사장이 되는 걸로 알고 있지만 성경은 그렇게 말하지 않습니다. 목사이며 교사(고전12:28)되는 자가 있고(엡4:11), 제사장이(히3:1, 계1:6, 5:10) 따로 있습니다.

많은 말씀을 배워서 알고 있는데도 제사장에 도달하지 못하는 것은, 자신의 모습을 보지 못하고 남의 모습만 봐서 거기에 손가락질하고(사58:9, 롬2:1) 열매 맺지 못하며 노와 분을 쌓는 우리의 삶 때문입니다. 피와 불과 연기와 같이(행2:19) 피(생명이 경각에 처하는 일), 불(급한 일이 생기는 것), 연기(앞이 아득하여 보이지 않을 때)가 나의 삶에 왔을 때에도 구원받을 수 있습니다(행2:21).

3) 나를 보아야 합니다.

내 모습을 자세하게 세밀하게 살필 수 있는 것이 꿈과 환상입니다. 머리부터 발끝까지 나의 삶의 일거수일투족을 자세하고 세밀하게 현미경으로 들여다보듯이 보여 주십니다. 또한 영혼의 모습, 마음의 성전의 모습, 영적인 단계, 계급도 확연히 보여주십니다. 나라에도, 회사에도, 군 생활에도, 크고 작은 모임에도 서열이 있듯이 하늘나라에도 계급이 있습니다(엡1:10). 그렇다면 왜 계급이 필요할까요? 계급에 따라 하늘나라의 것이 이 땅에 공급되기 때문입니다. "하늘나라의 비밀을 아는 것은 있는데다 더하는 것이요, 비밀을 모르는 것은 있는 것도 빼앗기리라고(마13:12)" 하셨습니다.

하늘나라의 비밀을 우리에게 알리셨고(엡1:9) 하늘과 땅이 그리스도 안에서 통일되게 하려 하신다(엡1:10) 하셨으니, 그것은 땅의 모형이 하늘에 있는 것하고 똑같습니다. 우리가 사는 육신의 나라에서도 별을 단 사람에게는 거기에 맞게, 국회의원에게는 거기에 맞게 계급에 따라 월급을 주듯이 하늘나라에서도 마찬가지입니다. 그래서 우리는 성령님을 모시고 하나님과 대화를 할 수 있어야 계급이 주어집니다. 영계를 아무리 많이 안다고 말해도 그의 삶에 아무것도 주어지지 않았다면(신18:20~22) 그 사람은 왔다 갔다 하는 두 영계 즉 성령님과 사단에 의한 양신의 역사를 이루고 있다고 보아야 하고 양신의 역사를 가지고서는 계급에 도달할 수 없습니다. 많이만 배웠다고 나라에서 등용하는 것이 아니라 나라의 법에 순종하고, 그 법을 알고 그 비밀을 함께 간직해주고 수행할 수 있는 사람에게만 계급이 주어지듯이 하늘나라도 마찬가지입니다.

성경이 요구하는 대로 따라할 수 있고 성경을 알아 성경이 원하는 방법대로 하나님과 대화를 이루어야 만이 제사장(예수님 신부 계22:17)이 될 수 있고 선지자도 될 수 있습니다. 내 안에 살아계신 성령님께서 그렇게 될 수 있게 도와주시는 것입니다. 에스더서에서도 왕의 신부로서 자신의 백성을 구해낸 지혜로운 에스더와 같은 것이지요.

성령이 오시면(행2:17) 꿈과 환상으로 나의 모습을 보고 과연 내가 말씀대로의 삶으로 하루를 살고 있는지를 보여 주십니다. 내 생각에는 그렇게 살고 있는 것 같은데 보여주심을 보면 나의 모습은 정말 아름답지 못한 경우가 너무나 많습니다. 그러니 보지 못한 눈을 열어 보게 하시고(계3:8), 나로 하여금 소경을 면하게 해달라는 기도가 필요합니다. 우리가 열심은 있으나 하나님의 의를 이루지 못하고 나의 의를 이룬다고 하십니다(롬10:1). 그것은 나를 보지 못하기 때문입니다. 우리의 행위가 우리는 모두 바른 줄로 여기나 하나님은 심령을 감찰하십니다(잠16:2). 보이지 않는 나를 보는 장치를 성경에서 알아야 합니다. 거울을 보고 가서 금방 잊어버리는 것과 같이 우리는 잊어버립니다.

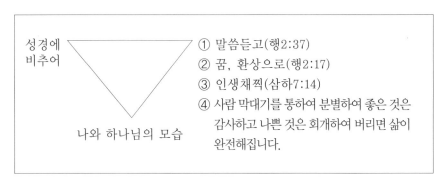

성경에 비추어

나와 하나님의 모습

① 말씀듣고(행2:37)
② 꿈, 환상으로(행2:17)
③ 인생채찍(삼하7:14)
④ 사람 막대기를 통하여 분별하여 좋은 것은 감사하고 나쁜 것은 회개하여 버리면 삶이 완전해집니다.

영계의 어떤 일이라도 나만 볼 수 있으면 이단이 나오지 않습니다. 빠지지도 않습니다.

4) 꿈과 환상은 누구에게나 주시는 하나님의 메시지입니다.

꿈은 믿지 않는 자 창세기 41장에는 바로, 느브갓네살 왕,(단2), 믿는 자나 다 꾸며 야곱이 꿈에 하늘의 사닥다리 위에 오르락내리락하는 사자를 보았고(창28:12), 예수님이 탄생하실 때에도 요셉에게 현몽하여 마리아 데려오기를 무서워 말라하시어(마1:20, 2:12, 13, 19, 22) 마리아를 보호하셨습니다.

"선지자에게는 이상으로 나를 알리기도 하고 꿈으로 그와 말하기도 하거니와 모세와는 그의 온 집이 충성되어 대면하여 명백히 말하고 또 여호와의 형상을 보거늘(민12:6~8)"고 하셨는데, 우리가 보이지 않는 세계를 보는 자는 신비주의자라 할 것이 아니라 신비 그자체라 말해야 합니다. 보이지 않는 세상은 신비한 세상이며 하늘나라가 그런 것이 아닐까요? 보이지 않으나 분명히 있고, 어떤 사람은 보고 어떤 사람은 보지 못하니 신비 그 자체입니다(롬 8:25). 예수님 믿으면 가는 나라 그 나라는 보이지 않는 나라입니다(민12:6~8).

구약에 제사장은 따로 업이 없었고 도피성과 42 성읍을 주어서 관리하게 하셨지요(민35:6). 이 사역이 도피성의 사역이 아닌가 싶습니다. 사단, 마귀, 귀신에게 져서 병들고 삶에 고통당하고, 삶을 잃어버리고 사람이라면 다하는 일을 못 하고 어려움 당하는 사람들이 와서 삶을 치료받고 몸을 치료받고 어떤 분은 천국에 가기도 하시고, 마음의 상처도 치료받아 행복으로 본인의 삶을 되돌리는 곳, 금식과 기도로 하나님과 막힌 철장을 뚫고 행복의 나라로 나오게 해주는 곳, 벧엘 금식기도원 교회, 12년의 사역에 가슴이 벅찬 곳입니다. 성령께서 그들의 마음에 계시게만 해드리면 모두 ok, 할렐루야로 치유됩니다. 금식의 기적입니다. 이 땅에서 많은 것을 누리고 싶다면 영의 일을 사모해 보시면 어떨까요?

꿈의 세계에 관심을 가져보세요. 좋은 꿈은 하나님이 주셨고 나쁜 꿈은 개꿈이라고 말하는데, 성경에서 꿈은 성령님께서 우리에게 주십니다. 하나님 아버지께서 우리에게 주시는 말씀을 개꿈이라고 한다면, 그것은 "아버지! 개소리하지 마세요." 하는 말과 동일하니 이제 말조심해야 되겠지요. 나에게 주시는 꿈은 좋은 것이나 나쁜 것이나 다 하나님께서 우리에게 대화를 신청하고 계시는 겁니다. 좋은 것은 칭찬이요. 나쁜 것은 바꾸어 주시려고 말씀하신 것입니다. 과거, 현재, 미래를 말씀하시며 회개와 아름다운 오늘과 소망의 내일을 바라보게 하시는 것입니다. 그것이 비유로 되어 있어서 이제 우리가 공부하며 배워나가야 할 부분입니다.

"나의 계명을 가지고 지키는 자라야 나를 사랑하는 자니, 그를 사랑하여 그에게 나를 나타내리라, 사람이 나를 사랑하면 내 말을 지키리니, 우리가 저에게 와서 거처를 함께 하시리라(요14:21, 23)" 하셨는데 이 말씀을 주의하여 살펴보겠습니다.

우리가 아버지의 말씀과 뜻대로 열심히 살고 있다고는 하지만 우리 의는 이루나 하나님의 의는 이루지 못함은 지식이 없어서 그런다고 하십니다(롬10:2~3). 21절에 계명을 지키느라고 애쓰는 우리에게 나타내는 방법이 꿈이며(요14:21), 숨은 일, 어둠에 있는 일들을 드러내어(전2:14) 우리에게 보이시는 방법이십니다.

5) 바른 응답만이 싸움을 멈추고 순종할 수 있습니다.

"하나님의 말씀은 살아있고 운동력이 있어 좌우에 날 선 어떤 검보다 예리하여 혼과 영과 및 관절과 골수를 찔러 쪼개기까지 하며 또 마음의 생각과 뜻을 감찰하십니다(히4:12)." 말씀만 읽고 들으면 그렇게 됩니까? 그렇다면 저를 비롯하여 사랑하는 이 민족의 백성들이 그렇게 말씀을 읽고 듣고 머리에 가득하게 들었는데도 왜 변화는 없고, 산 넘고 바다 건너 전도해놓으면 싸우고, 때리고, 할퀴고, 다 내 쫓는 일이 생겼습니까? 제가 기도원에서 만나는 많은 종들과 백성들이 있습니다. 그분들이 이제 교회가 싫다고 합니다. 너무나 싸우고, 할퀴고, 때리고, 자신들의 욕심을 채우고, 자신들의 마음대로 하고자 하는 말이 통하지 않고, 응답을 받지 못하므로 목사님, 장로님들 때문에 교회가 질리 게 싫어졌다고 합니다. 목사님은 장로님을 무서워하고 장로님은 목사님을 싫어합니다. 우리는 아군인데 왜 적군처럼 이렇게 할까요? 귀신들의 장난이 분명합니다.

과연 하늘의 우리 아버지는 뭐라 하실까요? 잘했다고 우리를 칭찬하실까요? 그러시진 않으실 겁니다. 우리나라와 우리 자신들이 되는 것을 보면 과연 아버지가 좋다고 말씀하고 계시진 않는다는 것이 우리의 삶으로 드러났으니까요. 가난하게 되었고, 병들었고, 자식들이 안되고, 죽음까지 우리의 앞에서 왔다 갔다 하는 것은(레 26:14~42, 렘15:1~3) 말씀이 응하여 우리의 삶이 망가져서 이제는 전도하는 것도 못한답니다.

교회에 데려다 놔봤자 다 싸워서 보내버리기 때문에 전도할 필요가 없다고들 하는데, 나를 좀 돌아봐야 하지 않겠습니까? 우리는 다 잘하고 상대가 다 잘못하고 있는데 왜 내 삶이 망가집니까? 이상하지요. 내가 잘하면 나는 질병도 안 생기고, 돈도 많아져야 하고, 자식도 잘되어야 하는데, 왜 자식들은 나를 대적하고, 돈은 왜 나를 보면 도망가고, 죽음은 왜 앞에서 왔다 갔다 하며 나를 위협합니까? 그래도 잘한다고 말할 수 있습니까?

나를 돌아봐야 합니다. 나를 봐야 다른 사람에게 손가락질 안 하고, 그 손가락을 나에게 돌리지 않을까요? 좌우에 날 선 검이 작동할 때에 나를 보지 못하고 칼만 왔다 갔다 하면 위험하지 않을까요?

나 자신이 나를 봐야 합니다. 그것을 명철이라고 합니다(잠1:2, 4:7, 28:11). 지금은 어디를 고치고자 하시는지, 말인지 행동인지 발인지 손인지 알아야 합니다. 수술하는 환자가 병원에서 수술 하는데 자기가 어디를 수술하는지도 모르는 사이에 수술을 다 해놓습니까? 절대로 그럴 순 없는 것입니다. 동의서에 자신의 사인이 들어가지 않으면 그 누구도 나를 고치려고 수술할 수 없듯이, 마음인지 심령인지 내가 알지 못하고 생각하지 못하면 고칠 수 없다는 것입니다.

교만한 자가 교만한지를 알아야 고치지 자기는 절대로 교만하지 않다는데 어떻게 고칩니까? 죄 덩어리인 우리가 죄 없다는데요. 우리의 죄의 개념은 술 안 먹고, 바람 안 피우면, 누구 때리지 않고, 남의 돈 도둑질 않으면 죄가 없다는 것입니다. (참고: 옛구습을 버리고 새 사람을 입으라.)

그러나 성경은 그렇게 말하지 않습니다. 아버지께서 명령하는 것을 안 해도 죄요(22:37~39), 아버지가 하지 말라고 하는 것을 하는 것도 죄입니다(레28:15). 즉 내가 아무리 하고 싶어도 아버지가 하지 말라고 하면 안 해야 하고 내가 아무리 하기 싫어도 아버지가 하라고 하면 해야 하는 것이 우리가 죄를 면하는 길입니다.

예수님도 십자가 지기 싫으셨습니다. "아버지여! 할 만하시거든(마26:39)", 세 번이나 기도하셨고 얼마나 십자가지기 힘이 드셨는지 땀방울이 핏방울이 되었다고(눅22:44) 합니다. 그러나 아버지께서 지라고 하시니 지셨습니다. 그래서 예수님은 만왕의 왕이 되셨고, 만주의 주가 되셨으며, 예수 이름이 없으면 천국도 못 가고, 예수 이름이 아니면 기도도 안 올라가고, 예수의 이름이 아니면 귀신도 나갈 리 없고, 거기에 자신의 생명을 내놓았기 때문에 이러한 재림주로서 만왕의 왕으로서의 이름과 함께 권세를 갖게 되신 것 아닐까요?

그렇다면 나도 무엇인가 갖기를 원하신다면 예수님처럼 아버지의 명령에 순종해야 합니다. 나는 아무것도 안 하고 무조건 달라고 한다면, 너무 억지스러운 것이 아닐까요? 나를 보진 못하고 너무 많이 달라고 하는 것은 아닙니까? 너무 뻔뻔스럽다고 생각해보진 않으셨는지요? 우리가 이런 부끄러운 모습입니다. 일은 쥐꼬리만큼 해놓고 달라는 것은 일한 것보다 너무나 많은 것을 요구하고 당연히 주셔야 하지 않겠느냐고 하늘에다 대고 손가락질하는 우리의 기도 모습과 우리의 삶의 모습을 자세히 들여다봐야 하지 않을까요?

이제 이런 모습을 버리기 위해서는 나를 보는 방법을 터득해보시면 어떨까요?

6) 맞춤형 교육을 받고 싶진 않으세요?

이 방법은 우리의 개인교습이 됩니다. 맞춤형 교육이라고 할까요?

예를 들면 십계명 중 제5계명 "네 부모를 공경하라"는 말씀을 보면, 우리가 말씀대로 영(목사님), 육(부모님)의 두 부모님을 잘 공경하려고 애쓰고 수고합니다. 그런데 아버지께서 보시기에 분명히 불합리한 것이 있을 것입니다. 부모님의 연세, 자식의 나이를 볼 때 겹쳐질 수 없는 격차가 있는 것입니다. 나이 어린 자식이 부모님께 잘한다 한들 얼마나 잘하겠습니까? 그러나 아버지께서 보시고 내 아들에게 복을 주고 싶으시니까(출20:12) "얘야 그 일은 이렇게 하면 네 부모가 좋아하겠구나" 하고 가르쳐 주시는 것입니다. 그 말을 들어야 만이 거처를 함께하시고자 하시는 아버지 성령님과 함께 살 수 있는 것입니다(요14:23). 말 통하지 않는 아내와 함께 살 수 없듯이 말입니다(잠25:24).

친구시며, 형제시며, 나의 남편 되신 예수님의 이야기입니다.

나의 부족에 대해서 꿈과 환상으로 말씀을 하시는데, 거기에 아무런 대답이 없고 아무것도 따라 할 수 없다면 성령님을 우리 안에 모셨으나 다시 밖으로 가실 수밖에 없다는 것을 성경이 증거하고 있습니다. 많은 분이 그냥 성령님이 내 안에 계시려니 하고 있지만 안에 모시지 못하고 밖에 모시고 사는 분들이 너무나 많습니다. 성령님을 안에 모시고 살아야 하는 우리가 모시지 못하면 충성되고 지혜 있는 종은 결코 될 수 없습니다.

충성스러운 종(성령충만한 종)은 그때그때 영혼들의 심령 상태에 따라서 하나님께서 하고 싶으신 대로 하실 수 있도록 나를 제공할 수 있는 종입니다(마24:45). 자신의 의지대로 신학에서 배운 대로 세상에서 배운 대로 하는 사람은 성령을 마음에 모시지 못하고, 밖에서 일하시게 하는 악한 종이며, 술 취한 종이라고 말씀하십니다 (마24:48~51).

성령님을 밖에 세워 놓고 비 맞게 해드리고 바람맞게 하며 추위에 떨게 한 자는 오히려 자신의 삶에서 이와 같은 일을 당하고 있다는 것을 깨달을 수 있다면 얼마나 좋을까요? 우리가 이것을 알기 원합니다. 나의 성령님은 어디에 거주하고 계시는지, 밖에서 떨고 계시는지, 아니면 나의 마음의 성전에서 편하게 계시면서 나를 도와주고 계시며 신바람 나 하시는지 알아야 합니다.

우리가 제사장(계1:6)이 되는 길은 성령을 내 마음에 모시고 이분을 통하여 하나님 아버지와 사랑하는 예수님과 대화를 이루어 아버지가 원하시는 대로 계명을 따라 살고, 나의 모습을 살펴 잘못했을 때에는 금식하고 기도하여 나를 씻고 닦으며, 잘했을 때에는 칭찬받고, 사랑을 받으면서 아버지의 마음을 살펴 나의 삶을 살아가는 것입니다.

구약에 제사장이 제사법에 따라 제사해야 자신이 살 수 있듯이(레12:5), 우리도 신약시대에 성령님을 모시고 아버지가 원하시는 대로 성경의 방법을 따라 성경대로 아버지와 대화를 이루고, 원하시는 대로 예수님처럼 십자가를 지라면 지고, 자라면 자고. 쉬라면 쉬고, 일하라면 일하고, 동으로 가라면 동으로 가고, 서로 가라면 서로 가야만이 제사장과 선지자(마5:17, 계1:6)가 될 수 있습니다. 곧 예수님의 신부가 되는 것입니다(계22:17). 타국 바벨론에서 신부가 된 에스더가 그의 백성을 구원해냈듯이(에스더서) 우리도 사단의 나라에서 신부의 권세를 가져야만이 백성구원의 능력이 생기지 않겠느냐는 것이지요.

우리가 너무나 쉽게 생각하고, 나는 꿈은 안 믿어, 꿈이 안 맞아, 개꿈이야, 하며 했던 말들을 회개하고 이제 충성스러운 종이 되기 위한 준비를 하시면 어떨까요? 이것이 민족을 살리는 길이며, 우리 민족의 교회를 살리는 길이며, 가정과 개인을 살리는 길입니다.

7) 바른 응답은 교회를 살립니다.

교회 안에 목사와 장로가 다투고 분열하며, 싸우며 멱살을 잡아 강대상에서 끌어내고, 성도들이 사분오열하여 흩어지며, 이리저리 헤매며, 고아와 같이 영의 부모들을 불신하고 신앙을 버리는 이유가 뭘까요? 가장 큰 신이신 하나님 아버지를 믿으면서도 점쟁이를 찾아가고 굿이라도 해야 하는 이유가 뭘까요? 그것은 응답받는 방법을 모르기 때문입니다. 이 시대는 만인 제사장 시대이며 만인 선지자 시대입니다(고전12, 28, 롬15:16, 계1:6, 5:10).

성령님께서 우리에게 오셔서 이처럼 귀한 일을 우리에게 주셨습니다(행12:17). 그런데 우리는 이와 같은 응답받지 못하여 서로의 의견이 옳다고 우기기만 했지 응답받을 수 있는 통로를 갖지 못합니다. 그래서 사람들에게 선배에게 배운 대로 하기 때문에, 장로님들은 장로 선배에게 배운 대로, 목사님들은 목사 선배에게 배운 대로 싸우고 내쫓고 밀어내기 싸움을 하는 바람에, 장로의 유전, 사람의 유전이 응하여(골2:8) 어린 영혼들이 사단의 밥이 되고 찢기고 고통을 당하고 있습니다. 바로 우리 예수님을 십자가에 다시 못 박고 자신들이 이겼다고 축하 하는 모습을 보면 과연 우리 아버지의 마음은 어떠실지 생각해보셨나요?

내 아들을 버려서 산 내 자식들이 오나가나 싸움판이니 아! 우리 아버지의 찢어지는 그 마음을 어떻게 해야 한단 말인가요? 복음성가 중에 '아버지 당신의 마음이 있는 곳에 나의 마음이 있기를 원해요' 라는 가사가 있습니다. 아버지의 마음을 알려면 나의 속을 봐야 합니다. 어린 영혼들을 사지로 몰아넣어 사자와 이리들의 이빨 밑에 밀어 넣고 있는 교회의 이 두 지도자, 당연한 듯이 웃고 즐기며 서로 물고 뜯으며, 손가락질하고, 비웃음을 계속하고 있으니 우리 아버지의 마음에 불이 일고 그 고통을 우리가 현실에서 받을 수밖에 없는 것입니다(가난, 고통, 병, 죽음, 가정의 어려움 : 렘15:1~, 레26:14~42).

(1) 성경대로 바르게 살고 있는지 확인

성경대로 우리가 살고 있는지 없는지는 꿈과 환상으로 우리를 보지 않고는 절대로 알 수 없습니다. 어떤 새로 임명된 장로님이 금식하러 오셔서 "이제 내가 장로가 되었으니 최고의 장로가 되겠습니다."고 다짐하는 모습을 보고, 제 마음이 서늘해 왔고, "이제 목사님은 죽었구나."라는 생각이 들었습니다. 아니나 다를까? 금식 도중에 아버지께서 꿈으로 말씀하시기를 너의 열심이 내 종 목사를 죽이고 나의 목을 조인다고 보이셨습니다. 그것을 보고 그 장로님은 너무나 놀라셨고 지금은 조용히 일하고 계신 걸로 알고 있습니다.

왜 목사님들이 하는 일을 반대하는 것이 장로의 일이라고 생각을 하시는지 도무지 이해할 수가 없습니다. 지금은 일제 강점기가 아닙니다. 우리가 일제치하에 있을 때에는 남의 나라가 나의 나라를 점령하고 있으니까 좋은 것이 있다 해도 무조건 반대했지만, 지금 우리는 아버지의 나라 일을 이 땅에 실현하는 아군인데 적군처럼 행동하고 있으니, 사단의 더러운 거역의 영에(창3:1~7), 사로잡히지 않았나 싶습니다. 이것은 하와가 제일 먼저 뱀에게 점령당했던 부분이 아닙니까? 거역하는 것, 먹지 말라 하면 먹지 말지 뱀의 꼬임에 빠져 아버지의 말씀을 거역했던 그 거역의 영, 아직도 우리에게 너무나 많아 거역해야 살맛이 나는 사단의 속성을 우리 민족이 가지고 있습니다. 무조건 생각도 기도도 안 해보고, 가정에서나, 교회에서나, 나라에서나 "아니야, 안돼, 못해, 그렇게 하면 큰일 날 거야"라고 말합니다. 우리는 이것을 버려야 하지 않을까요? 응답을 받으면 되지요.

(2) 우리는 아군입니다.

우리는 교회 안에서 아버지의 나라의 아군입니다. 적군이 되지 않기를 원합니다. 거역의 영인 사단이 들어가면 무조건 "아니요, 못해, 안해"입니다. 이제 그렇게 하지 말고 기도하고 금식하며 응답받고 아버지께서 YES, NO를 결정하시게 하면 어떨까요? 처음부터 아는 사람이 있던가요? 우리 함께 화목의 직책(고후5:18)을 감당하기 위해서 꼭 터득해서 하늘나라 가는 그 날까지 싸우지 않기를 원합니다. 간단합니다.

"헛된 영광을 위하여 서로 격동하고 투기하지 말지니라(갈5:26)."

아버지는 우리가 싸우면 일을 못 하시고 대신 사단이 일을 합니다. 일은 잘못해도 우리가 사랑하면 하나님이 일을 잘하셔서 우리에게 더 좋은 것을 갖다 주십니다. 시간을 내어서 3일 정도 금식하면서 여쭤보시면 간단하게 대답해주십니다.

말씀의 지식을 갖지 못한 우리의 섬김이 나와, 나의 교회와, 가정을 죽이고, 나라와 민족을 좀먹는 일임을 우리는 깊이 깨닫고 회개해야 합니다. 이제 이러한 삶을 통해 우리의 신앙생활을 바로잡을 길을 모색해야 할 줄로 압니다. 그것이 바로, 바른 응답을 받는 길입니다.

교회의 중요한 문제, 가정의 중요한 문제, 국가의 중요한 문제도 3일 정도의 금식을 통하여 여쭤보면 시원하게 대답해 주셔서 싸움을 멈추게 해주십니다. 대립하는 상대끼리 모두 금식하는 것입니다. 금식에 대해 두려움이 있으십니까? 우리 예수님은 40일도 하셨습니다(마4장). 죽을까 봐 힘들어서 못 한다면 조금 부끄럽지 않을까요? 금식이 육을 죽이는 방법, 사탄, 마귀, 귀신을 빼내는 것이니 죽을 것 같은 생각이 들겠지요. 죽지 않습니다. 아주 건강해지고, 병도 낫고, 저주도 끊어지고, 1석 2조가 아니라 1석 10조 정도는 될 것입니다. 여러 마리의 토끼를 동시에 잡는 길입니다.

아버지께서는 예수님을 이 땅에 보내시고 우리를 구원하셔서 이 민족에 이렇게 많은 교회를 세우시고 우리가 잘 먹고 잘살게 해주셨습니다. 그렇다면 우리 아버지가 원하는 것이 지금 우리가 하는 이런 방법일까요? 가장 높으신 신이신 아버지와 대화하는 방법을 알지 못하여 무당 찾고, 점쟁이 찾고 무당과 같이 점쟁이와 같이 마음에서 나는 대로 예언하여(겔13장), 살릴 영혼은 죽이고, 죽일 영혼은 살리는 일을 하는 것이 진정으로 우리 아버지께서 원하시는 걸까요?

성경은 놔두고 내 마음에서 왔다 갔다 하는 대로 그것을 옳다고 여겨 교회에서 끊임없이 싸우고 목사가 장로를, 장로가 목사를, 목사가 성도를 손가락질하고, 물어뜯고, 서로 비방하고(롬2:1), 진실로 그런 일들을 원하실까요? 그것을 원치 않으시는 우리 아버지의 마음이 얼마나 아프실까요? 얼마나 고통스러우실까요? 아마도 자신의 아들을 죽이실 때에 "나의 하나님! 나의 하나님 어찌하여 나를 버리시나이까?(마27:46)" 울부짖으시던 우리 예수님의 음성을 들으실 때보다 더 슬프실 것입니다. 우리의 죄악을 속해주시려 자신의 아들을 죽이시면서까지 우리에게 오시길 원하셨고, 나는 너희에게 임마누엘(사7:14) 하리라고 하시며 예수님을 죽이셨는데, 그 아픔을 아직도 우리는 아버지께 드리고 있다고 생각하진 않으시나요?

8) 응답받는 방법은 터득될 수 있습니다.

이유는 단 한 가지입니다. 응답받는 방법을 터득하지 못했기 때문입니다. 신이신 하나님, 신 중의 신이시며 가장 높으신 신이시며 모든 신 위에 뛰어나신 분, 만물을 다스리시는 아버지와의 대화의 통로가 정확하지 못해서입니다. 이제 우리는 이 통로를 열어 자세히 응답받고, 교회에서도 사회에서도 국가도 가정도 싸움을 멈추어야 합니다. 우리가 사랑하면 사단은 물러갑니다. 우리가 싸우고 있는 한 사단은 물러갈 수 없으며(갈5:29) 더욱더 큰 어려움을 갖다 주게 됩니다.

◎ 하나님 나라의 살인자 - 미워하는 자(요일3:15)

◎ 사단 나라의 살인자 - 사랑하는 자(요일4:7)

응답받아 아버지의 뜻대로 움직이면 귀신도 자연히 떠나게 되고, 아버지를 사랑하여 순종하였으니, 사단 나라의 살인자가 되어 사단을 죽이게 되어, 싸움의 대장이며, 거짓말쟁이며(요일1:10), 우리의 참소자인(욥1:9~11, 계12:10) 사단, 마귀, 귀신이 떠나게 됩니다.

(1) 그 응답의 방법이 바로 꿈과 환상(욜2:28, 행2:17)입니다.

이 방법은 배우고 익히는 데 시간이 걸립니다. 삶에 적용해보는 시간이 걸리는 것입니다.

그러나 이 방법이 터득되어 아버지와 대화가 쉬워지면 우리는 그 방법을 따라 하늘나라의 계급을 얻게 되며 제사장과 선지자가 되어 우리 예수님의 돌아가신 궁극적인 뜻을 이루어드리며(계1:6) 아버지 하나님을 내 마음에 모시고(성령님) 평강한 삶, 평화의 삶, 평안의 삶(요14:27)을 살며, 거룩함을 추구하고 살 때(고전 3:17), 이러한 사람들과 종들이 많아지므로 하나님과 우리의 화평이 이루어지고, 나라와 민족이 화평해지고, 나의 삶의 질이 높아지며, 하나님 아버지의 특별한 소유(말3:17)가 되어 살 수 있는 길이 열리며, 외양간에 나온 송아지처럼 뛰며(말4:2), 성령충만의 삶을 살 수 있는 것입니다. 할렐루야!

◎ 교회의 아름다운 모습: 잔잔한 물가, 푸른 초장(시23편), 천막으로(사4:5~6), 버스, 배, 어항, 포도밭, 식당 등 상태 좋으면 좋은 교회, 안 좋으면 바꾸어야 할 교회(금식과 기도, 응답 방법 접목하면 금방 바뀜)

◎ 양육하게 성장되었다, 젖이 불었다, 먹인다 등

(2) 이제 꿈과 환상에 대해서 알아봐야 하겠지요.

비유로 되어 우리에게 나타나 있는 꿈과 환상을 보겠습니다.

"오직 하나님의 성령으로 이것을 우리에게 보이셨으니 성령은 모든 것 곧 하나님의 깊은 것이라도 통달하시느니라. 사람의 사정은 사람의 속에 있는 영 외에는 누가 알리요. 이와 같이 하나님의 사정도 하나님의 영 외에는 아무도 알지 못하느니라(고전2:10~11)."

꿈과 환상은 성령님께서 우리에게 아버지의 뜻을 알려 주시는 방법입니다. 우리 속에 계신 성령께서 우리의 마음속에 있는 것을 끌어내어 쓰시고 있기 때문에 우리의 마음속에 잊지 못하게 새겨져 있는(혼) 옛 삶이라든지 현재 삶을 나타내십니다.

군인, 농사꾼, 목사, 교사, 회사원 등 다양한 직업에 따라 자신의 삶, 가지가지의 색깔이 나타나는데 해석은 성경으로 해야 합니다. 농사하면 농부이신(고전3:7) 아버지의 마음과 현재의 나의 삶을 영·육으로 비유합니다. 진리의 영이신 성령께서(요14:17) 말씀과 꿈을 하나로 하여 말씀하고 계시기 때문에 꿈을 해석할 수 있게 되면 말씀의 깊이와 높이와 길이와 넓이를(엡3:19) 알게 되고 성령께서 가르치시는 하나님의 나라와 세상을 통달하여 자유 하는 율법을 들여다보는 자(약1:25)가 되어 그의 원하시는 대로 행하여 복을 받게 됩니다. 목회자는 설교가 재미있어지고 성도는 삶에 윤활유가 생기고 행복해집니다.

① 어떻게 비유하고 계시나 알아볼까요?

다니엘 4장에 있는 느브갓네살 왕의 꿈을 중심으로 알아보겠습니다. 느브갓네살 왕이 집에 편히 있으며 내 궁에서 평강할 때에(단4:4) 편안하다, 안전하다 할 그때에 덫과 같이(눅21:34), 편안할 그때에 더욱 금식과 기도를 쉬지 않아야 합니다.

편하고 평강하여 별 걱정 없을 때에 느브갓네살 왕이 아버지 앞에 잘못 살았던 것을 알 수가 있습니다. 다니엘이 꿈을 해석하여 하나님이 다스리시는 줄을 왕이 깨달은 후에야 왕의 나라가 견고하리이다.

"그런즉 왕이여 나의 간구하는 것을 받으시고 공의를 행함으로 죄를 속하고 가난한 자를 긍휼히 여김으로 죄악을 속하소서. 그리하시면 왕의 평안함이 혹시 장구 하리이다(단4:26~27)."

하지만 말씀을 보면 그가 그대로 교만하고, 가난한 자 불쌍히 여기지 않았고, 공의를 행하지 않았다는 것을 알 수 있습니다(단 4:28). 12달 후에 그는 꿈대로 그것을 그대로 맞았고 다니엘의 간하였던 것에 대하여 고려하지 않았던 것을 볼 수가 있습니다. 그것을 받아들여 공의와 불쌍히 여기는 마음을 삶에서 가졌다면 그는 미치지 않았을 것입니다.

꿈은 나의 재앙을 없애주기 위해서 주시는 것입니다. 애굽 왕 바로의 예인데요(창40장). 그는 요셉을 통하여 꿈을 해석 받고 그대로 그를 등용하여 그 문제를 해결 받고 자신의 민족과 주위의 민족들의 생명을 구했던 것을 볼 수가 있습니다. 많은 사람을 살리고 자신은 거부가 되었지요. 꿈이 주어졌을 때 그것을 어떻게 처리하고 행동하느냐는 나의 삶을 살리기도 하고 죽이기도 하는 하나님의 개인적으로 주시는 말씀이라는 것을 성경을 통하여 알 수가 있습니다(요14:23).

② 넘어지기 전에 알려주십니다.

우리가 기도 못 하고 편안하여 교만하며 아버지의 말씀과 뜻대로 살지 못 할 때도 넘어지기 직전에 알려주십니다. 이럴 때 어떻게 대처하느냐가 굉장히 중요합니다. 이 말씀은 우리 같은 하나님의 만드신 바 된 사람이 가르쳐주는 것이 아니라 우리를 만드시고 사랑하시되 얼마나 사랑하시는지 자신의 아들을 내어주어 죽이시고 구원하신 사랑으로 바라보아야 합니다(요일3:1). 그러하신 하나님 아버지께서 가르쳐주셔서 우리의 삶 속에서 잘 못살고 있는 것을 경계하며, 잘살고 있는 것을 칭찬하시고, 우리의 삶의 전반적인 것에 대하여 권하고(딤후4:2) 계시기 때문에 이 말씀에 대하여(요14:23) 반응을 나타내 주어야 합니다.

그것은 어떻게 할 것인가의 방책을 세워야 하며 방책이 생겼다면 금식하고 기도하여 나태한 나의 삶을 회개하고 아버지의 원하시는 바대로 살도록 노력을 할 때에, 느브갓네살 왕처럼 되지 않고 요셉에게 해석 받은 바로와 같이 형통한 삶으로 넘어가게 되는 놀라운 사실을 경험하게 됩니다. 그렇다면 그것이 그렇게 되는지 안 되는지 알아보고 싶다고요. 조금 어려우실 겁니다.

내 자식이 잘못되고 나의 삶이 완전히 뒤집어져서 느브갓네살 왕은 7년씩이나 미쳐있었고(완전히 회개되는 기간), 또 아주 해결 받지 못한 사람들도 너무 많기 때문입니다. 그러한 고통을 당하려 하지 말고 아버지께서 우리에게 사랑으로 나타내주실 때에 움직이면 성경에 나타나 있는 문제(가난, 질병, 자식의 문제, 가정 문제, 죽음 : 렘15장, 레26장)에서 해결 받을 수 있습니다. 이러한 문제에 대하여 잘못하고 있는 부분들을 점검하여 내 자식이 구덩이에 빠지지 않도록 도와주고 계시기 때문입니다.

제가 이곳에서 이 사역을 12년 하는 동안에, 미리 예고해주신 꿈을 알지 못하고 행동으로 신속하게 옮기지 못한 바람에 아들을 잃은 가엾은 우리 집사님도 계시고, 아들을 죽음 직전에 구해내기도 하고, 컴퓨터에 빠져서 밤낮을 가리지 않고 일어나지 못하고 있는 자식을 금식으로 일으켜서 환호하기도 하고, 정신병으로 22년씩 고생하여 평생을 고생하던 우리 권사님들의 고통도 해소해주고, 우울증으로 고생하고 계신 우리 권사님들과 간암, 간경화 두 가지의 병을 고쳐 가정의 품으로 돌아간 우리 집사님, 자식들의 그 안타까운 문제를 해결해주는 놀랍고도 신비한 일들을 너무나 많이 보고 있어서 글로 표현하는 데에는 한계가 있다고 생각이 듭니다.

③ 성경에 바른 지식을 가져야 합니다.

우리가 지식이 없으므로 아버지 앞에 바르게 하지 못하고 바르게 대답하지 못한 것이 제사장을 만들지 못하고, 그것으로 인해서 "너희가 율법을 버렸으므로 나도 너희 자식을 버리겠다(호4:6)."는 말씀이 응하여 이처럼 자녀들의 많은 문제가 우상숭배의 죄와 불순종으로부터 우리에게 와 있습니다(롬1:23, 삼상15:22~23).

꿈과 환상으로 아버지와 대화를 이룬 다음에 성경을 이해하게 되었습니다. 글자로만 알던 성경이 아버지와 하고 싶으신 이야기들이 꿈으로 이루어진 아버지와의 대화가 성경을 통하여 나타나고 있다는 것을 알고 계속 대화에 이끌림 받은 결과 얻게 된 깨우침이 너무나 많았습니다. 누구에게도 배울 수 없고 육신으로만 생각하던 것이 영혼이 잘되어야 범사가 잘되고 강건한데(요일1:2) 우리는 늘 육신의 삶에 국한되어 영혼이 잘되는 방법을 몰랐던 것을 알게 되었습니다.

성경의 비밀은 이제 꿈과 환상으로(마음에서 나는 대로가 아닌

겔13) 대화를 이루게 되면, 얼마나 많은 성경의 길을 찾아(요14:6) 민족과 세계와 우리 모두가 잘되는 길을 만들어낼 수 있을지 기대가 되며, 하나님 아버지께서는 사랑하는 자들이 꿈과 환상이 터득되고 자신과 대화할 수 있기를 원하심으로 간절히 구하는 마음으로 이 책을 펴시는데 제가 도구로 사용되고 있음을 감사 또 감사드리고 있습니다.

근래에 젊은 목사님 한 분이 오셔서 자신의 입을 통하여 나오고 있는 예언들 때문에 애태우고 계셨어요. 그 예언을 듣다 보니 이 예언이 모두 비유로 되어 있어서 삶에 접목하여 그것을 해석하니까 목사님 마음이 행복해지는 것을 보았습니다.

이 일은 예언도 해석이 필요하며 삶에 접목하여 지도가 필요하고 이 일이 어느 때 이루어질 것인가에 대하여 시기와 때를 분별하여 성경과 대입하니 평안하게 삶을 이끌 수 있다는 새로운 사실을 봅니다. 앞으로 많은 성경과 삶의 접목이 필요한 부분입니다.

이제 우리에게 꿈이 주어졌을 때에 잘 배우고 익혀서 좋은 것을 주시고자 하시는 아버지 앞에 "예", "아니오"로 대답하여 아버지 앞에 기쁨을(잠16:7, 엡5:10) 드리고, 나를 위해서 피 흘려주신 나의 사랑하는 예수님을 춤추게 해드리는 일들을 많이 만들어내어야 합니다. 날마다 순간마다 우리의 삶을 어머니와 같이(요14:18, 갈4:26) 보살피고 계시며, 우리의 마음속에 있는 일들을 끌어내어 어떻게 하면 이 자식이 알아듣고 어긋나고 있는 길에서 돌이켜 어려움을 당하지 않게 할까 하시며 노심초사하시는 성령님께 효도하시기를 바랍니다.

육신의 부모님만 낳으실 제 괴로움을 겪고, 기르실 때에 밤낮으로 애쓰시는 것이 아니라 영의 아버지, 우리를 영원히 버리지 않으실 삼위일체 내 아버지께서는(출3:14~15, 사9:6, 요일5:20) 자신의 독생자를 내어 주면서까지 우리를 사랑하시고 키우기 위해서 애쓰고 계십니다.

우리 육신의 부모는 때가 되면 우리를 놓고 천국으로 가시지만, 사랑하는 우리 아버지는 영원토록 우리와 함께하시는 아버지이시며 우리를 아들로 삼으셨으며(롬8:16), 우리 예수님은 우리의 영원하신 남편이시며(고후11:2) 형제며, 친구가 되셨다는 것(요15:14), 그것도 모자라 이 땅에서 사는 동안도 마음을 놓을 수 없어 성령님 어머니를(요14:18, 갈4:26) 보내셔서 머리부터 발끝까지 머리털도 세시며(마10:30) 세밀하고 예민하게 보살피시는 이 놀라운 사랑을 육신의 부모가 되어보지 못했다면 알 수 없는 일이었습니다.

하늘 아버지의 마음을 알게 하시려고 부모가 되게 하셨지요, 자식들의 사랑스러운 그 모습을 보면서 우리 아버지가 얼마나 나를 사랑하시고 뭔가를 주고 싶어 하시는지를 알게 하셨고, 주고 싶은데 줄 수 없는 그 고통이 얼마나 힘들다는 것을 알게 하셨으며, 남편과 아내가 되므로 사랑하는 나의 예수님의 마음을 알게 하셨습니다.

어머니가 되어서 성령님의 마음을, 자식이 있어서 부모님의 마음을, 시간이 가고 내가 성장이 되어 가는 만큼 깨달아 가는 부모님의 그 사랑을, 이 땅의 모형을 이렇게 만들어놓으신(엡1:10) 나의 아버지! 그 사랑을 어떻게 말로 표현할 수 있으리오. 어떤 분의 복음 성가에 보면 이런 가사가 있습니다. "백 마디 말로 못하는 것은 아버지 사랑한다는 그 말" 우리가 이제 장성한 자(히5:14)가 되어서 아버지의 뜻을 알기 위해서 진정 애써야 할 줄로 압니다.

많은 사람이 꿈과 환상으로 이미 많은 대화를 나눈 줄로 압니다. 저도 「성경으로 해석하는 꿈과 환상」을 통하여 길을 지도 받게 되었습니다. 이제 조금 더 앞으로 나아가는 길이 열렸으면 좋겠습니다. 많은 사람이 무시하고 개꿈이라고 아버지 앞에 욕하고, 손가락질할 수밖에 없었던, 성경의 지식이 없었던 우리를 아버지께서 용서해주시고 100명에 10명이 꿈과 환상으로 대화를 나누셨다면 이제는 100명 전부가 대화를 나눌 수 있는 자리에 가는 길을 제시해주셨습니다.

우리가 병이 걸려서 치료하러 병원에도 가고, 한약도 써보고, 좋다는 것 다 먹어보고, 발라보고, 애써도 죽을 수밖에 없었고, 지금까지는 예수님의 이름으로 치료받는 분들이 100명 중 2명 정도였는데, 금식과 기도로 아버지의 성전을 깨끗이 닦아 예수님의 영이신 성령님을 모시고 예수님의 이름으로 금식하고 기도하면, 100명 중 90명이 나을 수 있습니다.

꿈과 환상이 무엇이라는 것을 아는 우리가 된다면 이와 같이 형통한 복을 받고, 아버지 앞에 사랑받는 어린아이가 아닌 장성한 자들이 많아져서 우리나라의 경제 문제가 속히 해결되고, 의인이 많아지면(잠29:2) 하늘나라에서 우리나라에 많은 복을 할애할 것입니다. 예수님께서도 대화가 통하셨던 사도 요한을 통하여 계시록까지 쓰게 하셨듯이 말입니다.

아버지와 대화가 통하여 아버지 앞에 어여쁜 자식이며, 예수님 앞에 사랑스러운 아내며(계21:17), 형제며, 친구들이 되시고(요15:4), 성령님 앞에 귀여운 자식들이 되어서(요1:2, 롬8:17) "어화~둥둥 내 사랑, 어화~둥둥 내 사랑, 이리 보아도 내 사랑 저리 보아도 내 사랑, 어여쁘다 내 딸아! 어여쁘다 내 아내여! 어여쁘다 내 아들!"이 라는 노랫소리를 하늘로부터 듣고 싶진 않으십니까? 우리가 꿈과 환상으로 대화가 이루어지면 이와 같이 사랑의 노래를 들으며 땅의 왕보다 더 높으신 하늘 왕의 보호 아래 살게 된답니다. 사랑하는 자들이여! 이제 우리 함께 마음을 다하여 터득해보도록 합시다.

우리 민족에게 우리의 사람들에게 우리의 교회들을 향하신 우리 아버지의 노랫소리가 들리는 듯합니다. 사람은 누구나 사랑을 받고 싶어 하듯이 우리 아버지도 우리에게 사랑받고 싶어 하십니다. 그래서 우리 아버지 예수님 성령님께 인사가 필요합니다. "사랑합니다. 감사합니다. 수고하시고 정말 애쓰셨습니다."라고요. 그렇다면 우리의 행위가 아버지 보시기에 기쁘시면 원수라도 화목하게 된 줄로 믿습니다(잠16:7).

우리의 가정에 사랑하는 자들이 원수라 하였는데(마10:36) 왜 원수가 되겠어요. 그 원수를 나보다 더 사랑하지 말라고 하시는 것은 너무나 사랑하기 때문에 원수가 될 수밖에 없는 것입니다. 미워한다는 것은 사랑하고 있다는 증거입니다. 사랑을 원했는데 자신이 원하는 만큼 해주지 못하면 그것이 미움이 되지 않던가요? 사랑하는 가족과 정말로 사랑받고, 사랑 주고 살기를 원하신다면 먼저 아버지를 기쁘시게(잠16:7) 해드려야 하며 대화를 신청하시는 아버지 앞에 귀를 기울여야 합니다. 나의 사랑하는 자녀뿐 아니라 골육의 친척도 모두 다 함께 행복을 누릴 수 있습니다.

바벨론 느브갓네살 왕이 뇌 속으로 받은 이상이(민12:6, 모세 때에도) 이러하니라. "내가 본즉 땅의 중앙에(중요한 위치에 있다) 나무가 있는데(사람입니다) 고가 높더라(높은 사람이다라는 것). 그 나무가 자라서 견고(위치가 확고해졌다)하여지고, 그 고는 하늘에 닿았으니(하늘 무서운 줄 몰랐다는, 높고 큰사람이라는 것) 땅 끝에서도 보이겠고 그 잎사귀는 아름답고 그 열매는(아주 잘 되어 있는 사람) 많아서 만민의 식물이 될 만하고(많은 사람을 거느리고 먹이는 사람), 들짐승(거친 사람)이 그 그늘에 있으며 공중에 나는 새는(능력 있는 사람) 그 가지에 깃들이고, 무릇 혈기 있는 자(살아 있는 사람)가 거기서 식물을 얻더라.

내가 침상에서 뇌 속으로 받은 이상 가운데 또 본즉 한 순찰자, 한 거룩한 자(천사)가 하늘에서 내려왔는데 그가 소리 질러 외쳐서 이처럼 이르기를 그 나무를 베고, 그 가지를 찍고, 그 잎사귀를 떨고, 그 열매를 헤치고, 짐승들로 그 아래서 떠나게 하고, 새들을 그 가지에서 쫓아내라. 그러나 그 뿌리의 그루터기(아주 죽이진 말라는 것이지요. 욥과 같이)를 땅에 남겨두고 철과 놋줄로 동이고(흉악의 결박, 철장, 계2:27, 12:5, 19:15, 마음대로 행동할 수 없음을 의미) 그것으로 들 청초 가운데 있게 하라(밖으로 내어 쫓겠다) 그것이 하늘 이슬에 젖고 땅의 풀 가운데서 짐승으로 더불어(사람이 아닌 짐승이 된다는 것, 현재로 말하면 귀신이 들어가서 미친다는 뜻) 그 분량을 같이 하리라.

또 그 마음은 변하여 인생의 마음 같지 아니하고 짐승의 마음(귀신 들어간 것)을 받아 일곱 때를 지나리라. 이는 순찰자들의 명령대로요, 거룩한 자들의 말대로 이니(하늘의 뜻이라는 것, 롬8:27) 곧 인생으로 지극히 높으신 자가 인간 나라를 다스리시며, 자기의 뜻대로 그것을 누구에게든지 주시며, 또 지극히 천한 자로 그 위에 세우시는 줄을 알게 하려 함이니라 하였느니라(단4:10). 다니엘이 다 듣고 해석해서 답변해준 내용이 단4:19~27절에 있습니다. 우리가 알아보고자 하는 것을, 그 하나하나의 말씀 속에 무엇을 나타내고자 하는가를 보았습니다. 꿈과 환상을 통하여 하나님과 대화하는 방법을 터득하여 하늘의 뜻을 땅에 이루는 도구 되어 형통하게 살며 아버지께 영광 돌려 드리길 원합니다. 사랑합니다.

응답의 방법

꿈의 해석방법과 설명(참고 : 「성경으로 해석하는 꿈과 환상」)

설명을 간단히 하고 새로 나온 「성경으로 해석하는 꿈과 환상」
의 해석 사전을 이용하시면 잘 알 수 있는 은혜가 있습니다.

1) 아버지와 예수님

◎ 하나님 아버지: 친정아버지나 시아버지로 부유의 척도로 회장
님, 사장님, 큰 호텔 사장님, 큰 집을 가지고 계시는 분 등으로 표
현하시는데, 그분이 좋아하시면 나를 사랑하시는 것이고, 화가 나
셨다면 그것은 회개할 거리가 있다는 것입니다. 또 계획하시는 분
이시기 때문에 어떤 기도의 제목이 있었다면 이제 계획하고 있다고
말씀하시는데 시간이 좀 오래 걸리겠지요(임신 여부로 알리심, 소
원잉태). 더러운 옷을 입으셨다면 지금 나의 영적인 상태가 더럽다
는 것, 깨끗한 옷을 입으시고 아주 아름다우시다면 나의 영적인 상
태가 아주 좋다는 것을 의미합니다.

◎ 하늘 남편인 예수님을 표현하실 때 : 육신의 남편으로 나타나십니다. 부부관계를 갖자고 하시면 그것은 아주 사이가 좋은 것입니다. 부부관계를 했다면 그것은 하나가 되었다는 의미입니다. 내가 좋아하는 남녀의 어떤 사람과도 이러한 관계를 가졌다면(목사님과 성도) 그것을 영으로 하나가 되었다는 의미이며 열심히 아버지의 일을 하라는 것입니다. 이때 잘못하여 정말로 부부가 아닌 사람들이 관계를 가져서 물의를 일으키는 경우가 있는데 그것은 절대로 안 됩니다. 어떤 사람은 이러한 모습을 보고 결혼해서 잘살고 있는 사람을 기다리고 있는 경우도 있는데 아닙니다.

이것은 하나님의 일을 둘이 잘할 수 있다고 보여주시는 것이기 때문에 참고하시어 착오가 없었으면 좋겠습니다. 이 문제에 많은 착오가 있어 목사와 성도가 성도끼리도 육체관계로 발전되는 일들이 종종 있는 줄로 압니다. 하나님의 심판이 무서운 눈으로 때를 기다리고 있음을 기억하셔야 할 것입니다. 하늘의 일을 땅의 육신의 모양으로 나타내주시는 것은 우리가 와서 거처를 함께하리라는 말씀을 의미하며, 이것은 하나 되는 뜻으로(연합) 우리가 알아들을 수 있게 말씀하실 수 있는 유일한 수단이기 때문에 이렇게 하시는 것입니다(요14:23). 교회에서 이러한 일들 때문에 좋지 않은 일들이 종종 생기는 것으로 알고 있습니다. 엄격히 음행 죄에 걸리므로 조심하여 아버지 일에 최선을 다하시기를 원합니다. 목사님과 좋아하고 있는 사람으로 나타나고 있는 것은 예수님을 비유해서 나타나고 계십니다.

이때에 예수님의 모습도 아버지의 모습과 비슷합니다. 예수님이 허름한 옷을 입으셨다면 나의 좋지 않은 영적인 모습이며, 좋은 옷을 입으셨다면 아주 좋은 상태이며, 맞아서 여기저기가 터지고 멍들고 아프시다면 그것은 나의 고통과 아픔과 여러 가지 어려움 때문에 사단에게 내가 맞을 자리에서 예수님이 맞으시고 그렇게 험한 모습으로 보이시는 것입니다.

우리 민족의 우상숭배의 죄와 아버지와의 대화를 이루지 못하는 사건을 통한 불순종은 십자가에 달려 우리를 구원하신 우리 예수님을 다시 괴롭힐 뿐 아니라 알지 못하여 내 생각대로 행하면 머리에 가시면류관을 다시 씌워드리고, 내 마음대로 일하고, 내 의를 이루는 열심을 가지면 여지없이 예수님의 손에 못을 박게 하고, 내 마음대로 갈 데 안 갈 데 다 가면 예수님의 그 고통을 면해드리면서 행복을 드리는 것이 아니라 언제나 고통 속에서 나 때문에 신음하는 나의 사랑하는 예수님을 욕되게 하는 일을 할 수밖에 없습니다. 그래서 우리는 내 마음대로 살지 않기 위해서 대화를 통하여 아버지 원하시는 뜻대로 살아드려야 합니다. 우리 예수님은 십자가에 달리시기까지 생명을 내놓고 우리를 위하여 아버지 앞에 순종하셨습니다.

우리도 예수님을 본받아 아버지의 뜻을 따라야 하지 않을까요?

"예수께서 가라사대 네 마음을 다하고 목숨을 다하고 뜻을 다하여 주 너의 하나님을 사랑하라 하셨으니(마22:37)"

모세는 "너는 마음을 다하고 성품을 다하고 힘을 다하여 네 하나님 여호와를 사랑하라(신6:5)"고 말했습니다. 예수님이 하신 말씀과 모세를 통하여 하신 말씀을 자세히 보면 조금 다른 데가 있습니다. 예수님은 그곳에 목숨을 다하라고 하셨지만, 모세는 그렇게 말하지 않았습니다.

왜 다를까요? 생각해 보셨나요? 그것은 예수님이 우리에게 목숨을 다하여 주 너의 하나님을 사랑하라고 말씀하실 수 있었던 것은, 자신이 아낌없이 아버지를 위하여 우리를 위하여 자신의 생명을 주셨기 때문에 그렇게 우리에게 명령하실 수 있었던 것이 아닐까요? 생명을 주셔서 우리의 생명을 사주시고 우리를 아버지의 자녀 삼을 수 있게(요1:12), 우리를 제사장을 만들 수 있게, 자신을 주신 나의 사랑하는 예수님을 위하여(계1:5~6), 이제는 내 뜻대로가 아닌 아버지의 뜻대로 살 수 있는 대화의 통로를 열어야 됩니다. 어떤 사람은 기도원에 왔다가 꿈 이야기만 하면 이단이라고 가버립니다.

우리가 성경의 지식을 가지고 아버지와 대화를 통하는 것이 이단이며 신비주의가 아니라는 것은 성경이 말하고 있습니다(신12:6~8, 행2:17, 욜2:28 : 꿈과 환상이 분명히 아버지께서 우리에게 주시는 이상이며 대화의 수단인 구원의 방법, 행2:21). 성경을 바로 읽고 바로 알아 하나님을 섬기는 지혜와 지식에 이르시기를 바라는 간절한 아버지의 소원을 전하고 싶습니다.

"나는 너희하고 대화하고 싶다." 이제 말이 통하여 아버지께서 우리에게 복을 주고 싶으시다는 소원이십니다. 우리 민족이 대화의 성경을 제대로 열지 못한 상태에서도 얼마나 열심 있게 하나님을 섬겼는지, 그것은 지금처럼 말로만 "불로! 불로!"하는 시대를 지나서, 삶에서 불이 내리고 삶에서 아름다운 백합화와 같은 향기를 풍기기를 원하시는 아버지의 소원을 따라야 합니다. 성경에서 엄연히 이루어지고 있는 일들을 우리의 살던 습관 때문에, 우리의 알지 못하는 것들을 받아들이기를 싫어하는 고정관념 때문에 알기를 원치 않는다면 우리가 다시 생각해봐야 될 일들이 아닐까요?

말로만 "불로! 불로!" 해서 성령충만 받는 시대는 이미 끝났다는 것을 예고하는 것과 같은 맥락입니다. 이제까지 말로만 했던 것을 중단하고 이제 행동으로 우리의 삶을 옮겨야 되지 않을까요? 우리 민족의 예수님은 십자가에 밧줄로 묶인 채로 계십니다. 묶인 곳에서 풀려 내려오셔야 우리를 도우실수 있습니다. 보이지 않는 세계를 알지 못하여 삶과 말씀이 연결되지 못하는 것을, 우리의 삶을 보면 알 수 있지요. 예수 믿으면서 술 먹고, 바람피우고, 싸우고, 미워하고, 귀신이 좋아하는 것만 다하고 있진 않으십니까?(롬1:18~32, 상실함에 버려진 우리의 모습) 이런 우리의 옛 모습을 벗기 위해서 먼저 우리의 보이지 않은 영혼의 모습과 드러나고 있지 않은 우리의 잘못을 알 수 있는 성경의 장치가 필요하다는 것입니다.

잘하고 있는데 무너지고, 너무너무 잘한다고 생각하는데 아버지하고는 너무나 무관하게 살아가고 있는 우리의 삶 전체 말입니다. 그래서 이제 우리는 새롭게 아버지와 대화의 방법을 터득해야 하고 터득돼서 나와 내 가정과 교회와 민족을 살리는 일에 앞장서야 되겠습니다. 성경이 없이 움직일 수 없습니다. 아버지께서 우리에게 가장 귀한 법을 성경에 주셨습니다. 그것은 믿는 자나 믿지 않는 자나 다 그 안에서만 살게 만들어진 이 세상이 하나님의 법 아래 있다는 것을 뜻합니다.

이 세상이 사단의 세상(엡6:1~12, 눅4:6)이라고 하셨는데 왜 그렇게 되었겠어요. 아담으로부터 죄를 범한 이유 때문에 사단에게 넘겨주게 되었고 그 사단 또한 아버지의 손아래 있으며 가장 높으신 신이신 아버지의 명령 아래서 움직이고 있는 것이 바로 사단을 포함한 세상 자체이기 때문입니다. 바로가 그의 앞에서 아무도 수족을 놀릴 자가 없다고 했는데(창41), 아버지 앞에서 과연 성경을 빼놓고 수족을 놀릴 자가 있을까요? 그 성경을 폐할 수 없어서 자신의 아들을 아낌없이 죽이시기까지 하게 한 것이 바로 성경 아닙니까(롬8:14).

(2) 우리의 혼에 새로운 성경대로의 삶을 다시 새겨야 합니다(빌3:8~9).

"평강의 하나님이 친히 너희로 온전히 거룩하게 하시고, 또 너희 온 영과 혼과 몸이 우리 주 예수 그리스도 강림하실 때에 흠 없이 보전되기를 원하노라(살전5:23)"

우리 사람은 속은 영이 있고, 혼이 있으며, 육체 가운데 살고 있습니다.

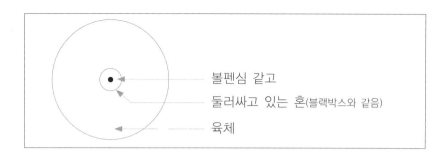

볼펜심 같고

둘러싸고 있는 혼(블랙박스와 같음)

육체

　몸만 있는 줄 알았는데, 보이지 않는 우리의 속에 이와 같은 것이 있는데 이 모습은 보이지 않기 때문에 없는 것처럼 같이 살고 있는 것이지요. 그런데 우리의 삶은 영혼이 잘되어야(요삼1:2) 삶이 잘된다고 하시니, 우리가 속사정을 알지 못하면 우리의 삶을 아름답게 꾸리지 못한다는 것입니다. 우리의 영은, 하나님이 영이시듯 우리에게 불어넣어 주신 영인 생명(창2:7, 살아있게 하는 핵심)으로 살아 있습니다. 혼은 우리의 육체의 모든 삶을 담은 그릇으로서 비행기 블랙박스와 같은 것입니다.

　모든 삶을 담아서 그것을 생각나게 하고 그것을 끌어내어 꿈과 환상으로 나타내기도 하시며, 육체의 우리의 삶을 담아서 아름답게 살 수 있도록 하는 기능입니다. 이제까지 우리가 아버지의 뜻대로 산다 하면서도 아버지와 대화를 통하지 못하여 내 마음대로 살고 육신의 정욕대로 말하고 행동하는 모든 것들이 이제 혼에 새겨져 있는 것입니다. 마음이 기도 합니다(잠4:4과 잠언에서만 42번 이상).

　언제나 동으로 가라 하면 서로 갔던 우리가 갑자기 아버지께서 말씀하셔서 영혼이 잘되는 길이니 서로 가라 하면 서로 가질까요? 여전히 거꾸로 가고 싶은 것은 혼에 새겨진 우리의 사단의 나라에서 배운 습관 때문에(엡6:12, 눅4:6), 거꾸로 해야 사람이 된 것 같고,

거꾸로 해야 내가 살아 있는 느낌이 드는 것입니다. 아버지가 원하시는 대로 가지지 않는 것이 성경 이야기입니다. 그것이 우리의 습관이며, 혼에 새겨진 삶이었기 때문입니다. 그것을 역행하여 따라하는 것이 죽음이요, 죽어야 열매가 맺어집니다(요12:24~25). 그곳을 거역의 영이 잡고 있다고 표현하십니다(롬1:30).

우리 육체가 죽음으로 사람들은 순교한다고 하는데 이 시대에 누가 우리의 목을 쳐서 순교를 시킬까요? 얼마나 많은 사람들이 입으로만 나는 순교자라고 하는데, 아버지께서 말씀하시기를 "생활의 순교도 못 하면서 누가 너를 순교를 시키겠느냐" 저 이슬람권에 가서 죽은 순교자들을 생각하시나요? 정말 안타까워하시고 애통해하십니다. 얼마든지 절차를 밟아 할 수 있는 전도를 그렇게 하면 너무나 많은 손실을 가져오지 않을까요? 그러나 그 영혼을 얼마나 귀한 순교자로 받으셨을까요? 우리 아버지께서 원하시는 것은 "생활의 순교를 먼저 하여라"입니다. 그것은 내가 말할 때에 따라 하기부터 하면 그것이 생활의 순교가 된다. 내 마음대로 살던 망아지 같은 우리가 진실로 아버지께서 원하시는 데로 발을 옮긴다는 것은 너무나 어렵다는 것을 성경이 증명합니다.

"자기 생명을 사랑하는 자는 잃어버릴 것이요. 이 세상에서 자기 생명을 미워하는 자는 영생하도록 보존하리라(요12:25)"

이것이 무슨 말씀일까요. 이것은 우리가 아버지의 말씀을 듣고 그것을 행하는 것은 생명을 내놓는 것과 같다는 것입니다. 살던 습관, 혼에 새겨진 방법이 있는데 그것을 거슬러 아버지의 원하시는 방법대로 따른다는 것이 이와 같이 어렵고, 나의 살던 습관은 바로 나의 생명이며 나의 자존심이 나의 모든 것으로 느끼고 있는 것입니다. 이것이 우리의 혼에 새겨져 있기 때문에 쥐새끼가 항상 드나들던 구멍으로만 드나들 듯이 우리도 혼에 새겨진 대로 그렇게 하는 것입니다.

사도 바울이 그 사랑하는 믿음의 아들 디모데에게 새로 입교한 자는 일꾼의 자격이 없다고 하셨습니다(딤전3:6). 새로 입교한 자는 이미 혼에 새겨진 습관이 세상 것이 새겨져 있어서 믿음이 좋은 것처럼 보이나 언제 세상으로 달려갈지 모르며, 아버지의 일을 해도 세상 방법으로 하려고 하기 때문입니다. 교회를 돈 버는 수단으로 생각하고 선교회비 벌기 위해서 교회에서 장사시키고, 그것을 말리지 못하는 목사님들까지 합세해서, 교회가 돈이나 많이 벌면 그것은 복 받은 것이고, 그렇지 않으면 벌 받은 것처럼 느끼게 하는 것이 바로 아직 세상의 살던 법을 벗지 못했기 때문입니다.

우리 예수님은 예루살렘에 입성하신 다음에 성전에서 매매하던 그 상과 짐승을 다 내쫓은 일을 제일 먼저 하셨는데(마21:12), 우리도 교회에서 이렇게 하는 세상 습관을 버리시면 어떨까요? 우리 예수님이 슬퍼하시는 일인데도 우리는 이러한 일들 때문에 진정한 일들을 놓치고 있는 것이 얼마나 많습니까?

장로의 유전(막7:8)과 사람의 유전과 같이(골2:8) 배운 대로 하고 계시는데, 이제 버리는 것이 어떨까요? 그러면 선교는 어떻게 하느냐고요? 구제비가 선교 아닌가요. 신명기 14장 22~29절에 세 가지의 십일조가 나왔는데 십일조, 감사, 구제를 잘 가르치면 아마 선교비 걱정은 안 해도 될 것 같습니다. 아니면 십일조 내고 남은 돈을 생활하고 저축하여 두었다가 조금을 투자해보시면 어떨까요? 그렇게 교회에서 장사하고, 아웅다웅하는 시간에 전도하고, 성경 읽고, 기도하면 어떨까요? 그런 시간에 금식하고 기도하여 저주를 끊으면 어떨까요?

◎ 친한 사람과의 이별

① 나와 오래 함께 있어 내 인격을 타고 있던 귀신이 나갈 때(요12:25)

② 예수님(성령님)이 나의 불순종과 대화가 통하지 못하여 마음 성전에서 나가실 때(요14:23)

◎ 사람 죽이는 것(요12:24~25)

육신의 생각을 새로운 성경의 지식이 발견되어(빌3:9) 버릴 때에, 고민과 걱정거리가 해결되어 마음속에서 금심 줬던 귀신이 나갈 때 꿈속에서는 큰일 났다고 말할 수 있으나 괜찮습니다. 우리의 잘못된 육의 생각이 죽고 성경의 새로운 고상한 지식(빌3:8)이 자리 잡았다는 것입니다. 축하합니다.

③ 창세기 41장의 바로 왕이 있습니다.

세 가지가 3일로(창40:10), 세 광주리도 3일로(창40:18) 표현되어 있습니다. 요셉의 예입니다. 감옥에서 술 맡은 관원장과 떡 맡은 관원장으로 만났고, 그의 꿈을 해석해주고 자신의 억울함을 호소했지만, 술 맡은 관원장이 살아났음에도 불구하고 그를 잊었습니다. 그런데 바로가 꿈을 꾼 2년 뒤에 그 일이 생각났지요. 꿈(창41)은 살찌고 아름다운 일곱 암소(풍년 7년), 흉악한 암소(흉년 7년), 무성하고 충실한 일곱 이삭(풍년 7년), 세약하고 동풍에 마른 일곱 이삭(7년의 흉년이 7년의 풍년을 삼킨다).

꿈을 꾸고 번민하는 바로에게 술 맡은 관원장이 요셉을 생각하여 추천했고, 요셉이 감옥에서 나와(창41:14) 꿈을 해석해줬고, 그 방책을 내어줬더니 바로는 그것을 그대로 믿고 요셉을 채용해서 일을 시켰고, 애굽 왕은 자신의 민족과 그 주위의 민족을 살리고 자신은 거부가 되었습니다.

우리가 아버지께서 말씀해주시는 꿈과 환상을 어떻게 해석하고, 나의 삶에 적용하느냐에 따라서 생명을 살리고 부요를 갖게 되는 요셉 때의 바로가 되는가 하면, 그와 반대로 해석대로 삶에 적용하지 못해 꿈 내용대로 그것을 그대로 맞아서 자신의 슬픈 인생 뒤에야 그것을 깨달은 느브갓네살 왕 같은 사람도 있습니다.

우리가 꿈이 얼마나 중요하다는 것을 안다면 함께 배워봐야 하지 않겠습니까? 많은 것을 얻어 하나님을 위해서 쓰고 싶고 많은 사람에게 거저 주고, 꾸어주고, 나누어주고 싶지만 인생은 그렇게 쉽게 되지 않는 것입니다. 그것이 바로 하나님 안에 있고, 그것을 얻을 수 있는 길이 성경 안에 있기 때문입니다(잠8:17~21, 계5:10~12,

22:14). 그 성경을 아는 길은 성경을 만드신 아버지 성령님을 모시고 어떻게 대화를 나누느냐에 관건이 달려 있습니다. 꿈과 환상으로 대화를 나누는 방법을 계속 보실까요?

"하나님의 말씀은 살았고 운동력이 있어 좌우에 날 선 어떤 검보다 예리하여 혼과 영과 및 관절과 골수를 찔러 쪼개기까지 하며 또 마음의 생각과 꿈을 감찰하나니 지으신 것이 하나라도 그 앞에 나타나지 않음이 없고 오직 만물이 우리를 심판하시는 자의 눈앞에 벌거벗은 것같이 드러나느니라(히4:12~13)."

우리의 모습이 벌거벗은 듯이 드러난다셨고 그것을 드러내 주셔야만 우리의 모습을 보고 압니다. 우리는 남의 모습은 너무나 잘 보이고 나의 모습은 안 보이기 때문에 우리의 모습을 환히 볼 수만 있다면 교만하여 느브갓네살 왕처럼 버림을 받아 다시 겸손해지느라고 애쓸 필요가 없겠지요. 우리의 모습을 꿈과 환상으로 보겠습니다(히4:13).

성경(하나님)을 모르는 우리 민족은 혼에 성경을 역행하는 말과 행동이 금강석 철필로 새기듯이 마음 판에 머릿속에(렘17:1~2) 새겨져 있습니다. 그것을 옛 구습이라 하며 새긴 것을 벗겨 내야 될 때입니다. 죽겠네, 미치겠네, 환장하겠네 등이 민족이 망할 수밖에 없이 말하는 기본 언어들입니다. 벗기는 것이 어려우니 다시 그곳에 성경을 새기면 자동으로 벗겨집니다.

내 주 예수그리스도를 아는 고상한 지식을(성경 새로 새기는 것)

새로 발견하여 새로운 삶(빌3:8~9), 순종의 삶을 담을 수 있는 새 가죽 부대를(마9:17) 만들어 나가야 만이 육신의 복을 받을 수 있습니다

④ 영혼의 모습입니다.

◎ 영혼의 잘된 상태, 물질의 복과 건강의 복을 받을 수 있다(요삼 1:2) : 싱싱하고 아름다운 예쁜 사람, 강아지, 꽃, 깨끗한 물, 생선, 피라미, 갈치, 꽁치, 배추, 고양이.

◎ 영혼이 안 좋은 상태, 돈이 사라지고 병이 온다. : 못생기고 메마른 강아지, 사람, 꽃, 나무, 더러운 물, 오징어, 문어, 낙지(미끄러지듯 불순종, 검은 물 풍기고), 금식하고 기도하면 아주 좋은 영혼의 상태로 바뀝니다.

◎ 머리에서 구더기가 나오거나 이가 있거나 헝클어져 있으면 : 세상 신이 나에게 있다는 것입니다. 하나님의 일은 생각지 않고 세상의 일만 생각하고(마16:23) 있으니 곧 아버지의 책망이 있을 수 있으니 어서 회개하고, 금식하고, 기도해야 합니다.

◎ 머리가 예쁘게 빗겨져 있거나 잘라져 가지런하면 : 하나님께 영광 돌릴 일이 곧 있게 준비되었다는 것입니다. 감사하며 계속 금식하고 기도하여, 수고하시면 좋은 일이 있을 겁니다.

◎ 귀에 귀걸이를 예쁘게 달고 있는 것(잠17:2) : 종이 되었다는 의미입니다. 지혜롭고 슬기로운 종이 되어 주인에게 그 집사람을 맡아 때를 따라 양식을 나누어 줄자 누구요(마24:45~47) 그 종이

복이 있으리로다. 주인이 모든 소유를 저에게 맡기리라, "충성된 사자는 그를 보낸 이에게 마치 추수하는 날에 얼음 냉수 같아서 능히 그 주인의 마음을 시원케 하느니라(잠25:13)." 아버지께서 기뻐하는 종이 되었다는 것입니다.

아들하고 종은 다르지요. "슬기로운 종은 주인의 부끄러움을 끼치는 아들을 다스리겠고 또 그 아들들 중에서 유업을 나누어 가지리라(잠17:2)" 우리는 먼저 아들이 되고 거기에서 말 잘 들으면 종이 되는데, 목회하시는데 돈이 없다면 고집만 부리는 아들에서 면하여 종의 자리로 옮겨 보시지요. 종의 세경, 아들의 몫, 그리고 부끄러움을 끼치는 아들들을 잘 다스려서 얻을 그들의 유업까지 가질 수 있다면 돈 걱정은 없을 겁니다.

하늘나라는 그냥 얻을 수 있는 것이 아니고 하늘과 땅이 통일(엡1:10)되어 있어, 정확한 땅의 룰처럼 일을 많이 하고, 값비싼 자격증을 가진 자에게 제물이 주어지고 있다는 것을 잊으시면 안 됩니다(잠22:29). 하늘나라를 알아야 하늘의 자식으로서 세상에서 가지고 누리고 살아 아버지 앞에 영광 돌릴 수 있습니다. 최소한 전도할 때에 "너나 잘하고 사세요."라는 말을 안 들을 거니까요.

◎ 눈이 멀거나 눈병이 났다면 : 영계를 보지 못한다. 너는 가지고 있는 것을 잊어버리겠구나(마13:12, 계3:17).

◎ 안약을 사라 하시든지 안경을 사라 하시면 : 금식하고 기도하여 영계를 볼 수 있도록 준비하시면 잊어버리지 않고 얻으면서 승리하여 하나님께도 사람에게도 사랑을 받게 될 것입니다(마15:14).

지도자라면 소경을 면해야 아버지께서 사랑하시는 자신의 자녀들을 맡겨주시지 않을까요?

⑤ 마음에 성전이 있습니다(고전3:16~17).

우리가 마음의 성전을 알아보기 전에 성전이라는 개념을 다시 한 번 돌아보고 가야 하지 않을까 싶습니다. 예수님께서 40년 동안에 지은 예루살렘 성전을 부수고 사흘 만에 다시 일으키시리라(요2:19)고 하셨습니다.

이 말씀은 예수님께서 십자가에 돌아가시면서 성전의 휘장이 찢어지고(마27:51), 성소의 휘장이 걷힌 것은 이제는 누구든지 성전에 들어갈 수 있다는 것이었습니다. 제사장만 들어갈 수 있었던 성소와 대제사장만 들어갈 수 있었던 지성소에, 모두가 제사장이 되어 들어갈 수 있는 하나 되게 하신 작업이셨습니다. 지금도 지성소의 깊은 우리의 마음 성전은 예수님만 들어가십니다. 그래서 우리가 예수님의 놀라우신 육체를 드리심 때문에 대제사장(히3:1) 되신 예수님하고 이렇게 자유스럽게 만날 수 있고 대화할 수 있는 통로가 열렸고, 우리가 제사장이 될 수 있는 조건을 만들어 주셨습니다(계1:5~6).

◎ 성령님을 내 속에 항상 계시게 하여 제사장이 되려면?

첫째, 대화가 이루어져야 합니다. 말 통하지 않는 아내와 살 수 없듯이(요14:23) 성령님 아버지와 대화가 이루어지지 않으면 그분은 우리와 함께 계실 수 없기 때문입니다(참고:「성경으로 해석하는 꿈과 환상」).

둘째, 성전을 깨끗이 해야 합니다(딤후2:21, 고전3:15~16). 성령님께서 거하실 성전을 깨끗이 씻고 그것을 유지할 수 있어야 합니다. 유지하려면 구습을 버리고 새로운 삶에 대한 말씀에 지식이 있어야 하고, 그렇게 살고 있는가를 점검할 수 있어야 합니다(참고:「옛 구습을 버리고 새 사람을 입으라」).

셋째, 순종해야 합니다(삼상15:22, 약4:7). 순종하지 못하면 더러운 귀신이 들어와서 성전을 더럽힙니다. 불순종하고 있는지 확인할 수 있는 것이 최고의 복입니다. 그것이 내 영혼을 사랑하는 사람의 몫이니까요.

그런데 우리가 이 마음의 성전을 잘 모르고 있다는 것입니다. 모르고 있는 이유를 알아보니까 그것은 우리가 예배당을 지어놓고 그것을 성전이라고 부르고 있기 때문입니다. 이제 예배당이라고 말을 고쳐보시면 어떨까요? 우리의 마음의 성전을 찾기 위해서 예배당 또는 교회라고 부른다면 쉽게 우리의 마음의 성전을 구분할 수 있을 것입니다.

◎ 방이 보이면 : 이것은 마음의 성전을 의미함. 육신의 방을 의미할 때도 있지만 거의 많지 않습니다. 주의 종은 예배당으로 보이십니다.

여기에서 잠깐, 예수님께서 40년 된 예루살렘 성전을 부수고 내가 3일 만에 지으리라 하셨는데(요22:19), 십자가 지시고 돌아가신 후 3일 만에 살아나신 사건은, 새로운 마음의 성전을 일으키시고 우리의 마음에 오실 수 있게 만드신 사건입니다(고전3:16). 그래서 이 마음의 성전을 깨끗이 씻고 닦아서 자신의 성전을 삼고(고전3:17), 나의 하나님이신 성령님께서 살기를 원하시기 때문에 우리가 대화의 방법을 터득하려고 노력하는 것입니다. 그리고 다시 가르쳐야 하지 않을까요? 예수님께서 분명히 건물 성전을 없앴다고 말씀을 하셨는데 큰 교회에 다니는 성도들은 더욱 건물을 성전이라고 말하고 있습니다. 일부러 그렇게 가르치고 계시는 것은 아니시지요? 교회라고, 예배당이라고 가르치고 불러야만 진짜 성전인 마음의 성전을 찾을 수 있는 것입니다. 너희는 나의 밭이며 집이니라(고전3:9). 집 곧 마음의 집을 말씀하시며 예수님께서 3일 만에 일으키시리라 하신 집인 것입니다.

우리는 예배당을 성전으로 말하고 있기 때문에 진짜 성전인 마음의 집을 찾을 필요가 없어졌고, 우리의 삶은 육신에만 치우치는 삶이 되어 많은 것을 잃어버리고 갖지 못하고 있는 것입니다. 성도들은 교회를 성전이라고 부르니 교회 청소만 깨끗이 하면 된다고 방바닥을 쓸고 닦았지, 자신의 마음의 성전을 닦는 법을 알지 못하고 있기 때문에 더러운 마음의 성전으로 인해 갖가지 어려운 일을 겪으며, 아버지와 불화하고 싸움을 계속하며 살고 있는 모습이 너무나 안타깝고 가엾기만 합니다. 이제 마음의 성전을 청소하는 법을 가르치고(금식) 육신적인 것에만 치우치는 것을 버려야 하지 않을까요?

가르치는 자가 잘 가르쳐야 눈멀고 연약한 양 떼들이 잘 가지 않겠어요? 다 같이 소경의 길로 가면 함께 죽는 길만 열려있지 않을까요? 이제 마음의 성전을 깨끗이 닦아 거룩하게 하는(고전3:17) 금식을 성경에서 찾았으니, 나도 하고 성도들도 시켜서 복 받는 교회와 민족이 되길 원합니다. 그렇지 않으면 맨날 안 주신다고 원망하고 불평하는 성도의 생활을 유지할 수밖에 없습니다.

구하는 것을 가지려면 성경의 지식을 가져야 합니다. 우리가 지식 하면 세상에서 배운 것만 생각하는데, 세상은 마귀들의 것이라고 그들에게 배운 것은 마귀가 아비이니 마귀가 하던 것만을 할 수밖에 없다고(요일3:8, 엡10:6) 말씀하셨습니다.

"이 세상에 있는 모든 것이 육신의 정욕과 안목의 정욕과 이생의 자랑이니 다 아버지께로 좇아 온 것이 아니요 세상으로 좇아 온 것이라(요일2:16)."

다시 생각하고 가르치고 배워야 하지 않을까요? 지도자는 잘못 가르치고 백성은 그것을 좋게 여기니 이것이 아버지의 최고의 고통과 아픔인 것을 우리가 다시 한 번 생각해보고 발길을 옮겨야 되겠습니다(렘5:31).

예수님의 십자가는 영혼의 구원뿐 아니라(계1:5) 아담과 하와의 죄로 말미암아 막아놓았던 생명나무의 길을 (창3:24) 터주셨다는 것을 알 수 있습니다. '그의 아버지 하나님을 위하여 우리를 나라와 제사장을 삼으신(계1:6) 것은 자기 두루마기를 빠는 자들도 복이 있으니 이는 그들이 생명나무에 나아가며 문들을 통하여 성에 들어갈 권세를 받으려 함이로다(계22:14).

● 두루마기 : 직분, 아빠, 엄마, 자식, 목사, 사장 등 자신이 돈 벌고 있는 곳, 자신이 하고 있는 일의 책임)을 잘 살펴 잘하고 있는지를 보고(꿈 · 환상) 바르게 합니다.

● 성경의 문(길)을 열어(요10:1, 14:6) 생명나무(성령의 사람)가 되면, 영혼이 잘되어 복을 받게 하고,

● 그 나무의 열매가 열려 돈, 건강, 자식, 가정이 좋고 잘 되게 하십니다.

● 권세 받아 많은 사람으로부터 칭송받고 사랑받아 많은 영혼을 구원할 수 있는 자리로 이끌어주십니다.

● 개들(개 같은 행동자), 점술가(잘못된 예언), 음행(바람피우는 자), 살인자(미워하는 자), 우상숭배 하는 자(하나님 보다 더 사랑하는 것을 갖는 자: 돈, 자식, 아내, 남편, 부모, 마10:37), 거짓말 좋아하는 자는 생명나무에서 제외됩니다.

● 생명나무 : 예수 믿으면 영혼은 천국, 육신은 잘되어 영광 돌려 드리는 것

◎ 보라색 : 왕궁의 색으로서 왕권을 주신다는 뜻(계5:10~12), 그것은 성령의 종으로서 예수님의 신부를 만들고 제사장 집안의 사람을 만들겠다는 것입니다. 제사장은 왕권(계5:10)을 가지게 되며 예

수님의 신부로서의 자리에서(계22:17) 예수님이 왕이시므로 왕의 아내로서의 왕비입니다. 대제사장 되신 예수님(히3:1) 또한 제사장으로서도 표현되며 이런 사람은 실제로 제사장의 복장(금으로 만든 것), 왕비의 복장, 왕비의 평상복 등으로 표현되어, 우리의 영적인 계급과 신분을 표현해주십니다.

저는 1998년에 바닷가에 서 있는데, 하늘에서 왕이 걸치는 것 같은 보라색 숄이 내려와서 나에게 드리워졌었고, 7~8년이 지난 다음에 자신의 아내를 만드시며 제사장으로 만들어주셨습니다. 내가 지금 훈련 중이라면 그렇게 만드시겠다는 것이고, 만들어지면 다른 사람에게 보여서 광고하시고 만들어졌다고 보이시고, 옷과 집과 나의 삶 전체를 보면 아름다운 것들이 가득 들어 있고 그래서 왕의 아내가 되었노라고 말씀해주십니다.

그리고 계급이 주어집니다. 계급은 군대식으로 표현되어 이것은 주의 종이라면 꼭 알고 있어야 하며, 꼭 취득해야 하는 필수적인 것들입니다. 일등병부터 별에 이르는 여러 가지의 단계를 그대로 보여 주십니다(잠22:29).

통상 만여 명 이상의 성도를 맡으려면 별자리 이상의 계급이 있어야 감당하게 됩니다. 이단도 사단의 나라에서 그러한 지위에 가야 이단의 교회를 이끕니다. 이단은 영적으로 깨달은 것은 있으나 그것을 성경하고 삶을 잘못 접목시켰으며, 특히 자신의 모습을 보지 못했기 때문에 사단이 자기의 사람을 만들어내는 하나님 앞에 노를 당한 백성들과 종들을 데려다가(잠22:14) 자신의 쫄병으로 만들어

지옥 보내는 곳입니다. 우리가 영이 깨달아진다면 그것은 분명히 성경을 가지고 꿈과 환상으로 나의 영적인 상태를 체크해가면서 천천히 배워야 하는 것을 명심해야 합니다.

이단들은 영계를 알아 능력은 받았지만, 그들이 성경을 모르고 나를 보는 방법을 터득하지 못하므로 이단이 되었고 얼마나 큰 단체가 되었는가는 사단의 나라가 이 세상이라는 것을 의미합니다. 우리나라하나만을 봐도 하나님의 사람은 5분의 1이나 되요. 나머지는 마귀가 차지하고 있으니(눅4:6) 우리가 금식하고 기도하여 얼른 하나님의 나라가 이 나라 전체에 임하게 해야 하는 책임이 있습니다.

우리가 나의 모습을 보지 못한다면, 이 땅에서 아무리 많은 것을 누리고 많은 사람을 데리고 있다고 해도 지옥 간다면 무슨 유익이 있겠습니까? 우리가 영계를 조심스럽게 배우고 자신을 중요하게 봐야 하는 이유는, 남을 구원하고 나를 버리지 않기 위해서 애썼던 사도 바울과 같이 우리도 늘 최선을 다하는 삶의 움직임도 있어야 되겠지만은 그것이 바른가를 알고 움직이는 것이 더욱 중요합니다(고9:27).

영계는 보이지 않아서 보는 방법을 터득해야만 안전하며, 그것은 자동차 타고 안전띠를 하는 사람과 하지 못하는 사람과의 차이라서 어떤 불시의 사고가 났을 때에 그들은 사단 편에 서고 마는 것입니다. 아무리 영계를 많이 알아도 계급이 있는 사람이 있고 없는 사람이 있는데, 이것은 성경을 통하여 아느냐 아니면 자기 혼자의 복음을 만들어내느냐의 차이입니다. 아무리 유능해도 나라의 법을 알고 나라에 순종해주지 않는 한 나라에서 등용할 수 없듯이 하늘나라에서도 마찬가지입니다. 아무리 영계를 많이 알아도 성경으로 자기를 먼저 보지 않는 한 우리의 천국 길이 안전할 수 없습니다. 이단들에게도 사단의 계급이 있어 계급 따라 커집니다. 그러나 우리가 금식하고(사58:6) 기도하여 대처하는 한 그들은 무너지게 되어 있습니다. 절도, 다른 종교도 점쟁이도 무당도 마찬가지입니다.

그래서 우리는 성경을 가지고 자신을 보는 방법을 지금 터득하는 중입니다. 이것이 터득되어야 제사장도 되고 선지자도 되고 예수님의 신부도 되고 계급도 얻을 수 있기 때문입니다. 계급이 있어야 하늘나라의 것들이 공급됩니다. 많은 것들을 받아서 하늘나라를 섬기고 사람들을 섬기기를 원한다면 귀를 기울여 봐야 합니다. 하늘과 땅은 통일(엡1:10) 되어 있습니다.

이 땅에서도 전문인이 되기 위해서는 자격증이 필요합니다(잠22:29). 성형외과, 내과의사, 비뇨기과, 치과 등 자격증을 가지고 있어야 합니다. 외과의사가 내과를 할 수 없고 성형외과에서 내과를 수술할 수 없듯이 하늘나라에도 그러한 자격증들이 필요하다는 것이지요 한 달란트에서 다섯 달란트까지 있는데 그것이 그냥 주어지는 것이 아닙니다. 이것을 자격증으로 본다면 이러한 것들을 취득하는 데는 시간과 법과 규칙이 필요합니다.

교회의 간판의 이름이 바로 자신의 자격증을 표현해주는 것입니다. 기도원이냐 교회냐는 의사냐 약사냐 하는 것을 나타내 주는 표식입니다. 달란트는 바로 자격증과 같은 것이라고 봐도 됩니다. 어떤 분들은 두 가지(의사, 약사)를 다하기도 하시고 어떤 분들은 하나의 자격증(약사)만을 갖고 계십니다.

이 모든 것들은 금식과 기도를 통하여 능력이 주어지며(막9:29) 능력이 주어질 때 함께 가질 수 있는 것들입니다. 꿈과 환상으로 응답을 받으면 능력뿐 아니라 권세까지도 가질 수 있습니다(계 5:10~12, 22:14).

꿈의 계시, 해석과 설명

1) 꿈으로 만난 나의 하나님

저는 1998년 망한 뒤 방에 앉아 기도를 시작하여 그다음 해에 바늘구멍처럼 열린 꿈을 노트에 적었고, 해석하는 방법은 말씀을 가지고 배워서 지금이 있게 되었습니다. 여러분이 제가 배운 것을 토대로 배우기를 시작하신다면 저보다 훨씬 더 많은 것을 알게 되겠지요. 저는 지금도 꾸준히 배우고, 익히며, 노트에 적고, 말씀 안에서 영·육 간에 대비하고, 삶을 풀어서 아버지와의 대화를 열어 배우고, 가르치며 아버지의 마음을 알아가고 있습니다.

1990년 6월 1일 새벽 4시 30분경에 밤새 잠이 오질 않아서 이방 저방 다니면서 기도하다가 아이들이 누워 자는 방에 들어가서 아이들의 몸에 손을 얹고 기도하는데, 큰 아이의 몸에 손을 얹는 순간 느닷없이 손에 힘이 들어가면서 아이를 누르는데 놀라서 어쩔 줄 모르고 있었습니다. 갑자기 어떤 손과 도장이 나타났고 제 이마에 도장을 찍었습니다. 꿈인지 환상인지 잠을 안 잔 상태라서 구별할 수도 없는 갑작스러운 일이었지요. 저는 순간 잠시 기절했고 일어나서 정신을 차리고 보니 도장과 손은 사라졌고, 신명기 28:10절의 말씀이 제 이마에 찍혀 있었습니다. 그 말씀을 펴서 읽는 저에게는 두려움과 기쁨이 교차하여 몸이 붕 뜨는 것 같은 현상이 일어났으니 알 수 없는 하늘나라의 일을 경험하게 되었습니다.

그 후 1992년도부터 땅을 보여주시는데, 큰 냇가와 작은 냇가가 있고 산이 있는 땅이었습니다. 그것을 자꾸 구체적으로 보이셨습니다. 2000년도의 꿈엔 위에 논이 있고, 개간되지 않은 풀밭이 있고, 그 옆에는 끝이 보이지 않는 높은 성이 보였습니다. 개간되지 않은 풀밭 위에 내가 서 있었고, 그 위의 논에는 벼가 이미 반쯤 자라 있어서 "좋겠다. 이렇게 농사가 잘되었으니…, 아버지 제가 갈 곳은 어느 곳이에요."하고 서성거리고 있었습니다. 하늘에서 소리가 들리기를 "네가 밟고 있는 바로 그곳이다"라는 목소리가 들려왔습니다. 그 소리를 듣고 "그래요 그러면 확인해 봐야겠어요. 냇가가 있는지" 하면서 앞을 보니 냇가가 있었습니다. "냇가가 있다" 하면서 냇가를 죽 따라 올라갔더니 끝난 부분에 시멘트 바닥이 있고 양쪽에 볼록하게 튀어나와서 양쪽으로 물이 흘러내리는 것처럼 되어 있고, 하얀 곰 두 마리가 시멘트로 포장된 언덕 같은 곳에서 서성대고 있었습니다. 보여주신 땅이 있는데, 이렇게 보여주셔서는 도저히 알 수도 없고 보여주신 지가 10여 년이 되어가고 그동안 전국으로 수소문하고 찾으려 노력해봤으나 허사였습니다. 이제 서해안 쪽으로 가서 기도원을 해야 할 모양이라고 생각하며 아는 사람에게 그곳의 땅값을 묻기도 하고 있던 때였어요.

기도원에서 만난 딸과 아는 목사님하고 셋이 앉아서 심상하지 않은 "바로 네가 밟고 있는 그 땅이다"라는 하늘의 목소리를 생각하며, 꿈 이야기를 하는 도중 곰 두 마리(베어스)가 실마리였어요. 베어스 스키장? 어디에 있는지도 모르고, 스키장 가본 적도 없는데 1991년도에 교회 사무실에서 목사님들 돕고 있을 때에 컴퓨터를 가르쳐주러 오셨던 목사님을 따라 그해 8월 15일 광복절 날 쉬는 날이라서 기도원에 가신다고 하기에 따라 나서서 갔던 생기기도원이 베어스 스키장 앞쪽에 있다는 것입니다. 그것이 2001년도 7~8월쯤 되었습니다. 그러면 한번 가보자면서 나선 것이 2001년도 8월 15일, 당시엔 신학교에 다니고 있었기 때문에 쉬는 날 가게 되었고, 10년 만에 물어물어 찾아왔습니다. 생기기도원에서 베어스 스키장 쪽을 바라보니 하얀 건물 두 동이 있었습니다. 그것은 베어스의 숙소 건물이었습니다. 하나님 아버지께서 베어스 스키장의 하얀 건물 두 동을 곰으로 보여주셨던 것입니다. 너무나 신기해서 생기기도원의 예배당으로 들어가서 앉았더니 하늘에서 평화가 내리는 것이 느껴졌습니다.

　"평화~ 평화로다~ 하늘 위에서 내려오네" 찬송가를 불렀습니다. 10여 년에 걸쳐 보이시고 들려주시고 나를 보내시고자 하는 땅을 찾게 된 것입니다.

　너무나 감격하여 그곳에 계시던 권사님에게 기도원을 나에게 주실 것을 말씀드리자 눈이 휘둥그레진 그분을 보고 돌아왔습니다. 돌아오자마자 내놓은 지 3년 동안 한 사람도 보러 오지 않았던 집이

팔렸는데, 너무 겁이 나서 두 달 기간을 두고 집을 계약했습니다. 그해 2001년 10월 31일로 정했습니다.

그날에 이사 왔고 지금 기도원 자리인 내리 232번지에 차를 대놓고, 생기기도원에 올라가서 이사 왔으니 기도원을 달라는 무대포적인 나의 행동 때문에 그분들이 너무 놀랐고 욕을 한바탕 얻어먹고 쫓겨났습니다. 두 달 동안의 여유가 있었으나 너무나 믿음이 좋고 무분별했던 탓에 "아버지! 그 권사님에게 말씀하셔서 제가 가면 기도원을 그냥 주라고 하세요" 하고 온 것이 그런 결과가 되었습니다.

저는 쫓겨나서 트럭 세 대를 빌려 짐을 싣고 왔는데, 날은 어두워져 가고 그 짐을 풀 곳을 찾지 못했습니다. 함께 온 분들과 창고라도 얻어야겠다고 생각을 하고 두 파트로 나누어 밖으로 나가서 찾아보는 중, 목사님께서 영팔 씨를 만나 혹시 이 동네에 창고가 있느냐고 물으니 하나 있긴 한데 주인이 빌려줄지 모르겠다고 하고서는 전화를 했더니, 서울에서 일하고 있던 창고 주인(현, 이면우 집사님)이 빌려주겠다고 해서 짐을 창고에 넣고 보니 밤 9시경이 되어 있었습니다. 늦게 일터에서 돌아온 창고 주인이 잠은 여관에 가서 자라고 했습니다. 나는 여관에서 자는 것을 모르고 그냥 이 창고에서 자겠다고 했더니 안 된다고 합니다. 나는 옆에 긴 박스가 있어서 이것을 깔고 이곳에서 자겠노라고 했더니 나의 결심을 꺾을 수 없던 주인이 창고 안에 방이 있는데 그곳을 비워 짐을 치우고 자게 해주었습니다.

"방도 얻지 않고 어떻게 여기에 왔느냐"고 묻는 주인에게 우리 아버지가 가라고 해서 왔다고 했더니 고개를 갸우뚱하면서 그는 집으로 돌아가고 나는 너무 피곤해서 불도 때지 않는 방에 놀러 다닐 때 깔고 앉은 은박자리를 펴고 그 위에 이불을 펴고 잠을 잤습니다. 자다 깨어보니 새벽 2시 30분 경이었습니다. 비가 부슬부슬 내리고 있었습니다.

아버지께서는 빚 갚고 남은 돈 3,400만 원으로 방을 얻어야 되지 않겠느냐고 하셨는데, "안돼요. 아버지, 땅을 사주세요. 방도 안 얻고, 땅 못 사면 그냥 텐트치고 살래요."하고 왔던 곳이 내촌면 내리 250번지의 창고였고, 아버지는 텐트를 안전한 창고 속에 쳐 놓으셨습니다. "아버지 텐트를 창고 속에 쳐주셔서 비 안 맞게 해주셔서 감사합니다."하고 여전히 하던 방식대로 기도를 시작했습니다.

아침이 되어 아직도 어둑어둑한데, 누군가가 문을 쾅쾅 두들겼어요. "누구세요", "문 좀 열어요" 화난 듯한 남자의 목소리였어요. "누구시냐고요." 했더니 빨리 문 열라고 해서 열어보니 주인이 와서 있었어요. 무슨 일이냐고 묻기도 전에 "아휴 괜찮네" 하는 안도의 숨을 쉬는 주인을 보고 왜 그러느냐고 물으니, 밤새 창고에 여자를 재워놓고 밤에 잠을 제대로 자지 못했다고 했습니다. 나는 그를 쳐다보면서 "왜 그러세요. 일어나보니 귀신들이 다 도망가 버리고 싸움도 한 번 못 했다"고 웃는 저를 보고, 어떤 아버지가 이렇게 보냈느냐고 물었어요. 손을 위로 들고 "하늘 아버지!" 했더니, "하나님? 네"하고 대답하니 이마를 손으로 치고 "아이고 미쳐! 미쳐!"하는 그를 보고 웃음이 나왔습니다. 괜찮으니 걱정하지 말라고 웃는 나를 보고 의아해하는 그의 둥그런 눈을 보았어요. 뒤돌아서 가는 그를 보는데 그의 얼굴에 수심이 가득하고 죽음의 그림자가 가득했어요. "잠깐만요 당신의 얼굴에 죽음의 그림자가 가득한데 무슨 일이에요. 말해보세요, 저는 아무런 힘이 없지만 저를 돕고 계신 분이 있으신데요, 아주 힘이 세시고요, 무엇이든지 다 도와주실 수 있어요. 그러니 말해보세요." 했더니 저를 한번 쳐다보고 여전히 수심이 가득한 얼굴로 그냥 돌아갔어요.

그 다음 날 이른 아침에 주인이 또 찾아왔는데 그 이유는 어제 제가 했던 "죽음의 그림자가 가득한데 당신 그냥 있으면 죽겠는데 말해보세요. 도와드릴게요." 했던 그 말 때문인 것 같았습니다. 또다시 무슨 일이 있느냐고 말해보라고 그러면 나의 힘센 하나님께서 도와주실 거라고 말했더니 자신의 사연을 말했습니다.

물질을 잃어버린 이야기, 아내가 뇌경색을 맞아서 병원에 입원해 있는데 너무나 고통스러워하는데다, 6명이 있는 병실에 여기저기에서 아프다고 앓고 소리 내는 것 때문에 너무 힘들고 잠을 못 자고 어렵다면서 그에게 "여보! 나 1인실로 보내주면 안 돼? 2인실로 보내주면 안 될까?" 하고 울며 호소하는 사랑하는 아내의 청을 들어줄 수 없는 그의 마음의 고통이 죽음의 그림자로 드리워져 있었던 것이었습니다. 사람을 잘못 만나 너무나 많은 돈을 잃어버렸기 때문에 그렇게 해줄 수 없는 그의 마음이 견딜 수 없는 고통 속에 죽음이 덮쳐왔던 것입니다.

그 말을 해준 창고 주인에게 알았다고 "우리 아버지께 도움을 구하자"하고 나는 그분의 가정을 위해서 3일 금식을 하고 나니 아버지께서 꿈으로 보이셨는데, 그분의 가정에 하수구가 꽉 막혔는데 그것을 조금 파내다가 깨어났습니다. 그리고 금식이 끝난 뒤에 서울 병원에 입원해 있는 그의 아내에게 병문안하여 기도해주러 다니기 시작했습니다. 내가 하는 일이 그 일이니까 너무 자연스러운 일이었지요.

저는 아픈 사람을 보면 그냥 못 있습니다. 병원으로, 교회로 데리고 다니면서 그들을 돌보고, 그들을 전도하던 집사의 때를 보낸 터라, 여전히 하던 방식이었습니다. 며칠이나 다녔을까? 너무나 많은 환자가 지병에 걸려서 그냥 병원에서 고통하고 신음하며 살 수밖에 없는 그 환자들 틈에 있는 그의 아내를 보았습니다.

조상들에게 땅을 받고, 아버지에게 아내를 받고(잠19:14), 자신의 하던 일도 잘되어서 별 어려움 없이 살던 그와 그의 아내, 느닷없는 병마로 말미암아 생전 처음 어려움 속에 있는 그를 보면서 위로하고 다독거려 기도하며, "아버지여! 이 땅에 웬 환자들이 이렇게 많을까요. 이스라엘 백성들에게는 우리나라에 많은 고혈압, 당뇨, 뇌경색, 치매, 암, 이러한 병들이 희귀하다던데 우리나라 병원들은 왜 이리도 만원이지요. 이들을 불쌍히 여기시고 도와주소서." 하는 한탄하는 기도가 자연히 나왔습니다.

이렇게 며칠을 지내다가 이곳에 도착한 지 9일째 되던 날 밤에 창고 주인이 찾아왔습니다. 이 밤에 남자가 왜 찾아왔나 하는 의아한 생각이 들었으나 문을 열어 들어오라 했고, 상을 중앙에 놓고 왜 왔느냐고 물었습니다. 그냥 하며 머뭇거리고 있는 그에게 무슨 할 말이 있느냐고 다시 물었더니 "있잖아요, 제가 이 앞에 땅이 있어요", "그래서요", "그 땅에다가 뭘 지어서 뭘 하세요"라고 말해, "뭘 지어서 뭘 합니까?" 했더니 "조그맣게 집을 지어서 뭘 하다가 한 2년 있다가 나오세요" 합니다. "뭘 하는데요" 하고 물으니 자신의 이야기를 합니다.

"저는요, 이 마을에서 부모님이 주신 땅과 또 제가 하는 일이 잘되어서 아무런 걱정 없이 살았어요. 그런데 어느 날 잘못 만난 한 남자에게 속아서 돈 잃고 아내가 갑자기 아프게 되어 병원에 가보니 왜 이리도 환자들이 많은지, 그런데 당신을 보니 아픈 사람을 위해서 뭘 하려고 하는 것 같은데, 그것을 하세요"라고 하는 것이었습니다.

그런데 그 이유 말고 다른 이유가 있느냐고 했더니, 당신이 하는 좋은 일에 함께 복을 받고 싶다고 했습니다. "그런데 말예요. 저에게 땅을 함부로 주시면 안 됩니다.", "왜요", "저는 그곳에 한번 들어가면 두 가지의 조건이 형성돼야만 나올 수 있습니다.", "그것이 뭔데요", "그것은 우리 예수님이 오셔서 나를 데려가시든지, 아니면 제가 죽어서 천국으로 가든지 둘 중 하나에 나는 그 땅에서 나올 수 있다"라고 말했습니다. 고개를 한쪽으로 조금 돌려 생각하더니 "그래도 하세요." 라고 말하는 거예요. "또 있어요", "무슨 조건이 그렇게 많아요? 땅 주겠다는데.", "제가 그 땅을 살 건데요. 돈이 없으니 우리 아버지가 돈을 주실 때까지 기다려야 합니다. 그것이 일 년일지, 이 년일지, 오 년일지, 십 년일지 알지 못하니 기다릴 수 있겠어요?"라고 하니 괜찮으니 그렇게 하라고 하는 거예요. 올해 12년째인데 아직도 못 갚았습니다. 그런데 그의 말대로 슈퍼가 너무 잘되어 손님이 어디서 그렇게 많이 오는지 하나님께서 하신다고 그분이 말합니다. 말의 씨를 심고 땅을 하나님께 심어 예수님의 하시는 일에 쓰임 받게 투자했으니 심은 대로 된 것이지요.

　다음날 새벽, 날이 새기 전에 도대체 무슨 땅이 있나 하고 조그만 다리를 건너 건너편 땅으로 가서 보니 처음에 이 마을에 도착하여 생기기도원에 올라가려고 차를 대놨던 곳이었습니다. 천여 평 되는 땅, 바로 옆에 냇가가 있고 안으로 쑥 들어갔더니 시멘트 콘크리트를 쳐서 직사각형으로 만들어진 기초가 되어 있는 땅이 있었습니다. 아니 이것은 왜 이곳에 있지? 1992년, 1999년, 두 번에 걸쳐서 보이셨고 1999년도에는 그 직사각형의 땅에 발을 올리고 이제까지 보지 못했던 하나님을 경외하는 기도의 모습을 꿈에 보이셨는데 그 땅이 바로 이곳에 있었습니다.

　너무 놀라서 아니 생기기도원을 주신다고 하셨는데 생기기도원에서는 쫓겨나고 이곳에 보여주신 직사각형의 땅이 왜 여기 있을까? 놀라지 않을 수 없었습니다. 그 다음 날부터 창고 주인하고 만나서 그곳에 집을 지을 것을 의논하고 12월 14일부터 30일까지 너무나 추울 때에 그 집을 지었고 판넬집 44평을 창고주인 이면우 집사님하고 함께 지어, 31일 날 최 목사님 부부께서 오셔서 지친 저를 도와 창고에 짐을 옮겨주셨습니다.

　기적과 같이 벧엘의 기초가 시작되었어요. 중간에 많은 사단의 세

력들이 이 집을 짓는 것을 방해하고 있었지만, 아버지께서 모든 것을 원활하게 하실 수 있도록 일하고 계시는 것이 보였습니다.

1992년 어느 날 한 꿈을 꾸었는데 섬기던 교회의 성도들과 함께 산에 놀러 갔는데 음식을 준비하느라고 부산한 가운데 목사님이 산 위쪽에 계시는데 제가 한 발을 목사님이 계신 산 쪽으로 옮겼더니 느닷없이 양쪽에 있던 산이 움직여서 산사태와 같이 그 두 산이 저를 중앙에 넣고 죽일 듯이 움직였어요. 나는 죽을힘을 다하여 한쪽 산의 나무를 잡고 올라가기 시작했어요.

"아버지! 살려주세요." 하면서 하나하나의 나무를 잡고 반 정도를 올라갔는데 더 이상 힘이 빠져 갈 수도 없고 지쳐 떨어질 것 같은 고통 때문에 "살려주세요. 살려주세요." 하며 소리 질렀더니 하늘에서 무서운 호랑이 포효 같은 소리가 들리기를 "사명 감당하라"고 말씀하셨어요.

"사명 감당할게요. 살려주세요"라고 말하자 저 산꼭대기에 하얀 옷을 입은 여자가 나타나더니 나 있는 곳으로 몸을 굽혀서 쭉 펴니까 내 몸이 위로 쭉 끌려 올라갔어요. 올라가서 보니 'ㄱ'자 모양의 산꼭대기에 중앙에 굴이 있고 굴(은사의 굴) 앞에 그 여자 분이 계셔서 감사하다는 인사를 하려고 굴 앞으로 다가갔더니 은빛의 빛을 발하면서 사라지셨어요. 그분이 바로 성령님이셨어요. 굴 앞에서 사라진 것이에요. 바로 'ㄱ'자 손잡이 쪽으로 가니 직사각형으로 시멘트 콘크리트가 쳐져 있고 그 위에 양철 뚜껑을 해서

비 맞지 못하게 만들어져 있었고 아는 사모님이 그곳에 뼈도 없이 몸이 쭉 땅에 붙어있고 목만 까닥거리면서 나도 사명 감당해야 하는데 하고 있었어요. 어휴 불쌍한 것 하면서. 그런데 나는 어떻게 사명을 감당해야 하나, 신학을 가야 하나, 무엇을 해야 할까? 하는데 장면이 바뀌어 먼저 골짜기에서 먹을 것을 준비하고 있었던 성도들 틈으로 돌아왔어요. 그들은 아무 일도 없는 듯이 평화스럽게 여전히 먹을 것을 준비하고 있었어요. 나는 그들에게 무슨 소리 못들었느냐고 했더니 어떤 여자가 해산하려고 고통 하는 소리를 들었다고 하면서 잠이 깨어났어요.

발을 목사님 쪽으로 옮긴 것은 목사님과 남편 때문에(두 산) 겪을 나의 고통에 대해서 말씀하셨고 가정의 고통 때문에 영적으로 높은 곳으로 올라갈 것을 예고하셨습니다. 힘이 빠지고 기진하여 죽게 되었을 때에 아버지께서 성령님을 보내셔서 나를 도우시는데 그 도우심이 나를 영의 산꼭대기에 끌어 올릴 것에 대해서 말씀하셨으며 그 산꼭대기는 벧엘이었고 그곳은 이미 아버지께서 "ㄱ"추수하는 낫 모양으로 반은 깎아 놓은 채로 준비해 놓으신 것이라고 말씀하신 것이었습니다. 굴은 이곳에 준비하신 은사의 굴 성령님과의 하나 됨, 예수님과 하나 되는 굴(요14:23)이 준비되어 있었고, 직사각형의 콘크리트는 바로 창고 주인 땅을 아버지께서 준비해놓으시고 이 땅을 찾게 하기 위하여 생기기도원을 보이신 것입니다.

그 오랜 준비 그전 언제인지 모르지만 제가 태중에 있을 때였을까? 아니면 그전이었을까? 언제부터 계획하시고 준비하셨을까? 지금은 이곳에 도착한 지가 만 12년 되는 시점입니다. 기적과 같이 잃었던 가정도 회복되었고 생기와도 화목의 은혜를 주셨으며 이웃과도 사랑스럽게 유덕의 목회를 하게 하십니다

2) 사역지에서도 여전히 꿈으로 인도하시다.

어느 날 생기기도원의 천사를 꿈에 만났는데 나를 보고 막 화를 내면서 너무나 싱싱한 계란 열 판 하고, 한 판은 덤인데 그 덤으로 준 계란판에는 계란 하나 들어갈 자리에 메추리알 3~4개가 들어갈 정도로 작은 계란이었어요. 나에게 팔라고 성령님이 그러시는데 천사가 성질 내며 안 판다고 했어요. 그러면서 가격은 95,000원이라고 했고요. 그런데 어머니(성령님)가 화내지 말라고 하면서 나를 감나무 밑으로 데려가서 감 따는 기구를(금식과 꿈·환상) 주면서 감을 따라고 하시는데, 직선으로 나무가 있고 나무가 움직이면서 나를 데리고 다니는데 감이 너무나 높이 있어서 딸 순 없는데 내 눈에 들어왔고 나는 두 개의 감 따는 기구를 가지고 딸 준비를 하고 있었어요.

꿈을 깨고 곰곰이 생각해도 무슨 뜻인지 알 수가 없었습니다. 설

교 중에 깨닫게 하셨고 반주를 끝낸 딸아이에게 가서 돈 100만 원을 찾아오라고 했습니다. 그리고 아버지 앞에 헌금으로 드리고 그 계란을 다 샀습니다. 성도를 주시겠다는 것이었어요. 덤 값까지 해서 100만 원이었어요. 돈은 항상 10배 낮추어서 말씀하시기 때문에 95,000원은 95만 원입니다. 10만 원이면 100만 원, 100만 원이면 천만 원, 이런 식으로 계산하면 됩니다.

감은 돈이고, 이제 벧엘의 사랑하는 자들을 도우며 형통하게 하고 돈을 주시겠다는 의미셨습니다.

계란은 너무나 붉고 싱싱했습니다. 부활의 신앙을 가진 성도를 말씀하시고 덤으로 준 메추리알은 연약하고 부족한 복지의 대상인 사람으로 보면 될 듯합니다. 남의 도움이 없으면 안 되는 사람들, 주의 종이 되어서 전적으로 그러한 복지의 대상자들과 사명 때문에 전적으로 살 순 없으나 얼마만큼은 감당해주어야 한다는 생각을 주셨고, 그것을 아버지의 원하시는 대로 하느라고 어려움 당하고 고통 당한 사람들을 얼마는 감당하고 있는 중입니다. 나무는 사람이고, 감(돈) 따는 기구는 두 가지입니다.

3) 성령충만을 받을 수 있는 두 가지의 기능입니다.

첫째, 흉악의 결박을 푸는 금식(사58:6)하는 것, 마음의 성전을 차지하고 있는 결박이 풀어져야 성령충만을 받을 수 있도록 돕는 것입니다.

둘째, 꿈과 환상의 응답입니다. 이 일을 통하여 네가 돈을 가질 수 있다고 말씀하신 것입니다. 돈이 없이는 아무것도 할 수 없는 것이 이 땅의 삶인 것을 아버지께서도 아시는 바입니다. 이러한 보이심을 통하여 일하셨고 "내게 부르짖으라. 네가 알지 못하는 크고 비밀한 일을 보이리라(렘33:3)", 알지 못하는 크고 비밀한 일을 보이시고 이미 준비하신 일들을 하나하나 나타내주셔서 차근차근 준비해주셨습니다.

지금의 포천시 내촌면 내리 232번지의 땅 천여 평에 아버지의 집 벧엘 금식기도원 교회를 세우시고, 주의 종들을 아버지의 뜻대로 훈련하시어 성령의 종을 만드시고, 백성들과 함께 금식을 통하여 거룩한 백성으로 만드신 그 방법, 이미 길이 나 있는 산을 계속 오르게 하시며 저 높은 곳을 향하여 말씀을 가지고 오르게 하셔서(엡3:19) 왕의 아내로, 대제사장 되신(히3:1) 예수님의 졸병 제사장으로, 선지자로, 거룩한 백성으로 만드시며, 계급을 주셔서 하늘나라의 보물을 땅에 내리게 하셔서 이 땅에 하늘나라를 만드는 재료를 갖게 하시며, 은사의 깊은 동굴을 주시어 그곳에서 인치는 작업(하나 되는 작업을 하시고, 아8:6)을 하시어 예수님의 아내를 만드는 작업을 계속하시고, 부족한 딸은 아내로 중매쟁이로 만드시고(고후11:2) 조용히 천천히 물 흐르듯 아버지의 이끄심을 따라 이 일을 계속하는 중입니다.

아마도 천국 가는 그날까지 계속하실겁니다. 말이 응하는 선지자로(신18:20~22), 예수님의 사랑받는 말을 잘 알아듣는 아내의 자리로(요14:23), 구약의 제사장이 올바른 제사를 드려야 죽지 않듯이(아론의 아들들, 레10:1~2) 대제사장이 지성소에 들어갔다가 잘 못하면 죽듯이 지금도 우리 성령님과 어떤 관계를 맺느냐에 따라서 내 영혼이 살기도 하고, 내 영혼이 죽기도 하고(열 처녀 비유, 마 25:1~13) 잘 되기도 하고, 병들기도 하고(요삼1:2), 충성된 종이 되기도 하고, 악한 종이 되기도 합니다(마24:45~51).

① 충성된 종(성령충만한 종) : 성령님을 마음성전(고전3:17)에 모시고 그분 뜻대로 순종하는 자(마24:45~47, 잠 17:2) 각종귀걸이를 했다.(되었다) 귀걸이를 하려고 한다(준비 중), 귀가 찢어지고 여러 가지 어려움을 겪으면서 귀걸이를 했다(어렵게 종이 되었다).

② 악한 종 : 성령님을 마음에 모시지 못하고 밖에서 쓰고 계신 종(마24:48~51). 술 취했다, 화투한다, 담배 피운다, 독이 든 꽃, 먹을 수 없는 과일, 염소

③ 열 처녀 비유(마25:1~) : 등(예수님)을 가졌고, 기름(성령)을 처음에는 가졌으나 그것이 닳았을 때 채우는 방법을 알지 못하여(금식) 채우지 못한 자가 천국 문에 들 수 없고 악한 종이 되는 것이지요. 어린아이의 때(민14:29, 히5:12)에는 보호를 받으나 장성자되었을 때는(히5:13) 신부로서의 준비를 위하여 성령의 충만이 떨어졌을 때 채우는 금식을 해야 하고 순종의 길인 응답(꿈 · 환상)을 받아서 움직이며 말과 행동을 성경과 맞추도록 노력하고 애써야합니다.

나는 너를 도무지 알지 못한다고 버림을 받기도 하는(마7:21~23), 이때에 사랑하는 자들의 마음속에 물과 성령으로 거듭나게(요3:5) 지혜와 지식의 말씀(잠1:7, 9:10)으로 끊임없이 가르치고 애쓰는 중 매쟁이로 살게 하실 것입니다.

여전한 방법으로 터득된 그 방법으로 그 방식으로 사랑하시는 이 민족의 종들과 백성들을 제사장과(사도) 선지자로(계1:5~6, 고전 12:28) 만들어 나가실 것입니다. 이 모든 것들을 인도하실 때에 꿈 과 환상으로 사명을 보이시고 갈 곳을 가르치시고 준비되어 있으니 걱정하지 말라 하셨고, 근심하지 않고 이끄시는 대로 따라오게 하 시더니 이러한 교회와 기도원이 세워져서 하늘나라가 이 땅에 확장 되는 역사를 주셨어요.

2001년 11월 9일에 땅을 제공해주시고 숙소 지어주시고 예배당을 정리해주고 저와 함께 8년의 세월 동안 벧엘을 만드는데 최고의 헌 신을 한 우리 이면우 집사님, 초창기에 함께 신앙생활 했으나 지금 은 여러 가지의 사건 때문에 나오지 못하고 있으나 곧 나오게 될, 나의 동역자이며 우리 아버지의 나라 확장에 쓰임 받느라고 애쓰고 수고한 사랑하는 나의 형제, 아무리 생각해도 가슴에 눈물이 고이 고 말로 다할 수 없는, 그의 어머니가 나의 어머니가 되어서 지금까 지 함께 하며 그 두 분 앞에서는 아무도 나를 욕할 수 없고 나의 허 물을 들출 수 없는 사랑하는 가족이 되었습니다. 이제 사랑하는 이 아들이 아버지 앞에 영·육 간에 복을 받게 되었거든요.

저와 함께, 가장 어려울 때에 가장 힘들고 고통스러울 때에 그의 가족이 나를 돌봐주었고, 이 마을이 저를 받아줄 수 있도록 끈을 놔 줬으며 가장 힘들 때 내 곁에 있어준 사랑하는 두 사람 이면우 집사 님, 그의 어머니, 우리 아버지께서 이 가정에 자손 대대로 복을 주 실 것이며 그렇게 하시도록 기도 쉬는 죄를 범치 않고 함께하여 그 가정에 영·육 간에 복이 임하도록 최선을 다할 것입니다. 아버지! 예수님! 성령님 앞에서, 사랑합니다!

4) 사도(고전12:28) : 지금은 사도가 있을까요? 없을까요?

우리가 사도바울을 사도로 인정한다면 지금도 사도가 있습니다. 영으로 예수님을 만나는 자, 그분과 영으로 만나 꿈과 환상으로 음 성으로 대화를 나눌 수 있다면 그분이 사도십니다. 영으로 보면 예 수님의 아내 자리가 사도며, 제사장입니다. 계급은 조금 다릅니다. 우리 모두 사모해야 합니다. 예수님이 믿음의 도리의 사도시며 대 제사장 되신(히3:1), 그분을 닮은 우리는 그분의 졸병 제사장이 되 는 것입니다. 얼마나 영광스러운 자리입니까? 모두 사모하시고 그 렇게 되도록 애쓰고 수고해보시면 어떨까요?

① 사도 : 아버지의 뜻을 백성에게 전달하는 사람
② 제사장 : 백성의 죄를 위하여 아버지께 대신 아뢰는 자(히2:17).

그러면 내가 예언하니 사도가 아닌가 하고 생각하는 분들이 계실 것 같은데, 그것은 은사이지 아내의 자리가 아닙니다. 은사는 사랑 없이 사용하면 자신을 불태우게 내어줄지라도(고전13) 나에게는 아 무 유익이 없는, 나는 너를 도무지 모른다는(마7:21~23) 자리가 기다리고 있습니다. 많은 분들이 은사는 가졌으나 예수님을 마음성전에 모시지 못하는 바람에 많은 해를 당하고 계십니다.

겸손한 마음으로 한 번 배워 보실 생각은 없으신가요? 보이지 않는 영의 세계는 말씀으로 보이지 않는 자신을 보는 것부터 시작됩니다(잠1:2, 21:16, 명철). 제사장인지 아내인지는 보여주심으로 봐야 알 수 있지 말씀만을 가지고는 자신을 비추어볼 수 없습니다. 먼저 나를 보는 꿈과 환상을 터득하는 것이 최우선의 방법입니다.

"여호와를 알자(호6:3)" 하셨는데, "알자"라는 뜻이 아내로서의 앎이라고 합니다. 아내가 남편을 알듯이 온전히 알아야 하는 것입니다. 일점일획도 변함이 없으시고 회전하는 그림자도 없으시고(약1:17) 새벽빛이 일정하듯이 일정하신 하나님은 성경을 통해서만 알수 있고, 그 성경을 통하여 우리에게 나타내 주심으로(요14:21)만 알 수 있습니다.

그 나타내주심을 성경을 통하여 알고 들을 수 있어야 교제를 할수 있는 사람이 되며, 그 사람을 바로 예수님은 믿음의 도리에 사도라 하셨고(히3:1), 예수님이 돌아가신 후 다메섹에서 예수님을 만난(행9:1~5) 바울도 사도라 칭합니다. 그렇다면 우리도 사도가 될수 있는 것이 아닐까요? 말씀의 지식으로 여호와를 아는 자(호6:3) 그 앎으로 말미암아서 말입니다. 아내 자리를 우리 모두 사모하시길 바랍니다.

③ 천사 : 좋고 착하게 생긴 사람, 어느 회사의 제복 입은 여직원들처럼 제복 입은 무리나 사람(하늘 직원), 예쁜 개인과 그룹, 예

전에 놀이동산에서 기구를 타는 무리의 여직원들을 보았습니다. 밑으로 죽 내려오며 웃고 재미있게 놀면서 나를 위로해 주고 있었지요. 힘을 잃은 나에게 힘을 내라고 하시는 것이었어요. 많이 웃다 깨어났던 기억이 납니다.

또 산꼭대기에서 밑이 보이지 않은 곳에 나를 세워놓고 집의 기초를 놓은 철근을 땅에서부터 박아서 산꼭대기에까지 연결해놓고 그곳을 타고 밑으로 내려가라고 하십니다. 산꼭대기하고도 그 철근은 떨어져 있기 때문에 잡을 수도 없어, 어쩔 줄 모르고 허둥대고 있는데, 한 그룹의 제복 입은 여직원 같은 사람들이 날아오더니 갈 수 없는 그곳을 구름으로(자막처리) 가리고, 내려갈 수 있도록 도와줘서 금방 땅으로 내려올 수 있게 해주었습니다.

그렇게 시초에 짓기 시작한 벧엘의 영의 집이 지금은 층수를 알 수 없는 높이에 최신형 엘리베이터 시설까지 되어 있어서, 사람들이 마음껏 오르내리게 만들어져 있어서, 제사장과 선지자, 사도이며 아내의 자리를 가게 하고 싶은 분들을 보내셔서 계속적으로 준비시키시고, 훈련시키시며, 아버지의 귀한 일꾼들을 배출하는 곳으로 만들어 놓으셨습니다.

야곱의 벧엘이(창28:29) 지금의 벧엘로 바뀌었고 하늘 문이 열려 천사들이 오르락내리락하면서 사랑하시는 자들을 돕고 기적이 기적이 아니고 기적이 당연한 것이 되어 있는 아름답고 신비스러운 벧엘의 동산이 되었습니다. 어느 날 꿈에 산 위에서 내려다보니 바닷가에 많은 사람들이 수레를 끌고 짐을 짊어지고 어딘가를 향하여 가고 있었습니다. 제가 높은 산에서 그곳을 내려다보고 소리를 질렀습니다.

◎ 사랑 없인 안 돼!

◎ 그분 없인 안 돼!(성령님) 얼마나 큰 소리인지 그 밑에 사람들이 듣고 "아멘!"이라고 화답했어요. 나의 성령님 없인 사랑이 안 되고 우리의 영원한 생명도(요일5:20) 없으니까요. 사랑하는 남편 예수님을 행복하게 해드리려면 그분의 영이신 성령님이 계셔야 합니다. 이것은 우리 아버지께서 꿈과 환상으로 보이신 그 모든 일을 따라 했기 때문에 이러한 아름다운 아버지의 집을 만드실 수 있으셨습니다. 감사드리며 사랑을 드립니다. 아버지! 예수님! 성령님!

④ 영계를 보며 나를 보는 도구 : 텔레비전, 영화관으로 보이십니다. TV가 크면 많은 양을, 영화관이면, 여러 사람이 보는 것을 말씀하십니다. 저희 벧엘은 큰 영화관이라고 하십니다. 그래서 너무도 잘 보입니다. 사모합시다. 하늘나라 보는 방법을.

5) 우리 아버지에게 두 가지의 노래를 부르게 해드리려면?

자녀로서의 노래, 포도원으로서의 노래(사5:1~2)를 원하십니다. 우리에게 늘 위로만 하시고 미래도 없고 늘 사랑한다고 말씀만 하신다면 지금 우리는 현재의 삶이 떨고 있는 것입니다. "두려워 떠는 자는 돌아가라(삿7:3)"는 말씀처럼 우리의 삶의 앞길을 알지 못하여 두려워하고 어찌할 줄 모른다면 여호수아에게 말씀하셨듯이 "내가 너와 함께하리라 좌 · 우로 치우치지 말고 가라(수6:7)"는 말씀을 들을 수 없이 늘 위로하고 사랑한다고만 하십니다. 이것은 자식에 대한 사랑이지 열매로서의 사랑이 아닙니다. 우리가 아버지의 말씀을 듣고 정로로 행하고 아버지의 뜻을 따라 좌로 우로 가지 않고 원하시는 데로 가면, 우리의 포도원은 열매가 맺어질 것입니다. 그렇다면 그 열매를 통하여 아버지께서 기뻐하시고 노래하신다는 것입니다.

자랑은 다른 사람에게 하듯이 좋은 것과 일들을 다른 사람에게 꿈과 환상으로 보여주셔서 자랑을 하십니다. 이렇게 하기 위해서는 아버지와 대화하는 방법을 터득해야 하고 나를 보는 방법을 터득해야 합니다. 그래야 내가 좌로 가는지 우로 가는지, 열매가 맺어지고 있는지, 아니면 아버지 앞에 썩음과 같은 삶을 드리고 있는지, 나는 열심히 뛰고 있는데 교회 안에 말썽을 일으키고 있는지, 아니면 정말로 충성된 일꾼인지를 알아봐야 하지 않겠어요? 우리가 이런 것에 너무 무지한 것 아닌가요? 문제가 생겨서 가정이 날아가고, 자녀들이 잘못되고, 돈이 사라지고 나서야 내가 무엇이 잘못되었는지 그때 알게 된다면 그것은 이미 너무 늦지 않습니까? 그러한 삶을 통해서 우리가 얻을 것이 많이 있지만(고난이 내게 유익이라, 시 119:71), 그러한 문제 때문에 폐인이 된 가정과 사람이 얼마나 많은지는 생각해보셨습니까? 그런 삶에서 일어날 수 있는 사람은 소수이며 일어나지 못하는 사람이 더 많습니다.

그렇다면 이러한 일들이 나에게 닥치기 전에 나의 보이지 않는 영적인 상태를 파악할 수 있다면, 그것을 미리미리 예방하여 금식하고 회개하면 돌이켜 주시고 우리를 보호하시는 손길이 금방 시작됩니다. 이 두 가지의 사랑을 예수님 만나는 그 날까지 드리고 싶으시다면, 대화하는 방법과 나를 보는 방법을 터득해보시는 것을 권합니다. 자유로운 삶을 살 수가 있습니다. 복을 받습니다. 행하는 것이 아버지의 뜻대로 행하기 때문입니다(약1:25).

6) 이렇게 보여 주신 것들을 토대로 우리는 기도하고 금식하면 됩니다.

좋지 않은 것은 좋게 해달라고, 우리 아버지는 영혼에 관심이 많으시기 때문에 주로 영혼의 모습을 보여주심에 초점이 맞추어져 있습니다. 좋은 것은 감사하며 따라가면 되지요. 이러한 영계의 모습을 보고 움직이는 것이 우리가 해야 할 일들입니다. 그래야 복을 받습니다.

"제자들이 예수께 나아와 가로되 어찌하여 저희에게 비유로 말씀하시나이까. 대답하여 가라사대 천국의 비밀을 아는 것이 너희에게는 허락되었으나 저희에게는 아니 되었나니 무릇 있는 자는 받아 넉넉하게 되되 무릇 없는 자는 그 있는 것도 빼앗기리라(마13:10~12)" 하셨으니 꿈과 환상으로 보이지 않는 하늘나라를 잘 터득하여 아버지와 대화를 이루고 이 땅에서 잃어버렸던 모든 것을 다시 찾아(가난, 질병, 자녀고통, 죽음 레26:14~) 구원의 영광을(행2:21) 나를 돕고 사랑하느라고 애쓰고 계시는 삼위일체 하나님 아버지께 돌려드리길 원합니다. 사랑합니다.

꿈의 부정적인 성경의 예

"너희 중에 선지자나 꿈 꾸는 자가 일어나서 이적과 기사를 네게 보이고 그가 네게 말한 그 이적과 기사가 이루어지고 너희가 알지 못하던 다른 신들을 우리가 따라 섬기자고 말할지라도 너는 그 선지자나 꿈 꾸는 자의 말을 청종하지 말라 이는 너희의 하나님 여호와께서 너희가 마음을 다하고 뜻을 다하여 너희의 하나님 여호와를 사랑하는 여부를 알려 하사 너희를 시험하심이니라 너희는 너희의 하나님 여호와를 따르며 그를 경외하며 그의 명령을 지키며 그의 목소리를 청종하며 그를 섬기며 그를 의지하며 그런 선지자나 꿈 꾸는 자는 죽이라 이는 그가 너희에게 너희를 애굽 땅에서 인도하여 내시며 종 되었던 집에서 속량하신 너희의 하나님 여호와를 배반하게 하려 하며 너희의 하나님 여호와께서 네게 행하라 명령하신 도에서 너를 꾀어내려고 말하였음이라 너는 이같이 하여 너희 중에서 악을 제할지니라(신13:1~5)."

이 말씀을 꿈을 부정하는 분들이 인용하여 사용하고 있는데, 이 일은 이적과 기사를 나타내며 다른 신을 섬기자 할지라도 그 이적이 이루어지고 꿈이 맞는다 해도 그것은 따라가면 안 된다고 말씀하고 계십니다. 우리가 하나님과 대화를 하는 방법이 바로 꿈과 환상인데 왜 이 말씀을 인용하고 있는지, 앞뒤의 말씀이 보이지 않는지, 분명히 다른 신을 섬기자 하고 그 이적이 이루어진다 할지라도 따라가지 말라고 하셨습니다.

다른 신을 쫓자 하는 것은 하나님께서 우리를 시험하시려고 해석을 잘못할 수도 있으나 그 시험을 잘 이기면 복을 받고, 원하시는 것들이 이루어지겠지요. 우리 아버지는 네가 두 번 시험에 합격하면 내가 한 가지 소원을 이루어주마. 예배당 지을 때 가르쳐 주셨어요. 제가 그랬데요. 무슨 시험을 두 번 합격했나요?

첫째, 사랑으로,

둘째, 생명으로 시험 합격은 하나님을 기쁘시게 합니다(엡5:10). 우리에게 날마다 오는 불같은 시험(벧전4:12)은 어느 쪽으로 어떻게 올지 알 수 없습니다. 늘 깨어 기도하며 우리 아버지의 상황을 보고 움직이고 아버지 원하는 방향으로 간다면 늘 합격할 것입니다.

꿈으로 나의 행위를 보시면 합격할 수 있어요. 빛과 어둠을 나누신 하나님께서 이 세상을 두 영이 지배하는 나라로 만드셨지요(창1:1~5).

태초에 하나님이 만든 세상과 사람(창1:1~30)	
하나님의 나라(빛) 믿는 자	사단의 나라(어둠, 엡6:10~12) 믿지 않는 자
① 어떤 사람이 어떤 꿈을 꿨다할지라도 이단이나 다른 신을 섬기지 않고 하나님 앞에서 모든 일이 이루어지면 됩니다(신13:1~5).	① 원래는 하나님이 만든 사람이었으나 예수님을 믿지 않으므로 사단에게 내어준 바 되었습니다(눅4:6). 사단이 꿈을 줬다는 명백한 증거가 성경에 없습니다. 천하만국을 사단이 보였다고 했는데 이것은 실제 상황일 가능성이 높다(눅4:5). 사단이 사단을 쫓아내라고 꿈을 주겠는가(마12:26) 꿈을 잘못 해석한 경우(사단을 내쫓는 꿈이 있다. 비인격적 인격과 삶을 잡고 있는 것)
② 자신의 백성을 대화하여 구원하시기 위하여 예언, 환상, 꿈(행2:17~21)을 주시고 우리를 영·육 구원해주십니다. 우리에게는 사단이 꿈을 줄 수 없고 미래에 대한 재앙의 말씀과 사단의 움직임을 가르치는 심판이 있습니다(요16:8~13). 해석의 문제가 있을 뿐이지 사단이 꿈을 줄 수 없습니다. 안심하고 대화를 이루시면 행복하고 평안한 삶이 우리를 기다리고 있습니다.	
③ 세 가지의 꿈 첫째, 하나님이 주신 꿈 둘째, 마음이 생각이 나타나는 꿈(전5:3, 7) 셋째, 어제와 오늘을 분별해 주시는 꿈	② 렘23:25의 거짓을 예언하는 선지자, 그들의 마음이 간교한 것을 예언 : 육신적인 생각, 고민, 걱정, 이랬다저랬다 하는 것들이 꿈에 나온다. 계속 어딜가려고 하면 가라고 꾼다. 그의 마음을 꺾지 않고 그대로 밀어 벌 받게 하신다(롬8:27). 그래서 '모든 지킬만 한 것 중에 더욱 네 마음을 지키라 생명의 근원이 이에서 남이라(잠4:23).' 걱정이 많으면 꿈이 생기고(전5:3), 하나님을 잊게 하려는 사단에 마음에 연달된 생각과 간교함을 그대로 꿈으로 나타내 주신다.

예수님을 믿고 하나님의 자녀 된 우리는 이런 일들에 대한 지식을 가지고 대처해 나가면 우리의 삶을 온전히 아버지를 향하여 나갈 수 있습니다. 이단과 어려운 일을 피해갈 수 있습니다.

"내 이름으로 거짓을 예언하는 선지자들의 말에 내가 몽사를 얻었다 몽사를 얻었다 함을 내가 들었노라 거짓을 예언하는 선지자들이 언제까지 이 마음을 품겠느냐 그들은 그 마음의 간교한 것을 예언하느니라. 그들이 서로 몽사를 말하니 그 생각인즉 그들의 열조가 바알로 인하여 내 이름을 잊어버린 것 같이 내 백성으로 내 이름을 잊게 하려함이로다. 나 여호와가 말하노라 몽사를 얻은 선지자는 성실함으로 내 말을 말할 것이라 겨와 밀을 어찌 비교하겠느냐(렘23:25~28)."

선지자들이 해야 할 일은 마음이 강퍅한 자를 바로잡아 악행을 그치게 해주고, 그 악행은 너의 삶에 곧 재앙이 임할 징조라(렘23:17)고 말해줘야 하는데, 악행을 저지르고 있는데도 그것이 임하지 않는다고 말하여 회개시키지 않고 교만하게 만들어 그들의 영혼을 멸망시키고 있는, 거짓 가르침을 주고 있는 선지자를 말하고 있습니다.

아버지께서 말씀하시지 않았는데도 예언하고, "내가 보내지 아니하였어도 달음질하며 내가 그들에게 이르지 아니하였어도 예언하였는즉 그들이 만일 나의 회의에 참예하였더라면 내 백성에게 내 말을 들려서 그들로 악한 길과 악한 행위에서 돌이키게 하였으리라(렘23:21~22)"는 책망받는 자들을 말합니다. 하늘나라에는 이 땅과 통일되는 모든 일이 있습니다(엡1:10).

우리의 모든 일이 회의를 통해서 결정되는 것이 "아버지의 뜻이 하늘에서 이룬 것 같이 땅에서 이루어지이다(마6:10)." 내 마음대로 되는 것이 아니라 하늘에서 계획하시는 아버지의 결정에 따라 우리가 움직여야 된다는 것입니다. 그런데 거짓 선지자들은 자신의 마음에서 나는 대로 예언하고, 그 마음에 간교한 것을 예언한다고 분명히 지적하고 계십니다(렘23:26). 그것을 어떻게 분별할 수 있습니까?(앞표 참조 P.144)

지금도 여전히 백성들을 잘못 인도하고 있는 많은 예언자가 있어, 자신의 마음대로 상담을 통하여 예언하여 주고, 기도만 하면 다 되는 것처럼 말해주고, 무조건 예언 받으러 가면 기도 몇십 일, 몇백 일, 백일기도, 천일기도 하라는 식으로 오늘을 알지 못하는 시간 잡아먹기를 하고 있는 경우가 얼마나 많은지... 날마다 하는 기도에 무엇 때문에 또 작정하는 기도가 필요합니까? 천국 가는 그 날까지 해야 하는 것이 기도 아닙니까? 또 한편은 성경만 가르칩니다.

성경을 삶으로 접목해야지요. 인격으로 말이에요. 성경을 잘 이해하지 못하고 편협적으로 가르치고, 예언해주는 이런 예언자들 때문에 얼마나 많은 것을 잃어버리고 얼마나 많은 고통에 들어가고 있습니까?

이제는 마음에서 나는 대로 예언하는 많은 예언자와 꿈과 환상을 세상에서 배운 대로 성경 없이 해석해 줘서 살릴 영혼을 죽이고 있는 일이 너무 많습니다. 요즘은 꿈을 가르치는 곳도 생겼다고 합니다. 그런데 배운 분들이 와서 하는 이야기를 들어보면 엉뚱하게 해석하여 길을 지정해주고 회개시키는 것에 초점이 맞추어진 것이 아니라 가르치기를 위한 사람 모으기 작업만을 계속하고 있는 것을 볼 수 있습니다.

예언을 분별할 수 있어야 하겠습니다. 내 부모도 주 안에서 순종하라고(엡10:1) 하셨는데, 영·육 간의 부모를 말합니다. 나를 낳은 육의 부모는 잘 섬겨서 장수하고 잘되시길 바랍니다(출20:12). 그러나 그보다 먼저 전도해서 천국 가실 준비부터 해드려야 하는 게 도리 아니겠어요? 영의 부모는 목사님이시지요. 잘 섬겨서 하늘의 복을 받으시기 바랍니다. 그러나 지도자가 잘못된 예언을 하였을 때는 어떻게 할 것인가가 중요합니다. 그것은 엄격히 분별하여 아닌 것은 따라 하면 안됩니다. 먼저 주 안에서 네 부모를 순종하라는 말씀을 깊이 생각하셔야 합니다.

요즈음은 자신에게 맡겨진 백성을 제대로 인도하지 못하여 많은 고통을 아버지께 드리고 있는 주의 종들이 많이 있다고 한탄하시는 아버지를 뵙습니다. 영을 배우고 나의 성령님과 동행하며 나의 모습을 보고 움직여서 백성들을 복 받게 하고 지도자들 자신들도 복을 받았으면 좋겠습니다. 내가 신학에서 배운 것이 아니면 무조건 다 무시하고 마음을 닫지 말고, 그것이 그러한가. 아닌가를 성경을 보고 잘 대비하는 지혜가 필요합니다. 신학이 사람을 죽이는 시대가 온 것 같습니다.

우리에게 신학은 필요합니다. 전도사님도 만들고, 목사님들도 배출하고 세상과 나를 분리하여 주의 종을 만들어놓는 곳, 성경의 뼈대를 세워 삼위일체 하나님을 가르쳐주고 있는 곳이기 때문입니다. 그런데 그 신학에서 배운 것만이 최고이고 내가 배운 교단의 신학이 최고라고 하면서 얼마나 교만들 하신 지, 그래서야 그러한 교만에 빠져 있는 주의 종을 모시고 있는 백성들이 어떻게 복을 받겠습니까? 신학이 말하지 못하고 있는 성경이 너무나 많고 신학에서 가르치지 못하는 일들이 너무나 많은데, 그런 것은 아랑곳하지 않고 신학만을 주장하여 사랑하는 백성들의 영이 갈급하여 이단에 빠지고 빠져서 허우적대는 데도, 왜 그러는지 알아볼 생각도 못 하고 있는 우리의 신학과 교회의 사역을 생각해봐야 합니다.

영의 세계는 신비의 세계입니다. 그 신비가 잘못되었다고 하면 나는 분명히 그것을 느끼고 알고 있는데 교회에서는 없고 그렇게 하면 안 된다고 하니 백성들이 그 신비의 세계를 향하여 이단에 빠지고 결국은 그 영혼까지 잃어버리는 사건이 벌어지고 있지 않나요. 이단들이 왜 생기는지 생각해보셨나요. 신비의 세계인 하늘나라를 성경을 통하지 않고 알려고 하고, 성경을 해석할 때에 자신을 보는 성경의 장치를 열지 못하다 보니 왔다 갔다 하는 두 영을 분별하지 못하여 사단의 밥이 되어버린 불쌍한 종들이요 백성들입니다. 영을 알지 못하면 이단에 대항할 수 있는 힘을 가질 수 없습니다.

우리 아버지의 사랑하는 자녀들을 잘 보호하여 천국까지 인도하기 위해서는 우리가 영의 눈을 뜨고, 성령님과 사단의 세계를 분명히 밝히고, 나를 보는 장치를 분명하게 성경에서 연구해야 합니다. 이를 통해 나의 보이지 않는 영혼의 상태, 나의 보이지 않은 행위의 상태, 내가 목사로서, 교사로서, 선지자로서 지금 하고 있는 말과 행동은 어떤 것이며 아버지께서 어떻게 생각하고 계시는가를 알아야만이 나와 내 민족이 신학이라는 오류에 빠져 이름 있는 신학을 나오면 아주 좋은 목사고, 그렇지 못하면 아주 나쁜 목사라고 평가하는 이 세태에 휩쓸리지 말아야 합니다.

아버지께서 성령을 모르고 네가 목회를 하고 있다면 너는 초보자이며, 어린아이라고 말씀하십니다. 양을 이끄는 목자라면 내가 어떠한 영적 상태로 지금 사랑하는 아버지의 자녀들을 보살피고 있는 것인지 살펴볼 수 있어야 합니다. 지도자들이 지옥에 그렇게 많고 이제 이런 지도자들 때문에 지옥에 들어갈 장소가 없어서 나는 지옥에 안 가도 된다는 어떤 분의 농담 같은 진담의 소리를 들으면서 우리 예수님의 고통의 목소리가 하늘에서 퍼지듯이 머리를 칩니다.

예수님, 제가 예수님의 이름으로 선지자 노릇도 하고 귀신도 쫓아내고 이리저리하였나이다, 그러나 난 도무지 너를 모른다(마 7:22~23). 정말 지옥에 많은 지도자가 있겠구나 생각하니 등에 진땀이 쭉 났습니다.

아버지여 용서해주세요. 이제는 우리 민족의 지도자와 백성이 아버지의 마음에 들도록 최선을 다하겠습니다. 꿈과 환상으로 나를 거울에 비추듯이 비춰 잘못된 것을 고치고, 잘못 인도하고 있는 백성들을 제대로 인도하고, 민족의 모습도, 자신의 모습도, 백성들의 모습도 낱낱이 보고 거기에 의해서 회개하고 용서하며 살겠습니다(고전13:12). 우리 민족의 지도자들이 더 이상 지옥 가지 않게 해주세요. 교만한 지난날들을 용서받을 수 있게 우리 아버지의 말씀으로 돌아가서 자신을 보는 방법을 터득하게 하시옵소서. 우리

모두 겸손의 자리에 돌아가서 겨가 아닌 밀이 되게 하시옵소서(렘 23:28),

예레미아 선지자가 밀이라면 그를 반대하고 백성들을 잘못 인도하고 있는 선지자들은 겨와 같겠지요. 이것을 분별하지 못하여 다 잘났다고 싸우며 있는 동안에 "아버지의 사랑 하는 앞이 보이지 않은 양 떼들은 이리들의 입속으로 들어가며, 이단들이 판을 쳐서 그들을 물어뜯고 있나이다. 불쌍히 여겨 참된 선지자 예레미야와 같은 선지자들이 나오게 하소서."라고 기도하고 있습니다.

"예레미야 선지자가 불순종한 이스라엘 백성들이 70년 동안 바벨론에 갈 것이다."라고 예언하는 것을 하나냐 선지자가 이것을 바꾸어 2년 만에 돌아올 것이라고 말씀하고 있는 장입니다(렘28장).

예레미야가 하나냐 선지자에게 이르되, "하나냐여 들으라. 여호와께서 너를 보내지 아니하셨거늘 네가 이 백성으로 거짓을 믿게 하는도다. 그러므로 여호와께서 말씀하시되 내가 너를 지면에서 제하리니 네가 여호와께 패역하는 말을 하였음이라 금년에 죽으리라 하셨느니라. 하더니 선지자 하나냐가 그해, 칠월에 죽었더라(렘 28:15~17)."

내 마음대로 사람에게 좋게 예언하는 선지자를 결단코 용서하지 않는다고 하신 말씀이 그대로 이루어지는 것을 볼 수가 있습니다. 느헬람 사람 스마야와 그 자손에게 내리는 벌과 스마야 선지자가 예레미야를 통하여 하시는 예언을 믿지 못하고 2년이라고 자신의 마음대로 예언하며 바벨론에 편지 보낸 예레미야를 책망해야 한다는 이야기를 스바냐 선지자를 통하여 듣고 예레미야가 "그의 자손이 벌을 받을 것이고 그가 나 여호와께 패역한 말을 하였음으로 인하여 이 백성 중에 거할 그의 사람이 하나도 없을 것이라 내가 내 백성에게 행하려 하는 선한 일을 그가 보지 못하리라 하셨다 하라 여호와의 말이니라(렘29:32)." 했던 사건이 있었습니다. 거짓된 선지자의 최후 이야기가 얼마나 많은지요.

영이신 하나님을 섬기는 일은 선지자며 예언자며 보이지 않는 세계의 일을 말하고 있는 목사나 전도사나 우리, 말씀을 받은 자가 신이라 하였거든(시82:6, 요10:35~36) 지금 이 시대 성령께서 우리에게 와 계신 것을 무엇이라 말해야 하겠습니까?

"제자가 스승보다 나을 수는 없으나 온전케 된 자는 스승과 같으니라(눅6:40)"라고 말씀을 하신 것은 성령으로 온전케 된(마5:17) 자는 스승과 같이 된다고 하신 말씀이신데 조금 깊이 있게 생각해 봐야 하겠습니다.

보이지 않는 영의 일입니다. 우리가 너무나 많은 부분 육신적으로만 대비를 하다 보니 진정한 영적인 지도자가 희박하고 너무 잘났다고만 하니 말이 통하질 않고 교만에 빠져 예수님도 아버지도 우리의 발밑으로 내려가실 수밖에 없는 시대가 되었습니다. 내가 알고 있고 내가 배우고 있는 그것이 최고라고 주장하여 겸손의 자리가 사라졌기 때문입니다.

우리 모두 겸손하게 자신을 한 번 거울에 비춰보아야 하지 않겠습니까? 어떤 옷을 입고 있는지, 어떤 것을 얼굴에 묻히고 다니는지, 어떤 차가 나의 차인지, 어떤 물이 나의 영적인 물인지 등 세세한 부분까지 한 번만 겸손하게 보이지 않는 세계에 나를 내려놓고 꿈과 환상으로 보여 달라고 기도해 보시지 않겠습니까? 이 보여주신 것을 회개한다면 더 이상 문제는 없을 것입니다. 그러나 만약에 회개할 수 있는 기회를 놓친다면, 천국에서 회개할 수 있는 기회가 주어지겠습니까?

"만군의 여호와 이스라엘의 하나님이 이같이 말하노라 너희중 선지자들에게와 복술에게 혹하지 말며 너희가 꾼바 꿈도 신청하지 말라 내가 그들을 보내지 아니하였어도 그들이 내 이름으로 거짓을 예언 함이니라 여호와의 말이니라(렘29:8~9)." 이미 포로생활이 70년이 될 것이라는 예언이 주어졌으나, 그에 반박하는 거짓 예언이 있을 것을 미리 아시고 경계하신 말씀이십니다. 더불어 그런 거짓 선지자들에게는 너희가 꾼 꿈조차 신청하지 말라고 하십니다.

이 말씀을 놓고 어떤 사람들은 잘못되었구나 생각을 하고, "그것 봐, 꿈도 신청하지 말라고 했잖아! 그러니까 꿈이 잘못된 거야." 이렇게 말하는 사람도 있을 것입니다. 이 말씀은 이미 선포된 예언을 뒤집는 말을 하지 말라는 것입니다.

처음에는 내 꿈만 가지고 공부를 시키셨고, 나중에는 많은 사람들의 꿈을 해석해가며, 그들의 삶을 회개와 용서, 그리고 갈 길을 인도하는 일을 하게 하셨습니다. 그런데 사람들은 육신에 젖어 사는 습관 때문에, 아버지께서 원하시는 일을 하는 것을 너무나 어려워합니다.

그 예언에 대해서 자신이 꿈을 꾼 것에 대해서 해석을 해주었는데도, 그것을 뒤집을 만한 거리를 계속 찾습니다. 만약에 제가 꿈을 해석하여 주었는데도 그것을 따라 하기 싫으면, 다른 사람한테 또 물어봅니다. 원장님이 이렇게 하라고 하는데 내 생각에는 아닌 것 같은데 어떠냐고 물어보고, 그 사람이 나도 아닌 것 같다고 해 버리면 제가 해준 해석은 공허한 메아리가 되고 맙니다. 그러니까 자신이 하고 싶으면 하고, 하기 싫으면 그것이 다르다는 사람을 찾아서 동조를 얻고 순종하지 않는 것을 보게 됩니다. 결국 자신이 어려움을 당하고 앞길이 열리질 않아 떠돌아다니는 신세들을 면치 못하는 것을 안타깝게 지켜봐야 할 따름입니다.

이미 아버지께서 원하시는 길 그 길을 뒤집거나 그것이 아니라고 말하는 선지자는 거짓 선지자입니다. 꿈을 해석하다 보면 모두 그 사람의 환경에 초점이 맞추어져 그 사람의 기도 제목, 지금 현재 상황을 알아야 하고 거기에 맞추어서 해석이 이루어져 가고 있기 때문에, 자칫 잘못 해석할 가능성이 높은 것은 사실입니다. 자기 마음대로 자기 좋을 대로 해석해놓고 동으로 가라 하시면 서로 가고, 서로 가라 하시면 동으로 가고도 나는 잘하고 있다고 큰소리치는 많은 사람을 보면서 아버지는 결코 메이커가 아닌 길거리 표 사람들이라고 말씀하고 계십니다.

과연 어떤 선지자가 참 선지자일까요? 구약에는 아버지께서 따로 선지자를 일으켜서 쓰신다는 것을 말씀하십니다(신18:17~22). 그리고 그들의 말을 듣지 않으면 벌을 받을 것이라고도 말씀하십니다. 지금은 사랑하는 예수님의 은혜로 우리에게 오신 성령님 때문에 우리가 모두 선지자입니다. "만일 선지자가 있어서 여호와의 이름으로 말한 일에 증험도 없고, 성취함도 없으면 이는 그 선지자가 방자히 한 말이니 너는 그를 두려워 말지니라" 결국 시간이 지나 그 선지자가 한 말이나 해석한 꿈이 아버지께서 하신 것이라면 이루어진다는 것입니다.

물론 그 시기는 각각 다릅니다. 단번에 이루어지는 경우도 있지만, 한 달 뒤의 것, 일 년 뒤의 것, 10년 뒤의 일들 20년, 30년 더 오래 뒤에 될 일들도 있습니다. 예수님의 탄생은 600여 년 전에 예언되지 않았습니까(사7:14).

그러나 예언자로서 사랑하는 자들의 삶을 인도하며 꿈을 해석하여 삶에 대비해보면, 그의 말씀에 순종하는 자와 순종하지 않는 자의 삶의 차이는 약 3년 정도면 보게 된다는 것을 알게 되었습니다. 많은 사람에게 욕을 얻어먹고 많은 사람에게 손가락질을 받고, 그냥 남들이 하는 대로 하지 뭣 때문에 그렇게 금식은 하라고 하고 뭣 때문에 그렇게 꼭 해야 되느냐 꿈으로 인도받지 않았어도 잘 먹고 잘 살았다는 식으로 손가락질하는 사람들도 많았습니다.

암 걸려서 죽게 된 사람들을 살려보고자 애쓰고 수고하다가 그들이 죽으면 내가 죽였다고 소문이 나고, 어떤 사람들은 금식하여 그 암에서 벗어나고자 애쓰고 있는데도 그 기도원 이단이니 어서 내려와서 기도만 하면 낫는다고 데려가서 몇 달 되지 않아서 죽게 하는 주의 종들도 있습니다. 아니면 병원에서 진을 빼고, 빼고, 빼다가 병원에다 돈 실컷 갖다 주고도 죽으면 당연한 것이고, 기도원에서 돈 하나 안 받고 깨끗이 씻어서 천국 가시는 데 도움을 드리면 거기는 이단이 되고, 사람 죽었다고 소문이 나니, 이것이 우리 민족의 저주가 아니고 뭐겠어요.

중환자가 금식하고 깨끗하게 씻어 천국 갈 때 거룩하게 하고 거룩한 나라에 가는 것이 당연하지 않습니까? 한심하고 어떨 때는 기가 딱 막혀서 그들에게 가서 막 따지고 싶을 때도 있지만 그렇게 하면 우리 아버지가 싫어하시기 때문에 그만두는 것입니다.

영을 몰라 자신들의 독을 쌓고, 악을 쌓고 있는 많은 사람들, 정말 우리 예수님 만나면 뭐라 하실 겁니까? 몰라서 그랬다고 하시면 그냥 넘어가 주실까요? 성령 훼방 죄와 성령 거역 죄는 이 세상에서도, 저 세상에서도 영원히 사하심을 받지 못한다고(마12:31~37) 하셨는데 주의해야 하지 않겠습니까? 모른다고 함부로 말하지 말고 깊이 생각해 보아야 합니다. 끝없는 고통과 아픔들이 나의 무분별한 행동 때문에 오는 것은 아닌지 다시 한 번 생각해 보아야 합니다. 사람을 판단하고 손가락질해도 노와 분을 쌓고, 환란과 곤고가 기다리고 있다고 하시는데(롬2:9), 하물며 예수님의 영이신 성령께서 하시는 일들을 어찌 이렇게 겁도 없이 막말을 하고 성령을 모독하고 훼방하고 거역하는 일을 아버지가 언제까지 참아 주시겠습니까? 우리 민족이 복을 받고 나의 가정들이 복을 받고 문제를 해결하기 위해서는 이런 근본적인 일들부터 우리가 한번 되돌아보고 가야 한다는 겁니다.

이런 전국의 많은 사람들에게 한 번도 전화하거나, 만나서 변명해보거나, 나 잘못 없소 하고 말해본 적이 없지만 알고는 있어야 합니다. 우리는 아버지가 좋아하시는 일과 싫어하시는 일을 분별해야 하고 우리의 움직임이 나의 의를 위해서냐 아니면 아버지가 진짜 원해서냐를, 분별해야 합니다.

내가 가만히 있으면 죽을 것 같다면, 당신의 마음속에는 화가 가득하여 가만히 있으면 죽을 것 같아서 일을 하는 것인지, 하나님을 위해 열심히 하는 겁니까? 아버지하고 사인이 맞는지 그것이 진정으로 아버지가 원하시는 일인지는 알아봐야 하지 않겠습니까? 많은 일을 하고도 복을 받지 못하는 사람은, "네가 네 의는 열심히 이루나 나의 의는 이루지 못하고 있구나(롬10:10)" 혹시 이 말씀이 응하고 있지 않나 살펴보길 원합니다. 이것이 예전의 저의 삶이며 여러분의 삶 중 일부도 아마 그렇게 되어 있을 것입니다. 열심히 하시되 아버지께서 원하시는 일을 효과적으로 할 수 있도록 요셉과 같이 준비하셨으면 하는 바람입니다.

기도원이라는 곳은 병들고, 안타깝고, 돈 없고 하는 분들이 오시는 곳입니다. 좋을 때는 찾지 못하다가 어려움을 당하면 하나님을 한번 만나봐야겠다고 오시는 것이라면, 그곳이 확실히 아버지가 계신 곳입니다.

우리의 삶에서 살아계신 우리 예수님을, 내 아버지를, 성령님을 만나지 못한다면, 나의 삶이 기쁨을 잃어버리고 외형적으로 뭔가가 잘되어야 기쁜 줄로 속아서 사는 것입니다. 외형적으로 이루어지는 일 하고는 아무 상관없이 아버지 한 분만으로 기쁨을 누리고 있으면 일이야 자동으로 잘되지 않겠습니까? 오만상을 찡그리고(얼굴을 찡그리고 다니는 것, 사28:22, 시1:1) 사람들 만나면 웃어지질 않는데 내 삶에 무슨 좋은 일이 생기겠습니까? 좋은 일이 생긴다면 웃기는 것이지요. 내 영혼이 웃으면 나의 얼굴도 웃고, 내 영혼이 찡그리면 내 얼굴도 찡그립니다.

그렇다면 나의 얼굴 모습이 나의 삶의 모습이 아닐까요? 나의 삶이 지금은 조금 어려워도 내 영혼이 웃어 내 얼굴이 웃기 시작했다면, 이미 시작은 반이 되어 나의 삶의 모습이 곧 좋아집니다. 조금 기다려보실래요. 외형적으로 나타나는 것 말고 내면에서 이루어지고 있는 영혼의 즐거움을 따라 살아 보십시오. 그리고 응험이 있는 선지자의 길을 가보십시오.

꿈과 환상을 바르게 배우게 되면 응험이 있는 진실한 아버지의 선지자가 되어, 자신의 삶도 사랑하시는 자들의 삶도 이제 윤택하게 되어 나의 말이 응하여 사람들에게 본이 되고 많은 사람을 얻어 복된 종이요, 아버지의 사랑하시는 자들을 잘 돌봐서 아버지 앞에 칭찬받고 사랑받는 귀한 자리에 있게 될 것입니다(요12:26).

지금 우리 민족의 영적인 상황은 아버지의 아픔과 고통입니다. 기도해도 해도 안 되는 저주의 모습, 곧 사단의 모습이 보이니 이런 것을 도대체 어떻게 하면 풀어내 볼까 하고 연구하다 보니 별것을 다 만들어내어서 엎어지고 뒤집어지고 물구나무를 서고 뱅글뱅글 돌고 별일을 다 하고 있습니다. 아, 우리 아버지가 얼마나 한탄하시는지, 무분별이며, 귀신적이며, 양신의 역사이며, 그것이 무엇인지 여러분의 그 모습을 정말 아버지께서 낱낱이 보여 주신다면, 부끄러워 쥐구멍에라도 들어가시고 싶게 될 것입니다.

저희 기도원에 오셔서 금식하시고 한번 자신을 돌아보지 않으시겠습니까? 아버지께서 칭찬하시는지 슬퍼하시는지 말이에요. 그러지 마시고 단순하게 한번 여쭤보시는 것은 어떻습니까? 이상한 모습들, 이상한 기도도 왜 이렇게 많은 겁니까? 성령께서 기도를 분명히 해주신다고(롬8:26~27) 말씀을 하셨는데, 나의 머릿속에 생각을 넣어주시는(요14:26) 성령님을 알지 못하는 많은 분들이 자신이 무슨 생각을 해서 하는 기도처럼 말하질 않나, 성령님을 알지 못하는 많은 분들이 속에서 이루어지고 있는 영의 상황을 마치 자기가 뭘 만들어서 할 수 있는 것처럼 생각해서 하다 보니 자연히 이상한 기도들이 만들어질 수밖에 없습니다.

성령님, 예수님은 더욱더 뒷방으로 물러나시고 너무나 많은 박사들 때문에 우리 예수님의 모략과 모사는 아무 필요가 없고 자신들의 머리 자랑에 예수님이 머리가 어지러우실 정도가 되셨으니, 그것뿐이겠습니까? 어떤 기도원에서는 여리고를 돌아야 저주가 풀린다면서 사람을 세워놓고 돌리는데 어떤 사람은 몇 시간씩을 돈다니 진리의 성령님이 그렇게 하시겠습니까? 귀신들의 장난에 놀아나는 것이지요. 무당들이 하는 일이 아닌가요? 성스러운 아버지의 마음 성전에 사단, 마귀, 귀신이 가득한데 어찌 몰라보십니까?

그것 뿐 아니라, 분별하지 못하고, 왔다 갔다 하는 생각들을 잡아서 일을 하다 보니 도무지 정신이 없습니다. 이제 영의 세계를 바르게 봐야 되지 않겠어요? 생각의 주인은 둘입니다.

첫째, 가르치고 생각나게 하시는 성령님(요14:27)

둘째, 가룟 유다의 마음속에 예수님을 팔라고 생각을 넣었던 마귀인데(요13:3), 이 생각의 두 주인을 구별해야 하는데 그러지 못하고 머릿속에 떠오르기만 하면, 그것이 지혜인 줄 아는 우리의 보이지 않는 세계에 대한 무지가 기독교의 망신, 우리 사랑하는 예수님을 망신시키는 일을 만들어 내고 있습니다.

지도자는 잘못 가르치고 백성은 그것을 즐거워하니 내가 민망하다고 하시더니 정말 그런 일이 우리 민족 전체에서 이루어지고 있으니 이 무슨 일인지 정신을 차리지 않으면 안 됩니다. 나를 분별하고 나의 사역을 전반적으로 분별해야 할 때입니다. 나의 영혼과 관계가 있다면 그것은 당연히 나를 보고 사단의 개입을 막아야 나도 복을 받고 천국도 갈 수 있습니다. 그렇게 하지 못해서 백성들의 영혼을 만약에 지옥으로 보내면 그 벌을 어떻게 감당할 수 있겠습니까? 무조건 욕할 것이 아니라 분별하여 좋은 것이라면 우리의 목양지에 접목하여 속 시원하게 목회를 하면 얼마나 좋겠습니까? 꿈과 환상으로 여쭤보십시오. 그리고 해석해보세요. 아버지께서 우리에게 옳고 그름을 선명하게 보여주실 것입니다.

큰 교회의 목사님들을 무작정 나쁘다고 물어뜯기만 하면 너희들끼리 피차 물고 먹으면 망하리라(갈5:15).

이렇게 해보시면 어때요?

"아버지 큰 교회가 세워지네요. 축하드립니다. 저도 잘되게 해주세요."

잘못한 종이 보이면 "아버지! 그를 용서해 주세요. 몰라서 그럽니다." 이렇게 기도하고 나는 안하면 됩니다. 그것 물어뜯느라고 망하고 있는 나를 생각하셔야합니다. 망하는 그 행동을 나는 따라하지 않고 훈련받아 더 잘하면 되지 않겠어요.

잘하는 것이 보이면 감사하고 배워서 내가 더 잘하면 훌륭한 종이요, 백성이 된다고 아버지께서 가르쳐 주셨어요.

꿈 해석은 이렇게

1) 하늘과 땅은 통일되어 있습니다(엡1:10).

꿈이 주어졌을 때에 우리의 삶에 대비하여 좋은 것은 좋다는 것이고, 안 좋은 것은 안 좋은 것입니다. 그렇다면 안 좋은 꿈을 꾸었다면 "아버지! 그러면 이것은 어떻게 할까요?" 하고 다시 여쭙니다. 안 좋은 것은 먼저 회개부터 하고 "좋게 해주세요" 하고 기도합니다. 그러면 대답이 되어서 들으시고 시간을 가지고 기다리면 삶으로 좋게 되는 것을 봅니다. 궁금한 성경이라든지 삶의 부분은 여쭤보고 꿈으로 환상으로 알려달라고 의뢰하면 또 알려주십니다. 오늘 여쭤봤는데 오늘 대답이 없다하여 그만두는 것이 아니라 며칠 있다 대답하실 수 있으니 조르듯 하지 마시고 조용히 기도하고 겸손한 자세로 의젓한 아들과 딸의 자세로 기다린다면 충분한 대답을 여러 번 또는 단번에 받으실 수 있을 것입니다.

예를 들어 대통령에게 내가 뭔가를 질문했다면 거기에서 응답이 오는 데는 시간이 걸린다는 식의 의식을 가져야 합니다. 우리 민족의 조급증과 성질 급한 것은 하나님의 의를 이루지 못하는 아주 좋지 않은 성경을 응하게 합니다(약1:19, 잠21:5). 천천히 시간을 오래도록 가지고 하실 일의 계획을 믿고 시도해보세요. 내 평생에 살아계신 하나님, 예수님, 성령님과 대화하는 방법을 터득하는 길입니다.

한가지의 문제와 나의 삶의 전반적인 문제들에 대해서 퍼즐 맞추기처럼 대화를 이루다보면 맞추어나가는 신기한 체험을 하시면서 반석 같은 믿음자가 될 것입니다.

2) 영·육 간에 대비합니다.

먼저 영적인(영혼) 삶에 대비하고 다음에는 육적인 삶에 대비하며, 사람이 나온다면 사단의 대행자인, 나에게 나쁘게 하는 사람은 누구이며, 성령님께서는 어떻게 사람을 통하여 역사하고 계시는 것을 알아야 합니다.

내가 기도하는 어떤 사람을 좋은 것을 주려고 어디를 가고 있는데 내가 데리고 가면서 이것도 사주고 저것도 도와줘가면서 데리고 가고 있다면, 이런 것은 내가 정말로 그렇게 하는 일도 있지만 거의 아버지께서 하시는 일을 대행하고 있는 것입니다. 나하고 어떤 아이하고 대화하며 무언가를 하고 있는 장면이 있다면 나는 예수님, 아이는 나일 경우가 많습니다. 그것을 전부 나라고 생각하면 나를 드러내는 교만자가 되고, 그것이 아버지 일을 대행하게 보여주셨다는 것을 아는 사람은 아버지께서 하셨다고 말하고 겸손의 자리에서 상을 받게 되는 것입니다. 꿈속에서 나타나는 나의 삶은, 보이는 세계는 보이지 않는 세계가 나타난 것이라고 말씀하신 것과 같습니다.(롬8:24~25) 나의 삶을 아버지께서 영으로 먼저 보이시고 조심할 것, 조심할 사람, 조심할 일, 여러 가지를 가르치시고 인도하여 미로와 같은 인생길을 잘 갈 수 있도록 위에서 보시고 인도하여 주시는 것입니다. 그래서 조심스럽게 배우고 익히게 되면 두려움의 근원자인 사단을 나의 삶에서 내보내고 하나님께서 주시는 평안의 삶, 우리 주 예수 그리스도로 말미암아 가질 수 있는, 내가 너희에게 주는 평안은 세상이 주는 것 같지 않다(요14:27)고 말씀하신 평안의 삶이 나의 것이 되는 것입니다.

두려운 분이 계십니까? 한번 터득해 보세요. 제가 얻은 평안의 방법을, 제가 얻은 평안의 목회의 비결을 알려드리겠습니다. 그것은 바로 아버지께서 나와 나에게 맡겨주신 사랑하는 자들과 우리 교회의 모습을 거울로 보듯이 확연히 보여주심으로(고전13:12) 항상 승리하게 하여 주시고, 평안을 가져다주시는 것입니다.

저는 이것을 보고 사랑하시는 아버지의 귀한 분들과 날마다 행복하게 웃으며, 아버지의 삶을 교회에서, 삶에서 누리고 있습니다. 그러한 아름답고 자유로운 삶을 누리고 싶지 않습니까? 한번 도전해 보시지요. 보이지 않은 영계는 무궁무진하나 성경을 통하지 않고는 배울 수 없고, 배워서도 안 되는 것입니다. 성령님의 도우심을 힘입어 바른 길로 인도해 드리겠습니다. 모두 무료입니다.

① 나를 알고 적을 알면 백전백승이요,

② 적을 알고 나를 모르면 백전백패입니다.

③ 영계의 보이지 않는 세계를 성경을 통하여 말만하면 미친 사

람이 되고

④ 영계의 보이지 않은 세계를 성경을 통하여 말하고 그것을 삶으로 연결하여 형통하게 하면 귀한 사람이 됩니다.

⑤ 그 영계를 보는 방법이 꿈과 환상입니다.

삶으로 인도하는 방법

1) 생각나게 하시고

꿈과 환상으로 응답을 받아도 그것이 생활로 연결되지 않으면 아무 소용이 없습니다. 다시 싸우게 되고 다시 아프게 되고 다시 어려움을 당할 수밖에 없는 것이지요. 지금 우리의 안타까움은 말씀을 읽고 듣고 배워도 삶의 변화와 인격의 변화가 되지 않는 것입니다. 말씀이 삶으로 연결되지 못하고 있는 것입니다. 성경에는 이러한 장치가 되어 있습니다. 삶으로 연결하는 방법 말입니다. 그러나 성령충만이 없으면 이 일이 쉽게 터득되기가 어렵습니다.

그래서 우리는 성령충만을 받아야 합니다. 성령충만을 받게 되면 생각나게 하심이 활발해지고 또렷해서 따라가기가 쉽습니다.

생각의 두 주인입니다.

첫째, 성령님의 생각입니다(요14:27). 가르치고 생각나게 하십니다. 우리를 삶을 편안하게 살게 하시려고 생각나게 하셔서 따라하게 하십니다. 순간의 선택이 10년을 좌우한다고 TV 광고에 나왔던 것을 본 적이 있습니다. 바로 생각나게 하심이 그러한 효과가 있습니다. 지금 내가 당장에 선택을 해주어야 하는데 어찌할 바 알지 못

할 때에 생각나게 하셔서, 그 일을 아버지 뜻대로 하게 하시고 평안한 삶을 살도록 해주십니다. 지금 아버지의 뜻대로 선택하지 못하면 사단이 와서 우리의 삶을 두렵게 만들기 때문에(요14:28), 그것을 막기 위해서 이러한 장치를 성경에 해놓은 것입니다. 그러나 그 생각은 평안과 함께 오는 것이라야 합니다. 두려움과 함께 온다면 그것은 해서는 안 되는 일입니다.

꿈과 환상으로 먼저 받은 응답에 벗어나지 않은 범주 내에서 생각나게 하시는 것을 따라 해야 합니다.

둘째, 사단의 생각입니다(요13:2).

가룟 유다의 마음속에 예수를 팔려는 생각을 넣었던 사단이 지금도 우리의 마음속에 끊임없이 생각을 갖다 줍니다. 불안하게 하고 미워하게 하고 아버지의 뜻을 거스르게 하며 두려워하게 합니다.

"두려움에는 형벌이 따른다(요일4:18)."고 하셨습니다. 사단의 생각을 우리가 받아들여 그대로 하여 미워하고, 불안하고, 두려워하며 갖가지 좋지 않은 생각 속에 빠져서 그들이 원하는 대로 하면 형벌이 따라서 나의 삶의 평안이 깨지는 것입니다. 우리 생각의 두 주인 정신을 차려서 분별을 해야 합니다.

사단은 꿈과 환상으로 받은 응답을 뒤집어서 생각나게 해서 불순종하게 합니다. 먼저 받은 응답을 잊지 않으셔야 되겠지요.

2) 감동으로 이끄십니다(눅2:25~27).

예루살렘에 시므온이라는 사람이 있으니 이 사람이 의롭고 경건하여 이스라엘의 위로를 기다리는 자라 성령이 그 위에 계시더라. 제가 주의 그리스도를 보기 전에 죽지 아니하리라 하는 성령의 지시를 받았더니 성령의 감동으로 성전에 들어가매 마침 부모가 율법의 전례대로 행하고자 하여 그 아기 예수를 데리고 오는지라. 시므온에게 감동하여 아기 예수님을 만났던 시므온 이야기입니다.

지금 우리에게도 성령님께서 감동하심과 생각나게 하심이 동시적으로 행하여 인도하는 경우가 많습니다. 생각나게 하시고 동시적으로 감동하셔서 그 일을 행하게 하십니다. 그러나 그것은 이미 꿈과 환상으로 응답받은 일 안에서만 가능합니다. 이미 꿈과 환상으로 응답받았는데 그것을 무산시키려고 하는 생각나게 하심과 감동은 받을 수 없다는 것입니다. 그 응답받은 일 안에서 우리의 감동과 생각나게 하심을 함께하여 아버지의 뜻을 삶에서 아름답게 이루어 드릴 수 있고 영광 돌리는 삶을 살아드릴 수 있습니다.

우리가 감동을 받고 있으나 훈련되어지지 못하고 어떻게 하는 것인지 몰라서 그냥 지나쳐 버리거나 우리의 마음 성전이 더러워서 그것을 받을 수 없는 것은 삶의 변화를 가질 수 없고, 아버지 앞에 영광 돌릴 수 없으므로 전도 할 수도 없습니다. 삶의 변화는 곧 영광과 존귀와 평강입니다(롬2:10, 잠11:16).

금식하고 기도하여 나를 깨끗하게 씻고 닦아 성령충만 받아 아버지의 감동과 생각나게 하심을 받아 아버지의 뜻대로 살고 아버지를 기쁘게 해드리는 저와 여러분이 되기를 원합니다. 사랑합니다.

금식

금식은 성령님을 위해서 하는 것이고, 성령님은 나를 위해서 계시는 분이십니다. 금식은 조상들의 우상 숭배한 죄와 나의 불순종의 죄로 황폐화 되어 버린 (사58:12) 마음의 성전을(인격) 새로 지어 가는 과정이며 방법이고 성령님과 떼어 놓고 생각할 수 없는 관계에 있습니다.

금식은 우리 아버지 앞에 최고의 효도하는 길

성령님과 교제하는 데에도 길이 필요했고(행 2:17, 욜2:17), 기도를 하는 데에도 길이 필요했습니다(마6:10, 마7:7). 금식하는 데에도 길이 필요했습니다(사58:6). 길이요 진리요 생명 되신 우리 예수님은 길을 찾아야 한다고 말씀하셨습니다. 여기에서 성경의 길을 찾지 못하는 사람은 길거리 표라고 하고 성경의 길을 잘 찾아서 사람들을 가르치고 배우고 익히면 메이커라고 하십니다. 천국에서 크다 일컬음을 받을 것이다. 땅에서 큰사람이 된다는 말씀입니다(마5:19). 그래서 우리는 성경에서 말하고 있는 그 길을 찾아내야 하는 것입니다.

금식은 성령님을 위해서 하는 것이고, 성령님은 나를 위해서 계시는 분이십니다. 금식은 조상들의 우상 숭배한 죄와 나의 불순종의 죄로 황폐화 되어 버린 (말씀대로 살지 못하는 인격과 말 마7:24)(사58:12) 마음의 성전을 새로 지어 가는(고쳐 가는) 과정이며 방법이고 성령님과 떼어 놓고 생각할 수 없는 관계에 있습니다. "내가 거룩하니 너희도 거룩하라(레11:45, 벧전1:16)." 하셨는데 우리가 육신적으로 내 몸을 깨끗하게 하기 위하여는 물과 비누를 사용하여 씻지만 영혼은 다릅니다.

"너희가 수다한 비누로 씻을지라도 씻을 수 없다(렘22:2)."고 하셨습니다. 아버지의 성전인 우리의 몸은 비누로 닦을 수 없습니다. "너희가 하나님의 성전인 것과 하나님의 성령이 너희 안에 거하시는 것을 알지 못하느뇨(고전3:16)", 내 마음의 성전은 과연 무엇으로 닦는 것이 옳을까요? 그것은 금식으로 닦는 것입니다.

우리가 손님이 잠시 집에 오셔도 집안을 청소하고 음식을 장만하고 법석을 부리지요, 우리 안에 오실 성령님은 우리와 함께 계셔서 천국 가는 그날까지 우리를 돌보시고 사랑하실 분, 하나님, 아버지이시며, 어머니의 역할을 하시며, 예수 그리스도의 영이신, 성함은 성령님이십니다. 이러한 분을 우리의 방에 모시는데 청소하지 않고 모신다면 실례가 되지 않겠습니까? 죄송하겠지요. 우리 마음의 방은 우리가 생각하는 것처럼 그렇게 깨끗하지 않습니다. 조상들의 우상 숭배한 죄, 우리의 알지 못한 불순종의 죄 때문에 아주 복잡하고 더러워져 있고 그리고 악한 영들이 들어 있어 파괴시키고 황폐화시켰습니다(사58:12). 우리의 인격을 망가뜨렸습니다(롬1:18~32). 마음 성전하면 마음이 있는 가슴 부분만 성전인 줄 알았는데 머리부터 발끝까지가 성전이라고 하셨어요. 내 몸 자체가 성전인 것이지요.

그래서 우리가 성령님을 깨끗한 내 방에 모셔드리기 위해서 금식이 필요합니다.

이 민족에는 이미 금식하셨던 선진들이 많으시고 목사님들도 많으십니다. 우리 민족이 금식과 기도를 통하여 이미 많은 복을 받았습니다. 그러나 조금 더 성경적으로 알고 접근하여 금식하신다면, 더 좋은 효과와 함께 아버지 앞에 영광 돌릴 수 있는 복된 삶을 여는 천국 열쇠가 될 것입니다(마16:19, 18:18).

1) 예수님의 금식(마4:11~)

예수님은 금식하셨습니다. 광야로 시험받으러 가셨고 40일을 주리신 후에 마귀가 예수님을 시험했으나 말씀으로 승리하신 후에 천사들이 나아와서 수종들며(마4:11) 승리하시는 모습을 뵈었습니다. 예수님이 왜 금식하셨는지의 이유는 나와 있지 않습니다. 그리고 마태복음 6장을 보면 우리 그리스도인들이 의무와 같이 해야 할 네 가지가 나와 있습니다.

첫째, 구제입니다(마6:2~4, 사61:1). 예수님께서 오신 목적이 가난한 자에게 복음을 전하러 오셨습니다.

심령이 가난한 자는 복이 있다고(마3:3) 하신 말씀을 보면, 이 구제는 육으로 배고픈 자에게 먹을 것을, 영으로는 심령이 가난한 자에게 복음을 전하는 것이 분명하니 전도입니다.

우리가 예수 믿어 구원받았다면 당연히 예수님을 전하는 천국 백성을 이 땅에 늘려나가야 하는 것이 최고의 의무라 생각됩니다. 그래서 우리는 한 해에 한 명 전도를 기본으로 하고 있습니다. 해마다 우리 모두가 한 명씩만 전도하면 지금 800만 정도의 성도라면 1,600만 명이 되지 않겠습니까? 그러면 교회가 두 배로 늘어날 것이고, 그리고 나서 나머지 한명씩을 전도한다면 아마 이 민족 전체를 전도하고 우리 아버지 앞에 기쁨을 드리게 될 것입니다.

전도하는 방법을 모르겠다고요? 먼저 전도의 대상자를 놓고 기도해야합니다. 그리고 그를 위해서 금식해보세요. 이름을 써서 헌금해 보세요(고후9:10). 그러면 그분은 머지않아서 전도를 당하게 될 것입니다. 평안의 복음의 예비한 신발을 신어야 되겠지요(엡6:15). 왜 그러냐고요? 사람들과 평안하지 않으면 복음을 전할 수 없습니다. 마음껏 욕하고 흉보고 성질내놓고 어떻게 교회 가자고 하겠습니까? 맛있는 것 있으면 같이 나누어 먹고, 어려운 일도 있으면 도와드리고, 힘든 일이 있으면 함께 해주기도 하고 친하게 일부러 지내야 어느 날 교회 가자고 하는 나의 말을 따라서 예수 믿어 그가 천국가지 않겠습니까? 우리의 삶이 예수님을 위하여 늘 평안하고, 늘 위로하고, 늘 봉사해야 되는 것은 바로 전도하게 위한 방법이기 때문입니다.

우리 전도에 최선을 다하여 민족의 구원을 이루길 원합니다. 민족 전체를 하나님 앞에 드리기 운동을 금식과 기도와 헌금으로 한다면, 이것은 승산이 있는 성경적인 근거가 있습니다. 우리 모두가 금식한다면 이루어지는 일입니다. 하나님 기뻐하는 금식을 흉악의 결박을 풀어주며(사58:6), 불신자는 사단, 마귀, 귀신에게 속해 있기 때문에 우리의 금식이 그것을 풀어 구원 할 수 있게 됩니다. 그것에 그의 이름을 하늘에 기록하는 헌금까지 했더니 굉장한 은혜가 내렸습니다. 이 일은 요즘에 제가 해 보니까 영혼 구원의 놀라운 역사가 있습니다. 돈이 생명이니까요. 기도의 응답이 놀랍게 단축되었어요.

둘째, 기도입니다(마6:5~13).

예수님께서 기도의 본을 보이시며 기도하라 하셨고, 골방기도(마6:6), 은밀한 기도하라고 하시며, 그 기도를 아버지께서 갚아주십니다. 아무리 조용한 곳에 가서 기도한들 그런 은밀한 골방 기도가 됩니까? 아니지요. 이 기도는 성령님 안에서 하는 기도를 말씀하시는 것입니다(롬8:26~27). 기도는 호흡이니 기도하지 않거나 또 못하는 성도가 어찌 영혼이 살아 숨쉬고 있다고 말할 수 있습니까? 날마다 해야 하는 것이 당연합니다.

구하여 응답을 받으셨다면 바다 물결에 출렁이듯이 출렁이지 말고 두 마음을 품어 정함이 없다는 말을 듣지 말고(약1:1~8) 무릇 지킬 만한 것보다 네 마음을 지키라(잠4:23) 마음을 든든히 지켜 아버지의 뜻이 이루어질 때까지, 응답주신 그 범위 안에서 구하고 찾고 두드리면(마7:7~8) 자신이 대접받고자 하는 자들을 통하여(마7:12) 그 기도가 이루어져 사랑하고 수고하시는 우리 아버지, 예수님, 성령님께 기쁨을 드리게 될 것입니다.

셋째, 금식입니다(마6:16~18).

본문 16절을 보면 우리에게 금식을 하라 말라가 아니고 그냥 진행형으로 금식할 때에 라고 언급하고 계십니다. 배고프면 자동으로 밥 먹고 밤이 되면 자동으로 잠자듯이 우리는 그냥 금식해야 한다는 것을 의미합니다. 그 다시 바리새인들과 서기관들이 사람에게 보이려고 했던 외식적인 금식(얼굴을 흉하게 하고, 옷을 찢고(욜2:12), 재를 쓰고, 보이는 것에만 치중했던 금식)을 나무라시며 은밀한 금식을 하기 원하십니다. 금식은 조용하게 기도원에서 해야 하고 영·육 간에 준비된 곳에서 해야 하지만, 그것보다 더 중요한 것은 아버지가 원하시는 대로 하는 것입니다.

17절에 머리에 기름을 바르고 얼굴을 씻으라 하십니다. 복잡하고, 어지러운 머리, 이렇게 해야 할지 저렇게 해야 할지 이렇게 해봐도 안 되고 저렇게 해봐도 안 되는 나의 삶, 복잡한 머리에 성령의 기름을 발라 아버지 앞에 맡기라는 것입니다. 이제 까지 내 생각과 내 뜻대로 해보아도 안 되었는데, 아버지의 말씀대로 한번 맡겨보시는 것은 어떻습니까? 나의 성령님이시라면 우리의 길을 바르게 지도해주실 것입니다.

나를 위한 나만을 위하시는 분이시기 때문입니다. 얼굴을 씻으라는 것은 성령의 물로, 그동안 그리스도의 향기인(고후2:15) 우리가 이 얼굴을 가지고 과연 향기를 발했는지, 악취를 발했는지 돌아보고, 그 잘못된 나의 삶, 싱그럽지 못했던 나의 삶을 회개하라는 뜻입니다. 그래서 이제까지는 내 마음데로 살았던 나의 머리를 맡기고, 나의 삶을 회개하여 은혜 아래 들어가기를 원해야 하는 것이 금식입니다. 뭐를 달라고 소리 지르며 억지로 밥을 굶는 것이 금식이 아닙니다. 회개하며 용서하여 나의 생각과 모든 것을 맡기고 아버지의 뜻을 기다리며 하는 것이 금식입니다(사58:2).

　넷째, 헌금입니다(마6:19~24).
　물질 문제는 기본과 투자를 정확히 알아야 되겠습니다.
　과부의 두 렙돈을 칭찬하신 예수님(막12:41~44)처럼 형편에 따라 드리고, 즐겨드리는 자를 기뻐하십니다(고후9:7). 물질이 있는 곳에 마음도 있기 때문입니다. 그러나 아나니아와 삽비라처럼(행4장) 남의 눈을 의식해서 마음이 없는데도 거짓으로 드리고, 믿음이 없는데 교회에서 강제하여 드리는 드림은 본이 되지 못하여, 심지어 저주가 임하는 경우들이 많습니다.
　아버지 앞에 조금 드리고 자신들이 많이 썼음에도, 빚을 진 경우들을 보면, 헌금하다 빚졌다는 등의 말들을 많이 하여 아버지의 마음도 아프게 해드리고, 사람 앞에서도 본이 되지 않은 경우가 얼마나 많은지 모릅니다. 이러한 헌금 문제들의 복잡한 문제들을 없애기 위해서는 성경의 물질적인 기본을 잘 알고 대처를 해야 하겠습니다. 무조건 많이 드린다고 빚내고 넘어지면 그것은 아버지 앞에 슬픔을 드리는 길입니다. 무분별한 헌금 생활을 자제하기 위해서도 자세히 알아야 합니다. 물질이 있는 곳에 마음이 있습니다. 그러나 제대로 알고 드리면 더욱 복을 받을 수 있습니다.

2) 십일조입니다.

① 일반적인 십일조: 소득의 십분의 일과 땅의 십분의 일, 곡식이
   나 과실 소나 양의 십분의 일 (레27:30~32)

② 감사: 온 가족이 예배처에 모여서 같이 먹고 즐기는 십일조(감
   사) (신14:22~27)

③ 구제헌금: 삼년마다 가난한 사람을 위하여 드리는 십일조(선
   교헌금) (신14:28~29)

십일조, 감사, 구제가 다 십일조로 나온 것은 반드시 해야 한다는 것입니다. 이것을 통하여 말라기 3장 10절 말씀에 "내 집에 양식이 있게 하였으니 네 창고가 차고 넘치게 하리라"고 하셨으니 기본을 잘하여야 풍성한 복을 주십니다.

그런데 우리가 교회에서 공동체 생활을 하다보면 교회 지을 때, 차량 헌금 등 다양한 헌금의 종류가 많은데 이런 것들은 하나님 나라에서는 투자금액으로 받아 주십니다. 그리고 필요 할 때에 30배, 60배, 100배로 갚아주십니다.

우리가 투자할 때 빚내서 하지 않듯이, 특별한 사연이 아니면 빚내서 투자하지 않은 것을 원칙으로 하나, 언제나 특별한 믿음 자가 있고 환경자가 있다는 것이 깨달아집니다. 하나는 이러하고, 하나는 저러하게 하여도 자신의 믿음 따라 하되 기본과 투자는 알고 움직여야 하겠습니다. 빚내기를 즐겨하지 말고 십일조 드리고 알뜰하게 쓰고 절약하여 남겨두었다가 아버지 나라에서 필요하다고 하

시는 그때에 투자를 하신다면 그것처럼 좋은 일은 없을 것입니다.

　이와 같이 네 가지의 의무와 같은 사항을 우리에게 주셨으니, 지금도 너무나 잘했고, 앞으로도 우리 민족이 더욱더 잘하여 하늘에 복을 받아 누리기를 소망합니다.

세 개의 기둥 위에 세워진 우리 민족의 교회를
네 개의 기둥으로 세워야 한다

"이 집은 살아계신 하나님의 교회요 진리의 기둥과 터니라(딤전 3:15)."라는 말씀 중에 진리의 기둥이라는 말씀에 주의해보겠습니다. 우리가 집을 지으려면 기본의 기둥이 네 게가 필요합니다. 기본 기둥을 세 개로 집을 지을 수 없듯이 진리의 기둥은 네 개가 필요하다고 성경이 우리에게 말씀하고 계십니다. 그렇다면 진리에도 네 개의 기둥이 필요하다는 것을 의미하는 것이며 바른 교회의 모양이 네 개의 기둥이 있어야 된다는 것을 뜻하는 말씀입니다.

4가지 의무를 기본으로 본다면(마6장) 그것은 진리의 기둥 네 개를 말씀하고 계시는 것이 분명합니다. 우리 민족이 구제(전도), 기도, 헌금은 너무나 잘합니다. 이 세 가지를 통하여 이 민족의 교회가 부흥되었고, 이 민족의 교회들이 세워졌고, 기도를 통하여 더욱 더 하나님의 나라가 이 땅에 널리 퍼져가고 있는 것이 사실입니다. 그런데 자세히 들여다보면 분명한 문제가 보입니다.

평생을 하나님을 섬기고 예수님을 섬긴 이민족의 나이 드신 목사님들, 장로님, 권사님들이 거의 병들었고 집안에 문제들을 안고 있으며, 물질 문제, 자녀와 건강 문제들도, 해결할 수 없는 많은 문제들을 안고 있어서 아무리 기도해도 안 되는 답보상태로 있는 분들이 너무나 많습니다. 과연 하나님이 살아 계시느냐, 아니면 우리가 하나님을 잘못 섬기는 것이냐 하는 문제와 생각들을 많은 분들이 갖고 있다는 것을 알게 되었고, 우리의 보이지 않은 영적인 속사정은 이렇게도 저렇게도 할 수 없는 상태로, 경제 또한 해결하기 어려운 막막한 상태로 넘어간 것이 사실입니다.

우리는 이 시점에서 무엇인가 대안을 찾아내야 하고 왜 이렇게 될 수밖에 없었는가를 알아봐야 합니다. 예수님은 사복음서에 분명히 귀신도 쫓아내고, 중풍병도 고치시고, 죽은 자도 살리시건만, 우리는 병나면 당연히 병원에 가고, 못 고칠 암에 걸리면 항암치료 받다가, 수술하다가 그대로 천국 가는 처지입니다. 고질병, 당뇨병, 중풍, 뇌졸중, 이름도 알지 못하는 병들이 왜 이리도 많은지, 우리 예수님은 어디 가시고 우리는 그냥 병원 신세만을 지면서 우리 육체를 학대하고, 아버지의 성전을 무너뜨리고 더럽혀가며, 살 수밖에 없는 것인지 생각해봐야 될 줄로 압니다.

저는 1998년부터 조금씩 금식을 하였습니다. 세상에서 30살부터 36살까지 교회에서 열심히 전도자로서 하나님을 섬겼고, 37~42살까지 세상에 나가서 사업하여 돈 벌어서 하나님을 섬긴다고 다녔습니다. 20~42살까지 약 15번 이상의 죽음을 경험했고(연탄가스 4번, 교통사고 2번 중 한번은 공중에 3일 있다가 왔음), 이러한 순탄

치 않은 삶을 살면서 몸이 거의 망가져 저혈당증, 저혈암, 심장, 폐, 위, 장, 교통사고로 다친 머리, 이곳에 쓰기도 어려운 머리부터 발끝까지 성한 데가 없는 그런 환자로서의 삶 속에서 제가 기도를 시작한 1998년에는 완전히 망해서 차비조차 없어 밖에는 나갈 수 없는 데까지 가게 되었습니다. 그 때부터 너무 힘들고 어려울 때마다 조금씩 한 금식이 어느 때인지 모르게 나에게 건강을 갖다 주었고, 2001년도부터 지금까지 약 4,000명이 가까운 사람들이 저의 금식 기도원에 오셔서 금식하실 때에 지켜봤더니, 아버지의 금식 하라는 명을 어기고, 이스라엘 백성처럼 주기적으로 금식하지(1년 네 차례 금식: 슥 8:19) 않은 것이 병의 근원이었다는 것을 알게 되었습니다. 안식중의 안식이 금식이었는데(레16:31) 우리는 잘 먹고 앉아있는 것이 쉼 인줄 알았던 것이지요.

그래서 우리가 잃어버린 것이 너무나 많다는 것을 알게 되었고, 지금 우리는 세 개의 기둥에 금식의 기둥을 더하여 4개의 진리의 기둥을 세워, 세모나지 않은 네모난 하나님의 집을 만들어야 된다는 것을 깨달았습니다. 우리 아버지 앞에 우리가 이처럼 헌신하고 봉사하였다면 영·육 간에 잘되는 것이 정상인데, 오래 섬긴 우리의 삶이 망가졌다면 거기엔 분명한 성경적인 이유가 있다는 것입니다. 이제 진리의 네 기둥을 바르게 세워 예수님의 나라가 이 땅에서 승리하도록 해야 되겠습니다.

네 기둥은 자동차의 네 바퀴와 같습니다. 자동차가 이제까지 세 개로 왔기 때문에 삼륜차의 역할을 하게 된 것입니다. 우리가 살아왔다면 여기까지 온 것이 참으로 기적입니다. 이제 자동차에 바퀴 하나를 끼워 네 바퀴로 만들고 자동차에 주유까지(성령충만, 마 25:4) 하여 달린다면 얼마나 빨리 갈 수 있을까요? 지금까지 60킬로로 갔다면, 이제 우리나라 고속도로의 법정 속도인 120킬로로 갈 수 있지 않을까요. 그것이 바로 금식의 바퀴를 끼우는 것입니다.

우리의 삶에 금식이 기본이요 필수 과목인데, 먹기만 하면 사는 줄 알고 먹기만 한 우리 민족이 이제는 너무나도 살 빼느라고 바쁘고, 그와 관련된 사업이 나날이 성장하고 있습니다. 너무 많이 먹어서 병들고, 너무 많이 먹어서 살 빼고, 너무 많이 먹어서 머리가 안 좋아지고 그래서 굶어서 살 빼는 단식원도 생겼다고 합니다. 단식과 금식을 혼동하시는 분들이 계시는데, 이 두 가지는 명백히 다릅니다.

단식을 하는 것이 아니고(물을 안 먹고 하는 것), 하나님께서 원하시는 금식을 하는 것입니다. 이제까지 먹기만 해서 우리가 이렇게 되었다면 성경으로 돌아가서 무엇인가 다시 생각해봐야 하지 않겠습니까? 나는 죽어도 못 굶는 다구요? 그러면 결국은 병들어 죽음을 봅니다. 죽지 않는다 해도 죽도록 고생합니다. 그 병원비 때문에 돈도 다 잃어버립니다. 그렇게 하기보다는 금식을 생각해보고 성경을 잘 살펴 금식하여 저처럼 영·육 간에 성경이 가져다 준 복을 받으시면 어떻겠습니까?

저는 1998년부터 2013년까지 약 15년 동안을 금식했습니다. 다달이 금식해서 4년 만에 저주를 끊고 그후 5년 동안 금식하여 아름다운 벧엘의 영적인 생수를 만드시는 데 도구로 사용해주셔서 지금은 우리 금식기도원이 생겨나게 되었습니다. 약 400일 이상의 금식을 받으셨습니다. 저주를 끊기 위해서만 했다면 약 5년이면 끝이 났겠지요. 사명 때문에 많은 금식을 받으셨습니다. 지금도 씻는 금식은 조금씩 계속 합니다. 그런데 그 금식 때문에 저는 온전한 건강을 얻었고 거기에 육적인 모든 문제가 해결되어 "너희가 우상숭배하면 3~4대의 벌을 내리리라(출20:1~4)."하셨던 그 벌에서 벗어나게 되었습니다. 그 저주에서 벗어나는 것이 이렇게 행복하다는 것을, 우리 아버지와 이렇게 교제하며 사랑을 나누며 살 수 있는데 우리가 이 저주 때문에 할 수 없다는 것을 깨닫고 이렇게 글로써 여러분에게 알려드리고자 하는 간절한 마음으로 열심히 쓰고 있습니다.

사랑하는 자녀들이 진정으로 웃음을 찾게 되었고, 거역하고 미워하던 우리가정의 삶에 웃음이 항상 가득하고 서로 배려하고 사랑하는 아름다운 가정이 되었고, 앞길이 열려 아름다운 사람들과 사랑스럽게 살아가는 아이들의 모습, 장성하여 이제 자신들의 예쁘고, 잘생기고, 아버지께서 원하시는 사람과 중매하여 맺어주신 짝들을 찾아서 행복해하는 아이들을 보면서 누리는 기쁨은 저 혼자만 간직한다면 어찌 아버지께서 기뻐하시겠는지요. 사랑하여 무엇이든지 주고 싶으나 받을 수 없는, 자신의 의는 이룰 줄 아나 아버지의 의는 뭔지 잘 모리고 움직이고 있는 우리 민족(롬10:1)을 향한 뜨거운 우리 아버지의 간절한 소원과 함께, 잘 할 줄도 모르는 글을 쓰는 일에 도구로 사용 받는라고 땀을 뻘뻘 흘리고 있답니다.

금식을 자세히 알기 위해서는 이사야서 58장을 보자

이사야 58장에는 예수님의 금식과 성경 전체의 금식에 대해서, 왜 해야 하며, 무엇 때문에 해야 하는지를 자세하게 설명해주고 있는데 자세히 들여다보면 아주 재미있는 것들이 많습니다(참고 P.52).

그 열쇠는 이사야 58장 6절에 있습니다. 기뻐하는 금식은 흉악의 결박을 풀어주며 기뻐하는 금식이 있습니다.

기뻐하는 금식이 있다면, 기뻐하지 않은 금식이 있다는 것이지요. 금식의 방이 이사야 58장에 있습니다. 금식을 통하여 아주 많은 것들을 얻을 수 있습니다. 그런데 기뻐하는 금식을 통해야만 문이 열리는 것입니다. 그러면 기뻐하는 금식이 무엇인지 알아볼까요?

1) 기뻐하는 금식에는 먼저 하지 말아야 할 일이 있습니다(사 58:3).
① 오락을 하지 말라.
② 일을 하지 말라(일을 시키지 말라, 레16:31).
    일을 시킨다고 표현이 된 것은 이사야43장 1절에 너는 내 것이라 하셨고, 너는 내 것이기 때문에 내 것한테 일을 시키지 말

라는 말씀이십니다. 이는 너희에게 안식 중의 안식일인즉 너
희는 스스로 괴롭게 할지니 영원히 지킬 규례라(레16:31) 아예
일해서는 안 되는 말씀입니다. 평생에 일만하고 살았는데 금
식하면서까지 일을 하면 되겠습니까? 그것은 기뻐하는 금식으
로 받아주지 않는다는 말씀입니다. 아끼고 사랑하는 아버지의
마음이 담뿍 담겨 있지요.

2) 기뻐하는 금식에는 해야 할 두 가지가 있습니다(사58:4).

(1) 회개하라

보라 너희가 금식하면서 다투며 싸우며(렘2:9) 너희가 회개하지
않으므로 하나님과 싸운다고 하셨습니다. 우리의 삶을 회개합니다.
말씀대로 살지 못한 것, 영·육 간에 두 부모에게 순종하지 못했던
것, 우리는 영육의 부모를 통하여 복을 받았습니다. 아브라함이 자
녀들에게 복을 빈대로(창49:1) 그들에게 이루어졌듯이 말입니다.

영의 부모, 여러분이 섬기는 목사님이십니다. 그러나 그것은 주
안에서 이루어져야 합니다(엡6:1). 응답으로 본다면 부모님이나 목
사님의 말씀보다 아버지의 말씀이 언제나 먼저입니다. 언제나 사랑
하며 순종하며 살아야합니다. 말씀을 가르치는 자와 가르침을 받는
자는 모든 좋은 것을 함께 하라 하셨으니(갈6:6) 서로 사랑하며 사
는 것이 기본입니다.

교회를 세우시고 양 무리를 보내시며 목자가 되시어 친히 치리하
셔야 하는데 그분은 하늘에 계시며, 우리를 그의 피로 값 주고 사

셔서 하나님 아버지께 드리고 그리스도께서 성령의 이름으로 우리 안에 계셔서 우리 몸을 빌려 자신의 일을 하시기 때문에, "너는 내 것이다(사43:1)." 하시고, 주의 종을 사랑하시고 종으로서 아들로서(잠17:2) 사용하십니다. 교회의 강대상 뒤에는 하늘 문이 열려 있습니다.

하늘 문이 열려지지 않은 교회라면 성도들을 못 보내시겠지요. 주의 종이라면 금식하고 기도하여 교회를 깨끗하고 정결하게 하고 자신의 몸을 거룩하게 씻고 닦아 아버지 앞에 드리면 천국의 문은 자동으로 열려집니다. 자신의 사랑하시는 자들에게 복을 주시려고 교회도 주의 종도 두셨으니까요. 저의 교회의 천국 문은 그렇게 열렸습니다. 예수님을 나의 주인으로 모시고 그분이 한시는 대로 성경을 보고 따라했더니, 천국의 문이 아름답게 열려 사람으로서는 할 수 없는 일들을 우리 아버지께서 하시고(마19:26), 기뻐하시며, 예수님께서 춤추시는 일들이 벌어지는 것입니다.

(2) 용서하라

다투며 악한 주먹으로 친다.

우리가 아무리 악해도 하나님을 칠 순 없습니다. 우리가 형제끼리 싸우고 다투며 서로 물고 먹으며(갈5:15) 용서하지 못하는 것을 그렇게 말씀하십니다. 미워하는 것은 살인이라고(요일3:15), 그런데 우리 민족은 너무나 쉽게 미워하고 싸우고 얽혀서 귀신들을 움직이게 하고 있습니다. "네가 먼저 용서해라 그러면 내가 용서해 줄게"(마6:13~15), "네가 먼저 풀어라 하늘에서 풀어줄게(마18:18)"라고 말씀하십니다.

용서한다는 것은 미워하는 그 사람을 위하는 것이 아니고 나를 위한 것입니다. 그가 잘못한 것이 아니고 내가 잘못한 것입니다. 잘못한 일이 없는데 그 사람이 내 마음에 들지 않게 하겠어요. 용서하세요(마5:21~26).

(3) 기뻐하는 금식의 기본은 회개와 용서입니다.

우리가 회개할 일이 생기고 용서할 일을 만들어 싸우고 치면 그것은 악한 주먹이 되는 것이요, 그때에 사단, 마귀, 귀신이 들어옵니다. 아버지께서 말씀하신대로 살면 복을 받으나 그렇지 못하면 너희가 벌을 받고 저주를 받는데 이와 같이 받을 것이라고 경고합니다(레26:14~42, 렘15:1~3, 신28:15~).

말씀을 잘 따르고 순종하면, 네 하나님 여호와께서 네 열조 아브라함과 이삭과 야곱을 향하여 네게 주리라 맹세하신 땅으로 너로 들어가게 하시고, 네가 건축하지 아니한 크고 아름다운 집을 얻게 하시며, 네가 파지 아니한 우물을 얻게 하시며, 네가 심지 아니한 포도원과 감람나무를 얻게 하사 너로 배불리 먹게 하실 때에(신6:10~11), 불순종하여 다른 신들을 섬기면 너희 중에 계신 너희 하나님 여호와는 질투하시는 하나님이신즉 너희 하나님 여호와께서 네게 진노하사 너를 지면에서 멸절시키실까 두려워하라(신7:9), 계명을 지키는 자에게 천대까지 복을 주시나 그를 미워하는 자에게는 당장에 보응하여 멸절하시나니 여호와는 자신을 미워하는 자에게 지체하지 아니하시고 당장에 그에게 보응하시느니라(신7:10).

가난, 자녀가 안된, 질병, 죽음, 자녀를 잡아먹는 것까지(레26:14~42), 이렇게 아버지의 말씀에 순종과 불순종의 복이 성경에 나와 있습니다. 불순종에 대한 벌을 대행하는 대행자가 있는데 바로 사단, 마귀, 귀신입니다.

(4) 기뻐하는 금식에 해당되면?

이렇게 해아 되는 두 가지, 하지 말아야 할 두 가지를 잘 지키면 기뻐하는 금식에 해당이 됩니다. 그러면 금식의 방 열쇠가 열립니다. 들어가 볼까요?

기뻐하는 금식은 흉악의 결박을 풀어주는데(사58:6)고 흉악의 결박이 무엇있을까요? 흉악한 자의 결박이라는 뜻인데 흉악한 자는 성경이 말하는 사단, 마귀, 귀신, 간교한 자, 교만한 자(창3:1, 욥1:9)를 말씀하고 계십니다. 그렇다면 이러한 영이 왜 우리에게 결박을 지었을까요? 결박이라 하면 칭칭 동여매여 묶여다는 것인데, 죄인이 경찰이나 검찰에 끌려갈 때에 모습을 생각하시면 됩니다.

아버지께서 기뻐하는 금식이 성경에 있고, 그것을 통하여 흉악의 결박이 있다면, 지금 우리는 악한 자에 의해 결박당한 채 살고 있다는 것과 맥락이 같은 뜻이라는 생각이 들지 않습니까? 성경에 많은 금식이 있는데 다윗(시69:10~11)도, 요엘 선지자도, 요나서에서도, 다니엘 9장에서도 예수님도(마4:1~11), 모세도(신9:18, 109:189:9,

출24:18), 금식을 빼놓을 수 없는 것이 성경인데, 어차피 우리가 마음에 안 드는 성경을 빼 놓을 수 없다면 자세히 알아서 알지 못한 성경의 길을 열고 우리에게 내리시고자 하시는 하늘의 복을 받아야 될 줄로 압니다.

왜 우리에게 결박이 왔는가 하는 것은 하나님께서 이스라엘 백성들이 가서 차지할 땅으로 인도하여 들이실 때에 그리심 산에서 축복을 선포하고 에발 산에서 저주를 선포했듯이(신11:29)밤과 어둠을(창1:4) 지으셨듯이, 우리 행위로 말미암아 복도 받고 저주도 받을 것이라고(출20:1~17) 십계명과 율법을 만드셨다면, 거기에 분명히 성경의 무슨 장치가 있을 것에 대하여 예고하고 계시는 것이지요. "자유하는 율법을 들여다보는 자 그 행하는 대로 복을 받으리라(약1:25)" 하셨고, 구약에서도 성령 시대인 신약에서도 성령님께서 꿈과 환상으로 길을 보이시고(행2:17), 생각나게 하심과(요14:26), 감동으로(눅2:27) 삶에서 우리를 인도하셔도 그것을 행하지 않으면 복 받을 수 없다고 말씀하십니다. 성경에는 순종이 구원(히5:9)이라 하셨고 하나님께 순복하고 마귀를 대적하라 그리하면 너희를 피하리라(약4:7)고 하셨으며, 그렇다면 복 받지 못할 일을 하는 자 말씀대로 살지 못하고 순종하지 못하는 자를 성경이 어떻게 할 것이라고 분명히 명시해 놓았을 것입니다. 너희가 불순종하여 나의 명령을 어기면 죽이는 칼(죽음), 찢는 개(자녀), 삼켜 멸하는 공중의 새(가난), 땅의 짐승(병), 율법의 불순종에 대한 징계가 나와 있습니다(렘15:3).

첫째, 레위기 26:14~20, 병과 가난을

둘째, 레위기 26:21~22, 자녀의 재앙, 가난

셋째, 레위기 26:23~26, 죽음, 병, 가난

넷째, 레위기 26:27~33, 자식을 죽여 먹음(신28:57, 왕하7:19),

믿음, 신앙을 갖지 못하게 하고, 기도를 받지 않을 것이며, 교회도 황량하게 할 것이라고, 목자를 치면 양이 흩어지리라는 말씀처럼(슥13:7), 사람들을 가정에서 교회에서 민족에서 흩으시고, 가난하게 하신다고 말씀하시며

다섯째, 백성 흩어 악하게 하신다고 되어 있습니다(레26:39). 이렇게 하나님의 말씀에 불순종하는 자들에게 벌이 준비되어 있고 그렇게 결정이 되었다면 회개하는 자에게는 무슨 용서의 법칙이 있어야 되는 것이 아니겠느냐 하는 것입니다.

기뻐하는 금식을 하면 이러한 일들이 풀려서 잘된다는 것을 볼 수 있습니다(사58:1~13).

푼다는 의미는 많이 감겨 있는 실타래를 연상하게 됩니다. 그것은 우리 민족의 조상들의 우상숭배의 죄로부터 오는 저주 3~4대입니다(출20:2). 창15장 16절을 근거하면, 그것은 3~4백 년입니다. 삼사백 년을 갚아야 갚을 수 있는 빚을 지고 있는 것입니다. 그러한 벌이 내려오고 있는 것을 실타래로 표현을 한다면 과연 얼마나 많이 감겨 있을까요. 그러나 아무리 많이 감겨 있다 할지라도 그것은 결국 풀어낼 수 있다는 것을 뜻하기도 합니다.

실타래처럼 감고 있는 것이 흉악의 결박자, 사단, 마귀, 귀신이라

면 우리의 마음의 성전에, 우리의 삶에 얼마나 많은 결박을 쳐놨겠습니까? 빚을 많이 지면 질수록 많이 쳤겠지요. 죄를 많이 지면 질수록 많이 쳐졌다는 것입니다.

"만일 우리가 우리 죄를 자백하면……(요일1:9)" 우리가 불순종, 곧 하나님 말씀을 듣지 않은 죄를 회개, 곧 자백하라고 하셨는데, 자백하면 그는 미쁘시고 의로우사 우리 죄를 사하시며 모든 불의에서 우리를 깨끗게 하실 것이요. 기뻐하는 금식이 회개와 용서입니다. 회개는 입으로만 하는 것이 아니라 금식을 하므로 온전해지는 것을 봅니다. 회개할 일이 생길 때마다 우리의 마음 성전에 들어오는 귀신은 더러운 영입니다. 이러한 더러운 영을 회개하여 내보낼 때는 금식과 더불어 해야 성전(몸)을 다시 깨끗하게 할 수 있습니다. 사단, 마귀, 귀신은 우리가 불순종할 때에 우리를 치리하는 대행자입니다. 우리를 사랑하게 하고 오래 참게 하고 성령의 열매를 맺게 하시는 분이 성령님이시듯이(갈5:22), 불순종으로 가난과 병과, 자녀의 고통과, 죽음의 아픔을 갖다주고, 육신의 일을 하게 하고(갈5:19~21), 더러움에 내어버려두사, 버려두실 때에(롬1:24) 바로 사단 마귀 귀신이 이 일을 대행하여 우리에게 벌을 주는 경찰과 같은 존재입니다.

7절은 주린 자에게 네 식물을 나누어 주며, 육적으로 잘되게 해줄게, 레위기 26장의 가난이 풀리지요(레26:14~33).

8절의 급속한 치료는 병이 풀리지요.

9절 그동안 기도했던 것을 이루어 주십니다. 멍에와 손가락질과 허망한 말을 제하여 버리고 고치면(참고 「옛 구습을 버리고 새 사람으로 입으라」)

10절에는 나약하고 병들고 가난하고 심정이 괴로운 자들을 돌봐주면 그동안 그렇게 했던 일들이 열매가 맺어지지요.

11절은 뼈도 견고하게 해주고 영혼이 잘되어 물이 끊어지지 않는 샘(물질) 성령을 주신다고 하시고요.

12절은 자녀의 죽음과 고통이 풀어져 3~4대 저주에서 천대까지의 복으로 바뀌어 자녀들을 지도자 삼아 주시고 금식을 시작한 나를 부요하게 되어 길을 만들어주는 복된 자가 되어 우리의 불순종으로부터 오는 레26:14~42, 렘15:3의 저주가 풀어지는 것을 볼 수가 있습니다.

빨강　노랑

초록

삼위일체의 하나님

· 빨강 : 생명의 근원자 여호와 하나님(출3:14~15)
· 노랑 : 예수그리스도 그 이름은 기묘자라 모사라 전능하신 하나님이라
　　　　영존하시는 아버지라 평강의 왕이라(사9:6).
· 초록 : 성령님, 참된자 곧 그의 아들 예수 그리스도 안에 있는 것이니
　　　　그는 참 하나님이시요 영생이시라(요일5:20).
· 원 : 우리의 삶을 완전으로 이끄시는 분은 삼위일체 하나님이십니다
　　　(마5:17).

사탄, 마귀, 귀신

기뻐하는 금식이 흉악의 결박을 풀어 줍니다(사58:6). 그렇다면 흉악의 결박
자인 사탄, 마귀, 귀신은 어떤 영적 존재일까요? 하늘에 있는 것이나 땅에 있는
것이나 다 그리스도 안에서 통일되게 하려 하심이라(엡1:10)는 사도 바울께서
하신 말씀을 보면 땅의 모형은 하늘의 모형과 같다는 것이지요.

흉악의 결박자 (참고:P.52 하나님의 치리법)

기뻐하는 금식이 흉악의 결박을 풀어 줍니다(사58:6). 그렇다면 흉악의 결박자인 사탄, 마귀, 귀신은 어떤 영적 존재일까요? 하늘에 있는 것이나 땅에 있는 것이나 다 그리스도 안에서 통일되게 하려 하심이라(엡1:10)는 사도 바울께서 하신 말씀을 보면 땅의 모형은 하늘의 모형과 같다는 것이지요.

대한민국이라는 나라를 세우기 위해서는 대통령, 국무총리, 국회의원, 경찰청 신하 파출소 소장, 경찰관, 나리를 지키는 군인이 있고 위급할 때에 전쟁을 치르는 군인이 있다면? 하늘나라에서 이 땅에 하늘의 백성을 주시고 땅에 사는 하늘 백성에게 성경을 주셔서 하늘나라의 법을 가르치고 있는데, 우리가 이 땅과 통일되게 한다는 것은 하늘의 모형은 이 땅에 있다는 것입니다. 자식이 있으므로 하늘 아버지의 마음을, 남편이 있으므로 남편 되신 예수님의 마음을, 친구가 되어서 친구 되신 예수님의 마음을, 형제가 있으므로 형님 되신 예수님의 마음을, 어머니가 되어서 성령님(어머니의 역할)의 마음을 알 수 있듯이 말입니다.

흉악의 결박자 사단, 마귀, 귀신은 백성들을 치리할 때에 경찰과 같이, 전쟁 군인과 같이 쓰임 받고 있는 영입니다(호10:10, 잠 24:34). 간교한 뱀이 나오고(창3:1), 하나님과 사단과의 대화(욥 1:6~12) 내용입니다. 지금 우리 시대라면 "예수님 이름으로 가라" 해야 하는 사단을 아버지는 그에게 묻고 대답을 거듭하시고 땅에 두루 돌아 여기저기 다녀 심부름하게 하고 온 것 같은 느낌이 들지 않습니까?

거기에 욥에 대한 질문과 대답 뒤에 소유물을 치소서. 소유물을 다 네 손에 부치노라(욥11~12장), "사람이 시험 받을 때에 하나님께서 시험 받는다고 하지 말라 하나님은 악에게 시험 받지 않으시고 친히 아무도 시험하지 않으신다(약1:13~15)." 실제로 우리는 시험을 받지요.

"사람이 감당 할 시험밖에는 너희에게 당한 것이 없나니 오직 하나님은 미쁘사 너희가 감당치 못할 시험 당함을 허락지 아니하시고 시험당할 즈음에 또한 피할 길을 내사 너희로 능히 감당하게 하시느니라(고전10:13)." 스바 사람이 와서 소와 종을 죽이고, 하나님의 불이 하늘에서 내려와 양과 종을, 갈대아 사람이 갑자기 약대와 종, 거친 들에서 대풍이 와서 맏형과 그에 자녀들이…… 욥이 결코 범죄 하지 않았지만(욥1:13~19), 하나님께서 사단의 손에 부치고 나서 갑자기 이런 일이 벌어졌고, 하나님의 불이 하늘에서 내려왔다고(욥1:16) 사단에게 주신 힘이 있고 그것을 이용해서 사단은 하나님의 심부름을 하고 있다고 생각이 들진 않으십니까? 이 세상에 하나님을 능가할 신이 없습니다.

이 땅 전체를 창조하신 하나님이 하와의 사건 때 뱀을 저주하시고 (창3:14~15), 무저갱에 가두시는 그 시간까지(계20:2~3) 여자의 후손과 원수가 되게 하시겠다고 하시고 이렇게 저주 내리실 때에 이 뱀(귀신, 사탄, 마귀)을 사용하고 계시는 것이지요.

① 결박을 치고 (사58:6, 레26장, 렘15:3)

② 시험하고 (약1:13~15)

③ 참소하는 (욥1:6~12, 계12:10) 일을 대행하여

불순종자가 복을 못 받게 하고 결박을 칩니다. 불순종 했다면 이와 같은 일을 만들어 회개시켜 주시구요(병, 가난, 고통, 자녀 문제, 죽음). 또 열심히 일하고 애쓰는 자, 이제 초등학교에서 중학교로 고등학교, 대학교, 고시생 올려 보내실 때에 시험보고 올려 보낼 것인지 아니면 그 속에서 더 공부를 가르칠 것인지를 시험해보고 돌려보냅니다.

세상에서도 그리하듯이 아버지도 시험을 쳐서 합격해야 장성한 자로 인정(히5:13~14, 엡4:15)하고 돈도 주고, 사람들에게 인정받게 해주어 귀한 사람 만들어주고(요12:26) 영육 간에 가나안에 들어갈 수 있는가 알아보시기 위해 시험해 보십니다. 그때에 사용 받는 대행자가 귀신입니다. 우리가 죄를 졌을 때에 죄를 졌다고 알려주는 신호자입니다. 죄를 졌는데 그걸 몰라 회개가 이루어지지 않는다면, 회개치 않는 죄에 걸려(마11:20~24) 나의 삶이 소돔과 고모라보다 더 견디기 어렵다고 하시는데 우리에게 이렇게 하길 원치 않으십니다.

"회개하라 천국이 가까이 왔느니라(마3:2)"

천국이란?

첫째, 하늘 천국, 죽어서 가는 곳

둘째, 삶 천국, 잘되는 것

그래서 사단이 와서 죄졌다고 알려주는 것이 곧 어려움이 생기는 것입니다. 이것은 우리를 회개시켜 좋은 것을 주고자 하시는 하나님의 사랑이십니다. 합력하여 선을 이루어 주시는 것이지요.(롬8:28) 우리가 평안하다 안전하다 할 때에 홀연히 덫과 같이 우리에게(전9:12) 오는 시험이 있는데 욥도 그런 경우가 아닐까요. 욥의 고백에서(욥3:25) 나의 두려워하는 그것 내가 무서워하는 그것이 내 몸에 미쳤다고 하는데 자신의 부요한 삶에서 왜 이러한 생각이 들었을까요. 그러한 삶의 불안한 생각과 자신의 삶의 방임 때문에 사단으로부터 참소당한 것은 아닐까요?

각 사람이 시험받는 것은 자기의 욕심 때문에 사단으로부터 참소당하고 시험당한다고 하셨습니다(약1:14~15).

그렇다면 우리와 우리 민족에게는 왜 이렇게 결박이 많을까요?

젊어서 죽은 것은 저주 아래 죽은 것임을(렘26장) 볼 수 있습니다. 그것뿐인가요. '각종 질병, 정신병, 가난, 고통 등 병원마다 가득 가득한 환자, 고칠 수 없는 자식들의 정신 문제, 건강 문제, 믿지 않은 사람들이라면 환경 때문에, 서울의 공기 때문에, 나라의 공해 때문에, 시멘트로 된 아파트에 살아서'라는 별별 핑계가 다 있겠지만, 엄연하게 몇 십 년씩 하나님을 섬기는 목사님, 장로님, 권사님들의 가정 속에 숨기고 싶고 드러내고 싶지 않은 자신과 자녀의 건강 문제, 가난, 죽음, 질병, 등이 너무나 많고 자살 또한 생각해 봐야지요.

귀신들이 하는 일입니다. 어느 가정이나 한두 가지씩은 가지고 있는 이 현실, 예수님을 믿으면 잘 된다는데 잘 되기는커녕 너무나 비참하게 망가져가는 많은 사람들을 보면서 이것은 무엇인가 생각을 다시 해보고 성경을 다시 봐야 하는 시점이 되었다고 생각이 됩니다. 하나님이 살아 계시는데도 기도를 해도 해도 안 들어 주시고 봉사를 해도 해도 안 고쳐 주시고 답보상태로 가버린 우리의 현실 그것은

첫째, 조상들의 우상 숭배한 죄 값입니다(출20:1~5).

"너는 나 외에 다른 신들을 네게 있게 말지니라. 너를 위하여 새긴 우상을 만들지 말고 또 위로 하늘에 있는 것이나 아래로 땅에 있는 것이나 땅 아래 물속에 있는 것이나 아무 형상이든 만들지 말며 그것들에게 절하지 말며 그것들을 섬기지 말라 나 여호와 너의 하나님은 질투하는 하나님인즉 나를 미워하는 자의 죄를 갚되 아버지로부터 아들에게로 3~4대까지 이르게 하거니와 우상숭배하면 3~4대 저주를 내리겠다(출20:2~5)."고 하셨습니다.

3~4대는 창세기 15장 16절을 근거 3~4백년을 말씀하고 계십니다. 우리 예수님께서 이 민족에 오신 지가 128년쯤 넘었습니다(1885년). 그렇다면 자동적으로 저주가 풀리려면 아직도 멀었지요. 예수님께서 나무에 달려 저주 받으신바 되시므로 율법의 저주에서 우리를 속량하셨습니다(갈3:13). 진정으로 우리의 자범 죄까지 다 속량

해 주셨다면 우리에게 안 되는 일, (병 걸리고 고통스럽고 젊어서 죽는 죽음)도 넘어갔어야 합니다. 그러나 우리의 현실은 전혀 다르고 우리의 영혼의 속사정도 전혀 다릅니다. 그래서 속량하신 저주를 두 가지로 볼 수 있습니다.

◎ 저주속량문제(갈3:13) : 저주의 두 가지

원죄	아담으로부터 내려오는 죄(창3:1~) 예수 믿으면 풀려서 천국 간다.
자범죄(육신의 삶)	① 조상들의 우상 숭배한 죄(출20:1~, 렘5:7, 단 9:1~17) ② 자신의 불순종의 죄(요일1:9, 삼상15:22~23)
회개방법	기뻐하는 금식으로 흉악의 결박을 푼다(사58:6).

예수께서 우리를 위하여 저주를 받은바 되사 율법의 저주에서 우리를 속량하셨으니(갈3:13).

이는 그리스도 예수 안에 있는 생명의 성령의 법이 죄와 사망의 법에서 너를 해방하였음이라(롬8:2).

십자가에 달리신 그 사건이 율법의 저주를 속량하신 것은 예수님이 3일 만에 살아나심으로 인성과 신성을 동시에 가지게 되셨고 신성, 그리스도이신 성령께서 우리 안에 오심으로 율법(말씀)을 어머니와 같이 자상하게 가르쳐 주셔서(꿈 · 환상) 죄 지으면 사망(영, 육)하는 법에서 우리를 해방시켜 주신 것이다. 가르쳐 주셔서 자유하게 하신 것입니다.(약1:25) 율법에서 자유할 수 없었는데 잘못된 것들을 일일이 가르쳐 주시기 때문에 자유롭게 살아도 된다는 것입니다.

기뻐하는 금식은 흉악의 결박을 풀어주며(사58:6), 분명히 풀어야 한다는 것을 말씀하고 계십니다. 우리 민족이 병과 어려움과 귀신들이 많아 암과 같은 치명적인 병이 많은 이유를 보면, "너희가 두 가지 죄에 걸리면 내가 열방의 백성를 데려다가 전쟁을 일으킨다고(호10:10)" 하셨는데 우리 모두는 죄를 짓지 않고 살 수 없습니다.

알고도 짓고 모르고 짓고 아무리 잘하려 해도 자연히 죄가 나의 문 앞에 엎드려 있습니다. 우리 민족은 조상들의 우상숭배 때문에 바닥에 깔려 있는 죄의 저주가 있어, 조그만 죄를 지어도 그냥 두 가지의 죄에 걸려서 이와 같이 치명적인 병과, 가정의 깨짐과 아픔을 겪을 수밖에 없는 고통을 가지고 있습니다. 가장 어려운 것은 사명 감당치 못한 불순종에 걸리면 치명적인 어려움이 오고 가정에 전쟁이 일어나는 것과 같은 아픔을 맛보게 되는 것을 볼 수가 있습니다. 아버지의 택함(롬1:1)을 거절한 것도 가장 무서운 불순종이기 때문에 아주 무서운 징계를 받습니다. 이것은 제가 당한 일입니다. 그리고 많은 분이 자신이 아버지께서 주신 사명(목사되는 것)을 힘들다고 못한다고 하며 자신의 삶을 잃어버리고 고통 속에서 헤메이고 있습니다. 우리나라에 왜 이렇게 사명자가 많냐구요?

저도 답답해서 여쭈어 보았어요. "내 맘이야, 너희에게 복 주려고 그러는데 왜그래"라고 하셨어요. 할 말 없지요. 하나님 이길 장사 있으신가요.

그래서 우리는 금식을 통하여 조상들의 우상숭배의 죄 값을 거두어 주어야 하는 민족입니다.

그러면 우리 아버지와 가려졌던 어둠이 사라지고 성령님께서 일을 잘하셔서 아주 기적과 같은 일들이 많이 생기고 기적이 더 이상 기적이 아닌 삶을 살게 되는 것입니다.

우리 조상들이 했던 우상숭배 "하나님을 알만한 것"을 우리에게 주셨건만(롬1:19) 신을 섬기고자 하는 마음이 있지만 하나님을 알지 못하는 우리 민족은 누군가 우리를 돕지 않으며 살 수 없다는 것은 자연히 알아지는 우리 영혼의 갈망이지요. 영혼 갈증의 육체적인 표현이 우상숭배로 나타나 제사지내고, 산을 보고 물을 보며 돌을 보고 달을 보며 피조의 세계에 조금 모양이 다르게 생기거나 이상하게 생겼으면 그것에 빌고 그곳에 제시하여 말씀처럼 하나님의 영광을 썩어질 사람과 버러지 형상의 우상으로 바꾸고, 거기 절하고 제시함으로 해서 우리 자손들에게 저주가 계속 내려가고 있는 것입니다(롬1:23~25).

지금 이 사실에 대해서는 그 누구도 큰 교회를 이루든 거기에 못 미치는 목사님이라도 부인할 수 없을 것입니다. 우리 성도들의 모습을 보면 문제가 풀어지는 것이 아니라 문제를 안고 예배드리고 그냥 아픈 것을 잠시나마 마취했다가 현실로 돌아와 마취가 풀리면 다시 아파하고 또 예배드리면 마쳐된 것처럼 느끼고 다시 현실로 돌아가는 답보의 연속 때문에 결국은 전도할 수 없고 전도해도 데려다 줄 교회가 없다고 한탄하는 사람의 숫자가 늘어가고 있으니 결국은 부흥이 이 교회에서 저 교회로 몰려다니고 이 교회가 좋은데 이 목사님한테 가면 복 받는다면서 하나님은 우리 마음에 계시는데, 우리는 하나님을 두드리며 찾아다니는 형식을 취할 수밖에 없게 되어 부흥이 거꾸로 가게 되었습니다.

그 이유가 바로 조상들로부터 내려오는 우상숭배의 벌이 우리에게 있기 때문입니다.

미국이라는 나라를 볼까요? 우리가 나쁘다고 해도 우리는 그 나라에 말하는 것이 먹히던가요? 세계의 경찰 나라가 되어 전쟁도 많이 해 왔지만, 그들의 손으로 구제도 얼마나 많이 하며, 선교도 그들이 얼마나 했던가요? 그 덕을 우리가 보지 않았던가요? 평양의 대동강에서 순교한 토마스 선교사를 기억하시나요?(1884년) 그 후에도 많은 선교사들이 오셨습니다.

얼마나 많은 덕을 보고 우리가 살아왔습니까? 그분들이 아니었다면 누가 우리에게 복음을 전했겠습니까? 생명을 내어놓고 우리 민족이 지금은 그렇게 하고 있으니 얼마나 아버지께서 기뻐하시겠습니까?

우리의 입장에서 싫다고 하지만 하나님의 입장에서 생각해 보셨습니까? 우리 조상들은 우상 숭배하여 육신의 일을 생각했지만, 미국의 조상들은 하나님을 바르게 섬기기 위하여 영국에서 메이플라

워호를 타고 아메리카로 출발한 청교도 102명이 그 불모지에 도착하여 제일 먼저 교회 짓고, 학교 짓고, 그리고 자기 집을 지었습니다. 그 일 때문에 많은 사람이 희생되고 26명밖에 남지 않았는데, 지금 그의 후손들은 어떤가요? 책을 봐도 영적인 책을 내고, 전 세계의 경찰국가로서 큰소리치고 살고 있는 것이 어디 자기들만의 복이던가요. 조상들의 하나님 섬긴 덕 때문에 아닌가요? 우리 민족은 그의 반대의 일을 당하고 있는 것입니다. 그렇다면 우리도 후손들에게 그와 같은 복을 끼치려면 금식하고 기도하여 3~4대를 내려가고 있는 저주를 거두어 주어야 사랑하는 우리의 후손들이 세계에서 큰소리치며 능력 있게 살 수 있는 길이 열리고 나라가 복을 받고 인재들이 배출됩니다. "네게서 날 자들이 황폐된 곳들을 다시 새울 것이며(사58:12)", 능력 있는 지도자를 배출해 주시겠다고 하십니다.

둘째, 자신의 불순종한 죄 값입니다.

"이는 거역하는 것은 사술의 죄와 같고 완고한 것은 사신 우상에 절하는 죄와 같음이라 왕이 여호와의 말씀을 버렸으므로 여호와께서도 왕을 벌려 왕이 되지 못하게 하셨나이다(삼상15:22~23)."

뱀의 간교한(창3:1) 술책에 빠져 하나님의 말씀을 거역했던 하와, 그것은 인류의 거역을 의미했습니다. 우리가 아버지의 말씀을 알아듣지 못하고 아버지의 뜻을 따르지 못하는 것은 알든 알지 못하든 간에 거역 죄에 해당하며, 사술 죄를 짓고, 아버지 원하시는 일 안하고 자신의 완고함대로 고집 부리면 사신 우상에게 절하는 죄를 짓는다 하시며 우리가 아버지의 말씀을 듣지 못하는 불순종은 우상숭배의 두 배의 죄를 짓고 있는 것을 볼 수 있습니다.

우리가 하나님 아버지와 대화하여 순종하여 구원받는 것은 복 받는 길이지만 대화가 통하지 못하여 불순종한 우리의 모습은 생각만 해도 마음이 아픕니다. 가난과 질병, 자녀가 버림을 당하고 죽음이 기다리고, 나라가 망하여 민족과 가정들이 흩어질 수밖에 없는 무서운 삶 속으로 빠져 들어갈 수밖에 없는 것이 성경이었습니다.

아버지께서는 우리를 얼마나 사랑하시는지 자신의 아들을 아낌없이 십자가에 달으시고 우리를 구하셨는데 무엇을 아끼시겠습니까? 아낌없이 은사와 함께 좋은 것을 너희에게 주시지 않겠느냐고 하시는데(롬8:32), 우리의 고통의 부르짖음 "아버지! 가난해요. 돈 주세요. 아버지! 아파요. 고쳐주세요. 아버지! 자식들이 어려움을 당했어요. 우리 아이가 이상해요." 등과 여러 가지 호소를 해도 고쳐줄 수 없고 기도를 들을 수 없는 것은 이와 같은 조상들의 우상숭배의 죄가 가리워져 있고, 우리가 하나님과 대화하지 못하므로 자동적으로 불순종을 저지르며 거역하는 것이 내 마음대로 살고 내 마음대로 하는 것이 죄가 되어 아무리 손짓 발짓하고 광적으로 기도해도 아버지가 만들어 놓은 성경을 아버지가 폐할 수 없는 것입니다.

다니엘이 사자굴 속에 들어갈 때에(단6:20) 다리오 왕이 자신의 금령을 세우고 어인을 찍었지만(단6:8) 그 법을 폐하지 못하고 밤을 새워 기악을 그치고 금식하고 기도했듯이 아버지께서도 자신이 만든 성경의 법칙을 폐하지 못하시고 자신의 아들을 죽여 그 율법의 요구를 이루어 구원하셨듯이(롬8:3~4) 우리 조상들의 우상 숭배한 죄와 우리들의 불순종의 죄를 회개하지 않으면 도와줄 수 없다는 것이 성경입니다. 내 손이 짧아 못 돕는 것이 아니고 너와 나 사이에 죄가 가려져(사59:2) 도와 줄 수 없다고 하셨습니다.

만약에 금식으로 풀어내는 수단이 없다면 이렇게 3~4대로 내리고 있는 저주는 과연 어떻게 풀며, 우리의 회개는 그냥 말로만 하면 되는 것일까? 분을 품되 해가 지도록 품지 말고(엡4:26)우리의 회개는 하루하루에 끝이 나야 하고 그렇지 못하고 밤을 새워 아침이 되면 사단이 움직여 우리 몸에 들어오고 우리 삶에 들어와서 여러 가지의 문제를 만들어 놓는데 성스러운 영이신 성령님이 우리 안에 오시면 빛으로, 청아한 물로 내 몸이 가득차지만 사단, 마귀, 귀신이 우리의 마음속에 들어오면 이 영은 더러운 영이라 우리의 흰 옷에 연탄재가 묻듯이 더러워져서 씻어내지 않으면 안 되는 것이지요. 그래서 회개는 금식과 같이 병행해야지만 흉악의 결박이 풀어지고 찌꺼기 더러움 까지 깨끗이 씻어내서 내 마음 성전을 거룩하게 할 수 있습니다.

우리에게 불순종의 대가로 가난, 죽음, 자녀 문제 등의 결박을 치게 해놓으셨지만 회개하면 풀어지는 장치를 해놓으신 분이 하나님의 사랑입니다. 우리가 이 성경의 길을 알지 못 했을 때에는 해도 해도 기도를 못 들어 주셨지만 금식하며, 기도하며, 회개를 이루며 기뻐하는 금식을 하게 되면 그렇게 아버지의 도움의 손이 닿지 않던 우리에게 이제는 아버지께서 가까이에서 도우시는 그 손길이 느껴지고, 삶에서 가난이 사라지고, 죽음이 사라지고, 자녀의 고통스런 문제들이 해결되며(사58:7), 다시 행복을 찾게 됩니다. 다시 전도하게 되며, 내 얼굴이 웃음이 가득한 아름다운 삶을 되찾아 하나님께 영광을 돌리고, 사람에게도 칭찬받는 신앙인이 되는 것입니다.

"나는 배고픈 것 못 참아 뭐하려고 밥을 굶어?" 하는 분들이 많은데요. 우리 예수님은 40일도 하셨지요. 40일을 한꺼번에 해도 결코 저주는 한 번에 끊어지지 않습니다. 3~4대를(300~400년) 내리고 있는 저주를 몇 번 금식에 끊어진다고 하면 그것은 조금 이상한 것입니다. 상당한 시간이 걸리고, 한꺼번에 많이 하는 것도 좋지 않습니다. 조금씩 자주 하면 아주 좋은 효과를 볼 수 있습니다.

◎ 한 가지 지식: 사단, 마귀, 귀신은 하나님께서 만든 피조세계에 있었습니다(창3:1, 14, 15, 욥1:6~, 계20:2, 삼상16:14, 19:9). 저주받은 뱀을 하나님이 백성의 불순종으로 저주내리실 때 그를 쓰고 계십니다.

예수 믿지 않은 조상이 죽으면 귀신이 되어서 우리를 도와주고, 마음속에 들어와 있고, 그들이 우리를 돕는다고 알고 있는 사람들이 더러 있고, 그렇게 가르치는 분들도 있는 것 같습니다. 우리의 삶 속에 일어나고 있는 병, 고통, 자녀가 안 되고, 수를 다하지 못하고 죽는 것 등이 있습니다. 이것은 우리 조상들의 우상숭배와 우리의 불순종 때문에 벌을 받고 있는 것입니다(렘15:3, 레26, 14:42). 그것을 대행하여 벌을 주고 있는 것이 사단, 마귀, 귀신입니다(삼상

16:14). 그래서 우리 마음의 성전을 보면, 뱀, 짐승 등이 들어 있게
도 보여주시고, 그 귀신들이 죽은 조상들의 형상을 입고, 마음속에
도 있으며, 제사하고 우상숭배 하는데도 나타나기 때문에, 영을 보
는 분들이, "예수 믿지 않고 죽으면 귀신이 되는구나" 이렇게 생각
하는 것입니다. 그것은 비유되어 있는(마13:16) 영의 세계하고 성
경을 제대로 맞추어 이해하지 못했기 때문입니다. 그것은 비유되
어 있는 것입니다. 믿지 않는 영혼이 구천을 떠돌고 있다면 지옥이
필요 없는데 성경은 스올이 있다고 하십니다. 전혀 맞지 않는 말입
니다.

점에서 전생에 너는 개구리나 돼지였구나 하는 말이 영으로 보이
는 귀신의 색깔을 보고 말하는 것입니다.

저주란? 대를 내려가며(300~400년), 할아버지에게 벌 주던(우
상숭배, 불순종), 귀신들이 그 사람이 죽으면 그 몸에서 나와(마
13:24~30) 불순종하고 있는 후손에게 들어가는 것입니다. 할아버
지처럼 보이나 그것은 가장(삼28:12~19, 땅에서 올라온 사무엘)하
고 있습니다. 그것을 불순종자에게 벌을 주게 되어있는 성경의 법
을 대행하고 있는 귀신입니다.

우리를 사랑하게 하시는 분이 성령님이시듯이, 상실함에 내버려
두사(롬1:28) 합당치 못한 일을 하게 하는 대행자인 것입니다. 가장
하고 있는 것을 알지 못하고, 할아버지라고 대우하여 사람 몸에 살
게 하고, 그것을 정당화하여 대화하게 만드는 것은 옳지 않은 것입
니다. 사람이 죽으면 , 예수 믿으면 천국이요, 믿지 않으면 지옥입

니다. 우리의 불순종의 죄 때문에 들어온 귀신들을 금식으로 물리치고, 성전을 깨끗이 청소하여 성스러운 영이신 성령님을 모시고 대화를 이루면서 예수님을 잘 믿으면 자녀 손 천 대까지 복을 받습니다(사58:12). 그렇지 않고 마음속에 있는 귀신들하고 대화하고 그렇게 쓰임 받는 사람들은 땅에서 많은 돈을 가지고 떵떵거리며 산다 해도 그들의 마지막은 지옥뿐입니다. 분별하여 우리의 영혼과 육체를 아름답게 만들고 보호해야 되겠습니다.

결박 풀기

1) 3~4대의 저주란 무엇인가?

그것은 계속 타고 내려가면서 자손대대로 어려움을 주는 것인데요. 할아버지가 술 먹으면 아버지도 술 먹고, 그 아들도 술 먹고, 할아버지가 바람피우면 아버지도, 아들도 그렇고, 엄마가 재가 하면, 그의 딸도 그렇고, 아버지가 빨리 돌아가시면, 그 아들도 그 손자도 그렇고, 할아버지가 암으로 돌아가시면, 아버지도 아들도 그렇고, 이렇게 대를 내려가면서 내리고 있는 벌을 저주라고 합니다. 네가 지식이 없으므로 내가 제사장을 삼지 못 했고 네가 내 율법을 버렸으므로 나는 네 자식을 버린다고 하십니다(호4:6).

우리 민족은 금식의 새로운 성경의 길을 찾아서 많은 음식에 너무나 많은 칼로리를 섭취하고 농약에, 각종 약 기운에 젖어 있는 음식들을 계속 먹기만 하는 바람에 엄청난 병들과 더불어 비만과 지병들이 갈수록 어린 나이로 내려오고 있는 것이 자명한 사실입니다.

먹기만 한다고 살 수 있나요? 이제 금식을 제대로 알아서 내리고 있는 저주를 끊고 건강을 새롭게 찾을 수 있기를 원합니다. 금식은 오장육부를 쉬는 것이며, 각종 독을 내 몸에서 제거하며, 치명적인 병과 비만으로부터 예방합니다. 어린 아이부터 어른, 뱃속에 아기 든 엄마까지(욜 2:16~17, 욘3:7) 아토피, 아이들의 정신적인 문제, 성격 문제, 우울증에 각종 건강 문제 등 모두 조상들로부터 내려오는 죄 값으로 인해 생기는 것입니다. 금식하면 자연히 풀어지고 치료됩니다(사58:8, 레16:31).

2) 금식은 어디에서 할 것인가?

준비된 기도원에서 말씀을 가지고 교육을 받으며 나의 영혼의 모습을 꿈과 환상으로 보면서 아버지와 대화를 나누며, 첫사랑을 회복하는 마음으로 해야 합니다. 교회에서나 집에서는 어떤 금식도 하시면 안됩니다. 금식은 귀신을 내 몸에서 내 보내는 것인데, 한 귀신 내 보내려다가 일곱 귀신을 받아들여 더 어려운 상황을 맞습니다.(마12:43~45)

3) 금식은 수술(흉악의 결박을 풀어준다)입니다.

내 몸에 있는 흉악의 결박(귀신)을 풀어내는 것은 육신으로 보면 수술과 같습니다. 그렇다면 우리의 육신의 삶을 생각해 보면 아무 곳에서나 수술을 할 수는 없습니다. 무엇인가 수술을 하려면 장치가 필요하며, 그것도 여러 가지 장치가 필요합니다.

첫째, 화장실이 필요합니다(영적인 화장실).

영으로 보면 더러운 영, 귀신은 변으로 표현됩니다. 변을 화장실에서 봐야 하기 때문에 화장실과 변기가 있어야 됩니다. 이것은 육신을 대비한 영의 일입니다. 빠져나온 귀신을 신속하게 처리하여 내보내는 시설이 필요한 것입니다. 그것이 없는 곳에서 금식하면 변을 봐서 내가 깔아뭉개면 독이 올라붙어 고통을 당하듯이 일곱 귀신이 다시 들어오는 것입니다.(마12:43~45), 말씀 듣고 삶을 회개하는 것.

둘째, 샤워실이 필요합니다.(영으로)
이렇게 변을 보고 더러운 영을 내보냈다면 신속하게 샤워해서 더러운 것을 씻어내야 합니다. 영혼에 묻은 더러운 때를 벗겨내는 작업입니다.

셋째, 세탁실이 필요합니다.
우리의 잘못된 일들을 회개하고 용서하며 결박을 풀었다면 다시 그런 행위를 하지 않도록 옷을 희게 빨아 입어 행실을 아름답게 하여(계3:18) 믿음은 행함과 같이 일한다는(약2:22) 말씀을 이루어 드리며 행위를 아름답게 하여 회개 거리를, 용서 거리를 만들어내지 않아야 결박이 오지 않습니다.

또 다른 방향으로 본다면,
① 흉악의 결박을 풀어내고(사58:6), 회개와 용서, 사58:4
② 흉박자들이 들어오지 못하도록 막아주고(약2:22) 행위가 어느

쪽이 잘못 되었는가?

◎ 자주 책망을 받고 있는 일(잠29:1)

◎ 입의 말 : 죽겠네, 미치겠네, 환장하겠네 등

③ 성령충만을 받아 나의 성전을 물로 가득 채운다(마12:43).

다시 결박자가 침범할 수 없도록 나의 행위를 조심하여 훈련하고 성령의 인도하심을 받는 방법을 터득합니다. 살아계신 하나님과 대화하며 평안을 누리는 삶으로 인도하는 것입니다.

또 다시 중요한 사항입니다. 금식은 아무 곳에서 함부로 하게 되면 아기를 낳고 산후 조리를 잘못하여 후유증이 생기듯이 나중에 아주 어려운 일이 생깁니다. 각별히 조심해야 합니다. 수술이기 때문입니다. 금식과 보호식이 철저히 이루어질 수 있는 곳에서 금식하셔야 합니다.

이제까지는 이사야 58장이 레위기 26장과 예레미야 15장의 말씀을 지키지 않아서 생긴 벌이 풀리는 것만 봤는데, 더 큰 사랑과 은혜의 삶이 가득 들어 있는 이사야 58:1~12절까지의 전체 말씀을 통하여 금식을 하면, 어떠한 은혜가 우리에게 주어지는가를 살펴보려고 합니다.

4) 금식은 회개입니다.

내 백성에게 허물을 야곱 집에 그 죄를 고하라.(사58:1) 백성이나 야곱 집(지도자)이 다 회개해야 한다는 것입니다. 니느웨 성에서도 금식하며 회개하므로 멸망에서 건짐 받았고, 금식하며, 울며, 애통하며 돌아오라 하셨습니다. 장로, 소아, 젖, 먹는 자, 신랑, 신부도 골방에서(임산부) 제사장도 금식하라 하셨고, 짐승까지도 금식하며 함께 회개했고(욘3:1~10, 욜2:12~17), 다윗도(삼상12:16) 금식으로 회개했으며, 많은 금식이 있었던 것으로 보입니다.

다윗의 예를 보면 성문에 앉은 자가 나를 말하며 취한 무리가 나를 가져 노래하나이다. 그렇게 조롱을 당하면서도, 그는 금식하고 기도하며 맑은 영혼으로 많은 시를 읊었습니다.(시96:10~12) 금식과 기도와 찬양으로 하나님을 섬겨서 자손 대대로 복을 끼쳤고 그 줄기에서 예수님이 탄생하셨으며, '아브라함과 다윗의 자손 예수 그리스도의 세계라'(마1:1) 우리 사랑하는 예수님의 세계를 여실 때에 그 많은 조상중의 두 분 중에 한 분의 이름으로 성경의 첫머리에 올랐습니다. 우리의 할아버지시며, 나의 할아버지가 되셔서 영광을 돌리게 해주시는 이유, 금식하며 그의 영혼을 깨끗케 한 그의 행위 때문이 아닌가 생각해 보게 됩니다.

5) 이사야 58장 2절에 금식하는 이유가 나와 있습니다.

⑴ 나의 길을 알려주세요.

길이요 진리요(증거 하는 이는 성령이시니 성령은 진리시라, 요일 5:7) 생명 되신 예수님(요14:6)은 우리가 가는 길이 아버지께서 원하시는 길을 찾아갈 때에 진리를(성령님) 만날 수 있고 그것이 우리의 영·육 간에 생명(살아 활동력 있는 삶)이 됩니다. 금식의 기본(성령님은 거룩하시고 성스러운 영이시기 때문에 내 성전을 깨끗하게 해야 그곳에서 능력 있게 살게 해 드릴 수 있습니다)이라 할 수 있겠습니다. 우리의 길을 가르쳐 주십니다.

첫째, 사업의 길, 해야 되나? 안 해야 되나? 우리는 빚 얻고, 집 잡히고 해서 어렵게 사업 시작해 놓고 안 되면 하나님을 원망합니다(말3:15). 십일조도 잘 내고 봉사도 잘하는데 왜 잘 안되느냐고 원망하고, 어떤 사람은 사업차려 놓고 안 되니까 잘 될 수밖에 없는 조건을 내걸고 기도를 한다고 하는데 그것이 첫째는 하나님, 둘째는 목사님, 셋째는 십일조, 감사헌금 등 아버지 앞에 다 봉사할 거니까 잘 될 수밖에 없다고 하는데 그래도 안 되니 어떡합니까. 그런 것이 문제가 아니고 지금 아버지께서 이 사업을 원하시는지, 때가 되었는지, 시기적으로 맞는 것인지를 알아서 아버지께서 해주시는 방향 제시(구름이 떠오르면 가고 그렇지 않으면 머물렀던 이스라엘 백성처럼(출40:36~37) 따라 가야 됩니다. 묻지 않은 죄가 큽니다(대상 10:14). 금식할 때 이것을 자세히 알려주십니다.

둘째, 목회의 길도 만찬가지입니다. 교회를 개척할 때인지, 준비하는 모든 것이 개척인지 아니면 초빙인지 어떤 방향인지 동방박사들이 별의 지시를 따라 탄생하신 예수님을 만났듯이(마2:9~10) 지시에 따라 하면 안전합니다. 무조건 되는 것은 아닙니다. 목사가 되었다고 해서 아버지께서 자기의 자식을 그냥 갖다 맡길까요? 내가 내 자식을 시장 갈 때 잠깐 맡기는 것도 준비되지 않은 사람에게는 안 맡길 것입니다. 우리 아버지가 자신의 아들을 죽여서 산 자신의 자식들을 그냥 맡기진 않으시겠지요. 아버지의 자식들을 맡아 기를 준비가 필요한 것이지요.

셋째, 이사의 길입니다. 내가 전세로 가든지 집을 사서 가든 어느 집 어느 곳으로 가야 할 것인지를 여쭤보고 가야 합니다. 묻지 않은 죄가 큽니다.(역상10:14) 이렇게 말하면 이것 점쟁이 같지 않으냐고 생각 하실지 모르겠으나, 무지한 사람들이 하나님께 여쭤볼지 몰라서 점쟁이 찾아가는 것입니다. 신 중의 신이신, 만물의 창조자이신 아버지께 여쭤보는 것이 당연하지요.

아빠! 나 어디로 이사가요? 하고 여쭤야 합니다. 왜 그래야 할까요? 이사 잘못 가서 가정 잃고, 돈 잃고, 생명까지 일은 사람들이 있습니다. 어떤 집은 귀신들이 자리 잡고 살고 있는 집들도 있고, 어둡고 침침한 집, 습한 집, 음침한 집 공동 묘지 터에 지은 집, 묘지 터 위에 지은 집 등은 분별하고 가시면 집안에 평안을 갖습니다. 밝고 환한 집, 아버지께서 지시하시는 데로 가셔야 합니다. 예수를 믿으면 쫓아내 버리면 되지 않나? 하고 생각하실지 모르겠지만 예수님을 믿는 사람도 급수가 여러 가지라서 쫓아낼 수 있는 사람도 있지만, 어떤 귀신은 아주 집을 짓고 살아서 쫓아내지 못하는 귀신들도 있을 수 있습니다. 그렇다면 우리가 피해 가야죠. 쓸데없는 일에 시간을 낭비하면 나만 손해가 아닙니까? 이외에도 우리 현실에 이럴 땐 어떻게 하나 하고 생각하는 일들은, 3일 정도 금식하면서 여쭤보면 꿈과 환상으로 알려주십니다. 해석에 따라 순종만 하시면 됩니다.

(2) 의로운 판단을 해주세요.

날마다 우리가 기도하면 나의 죄를 자백하며 살지만 금식할 때는 회개가 기본이니 내가 생각나는 모든 일들을 회개하고 또 생각나지 않은 것이 있을 수 있으니 보여 달라고 하고, 의로운 판단을 원하면 나의 잘못을 보여주셔서 회개에 이르도록 해 주십니다.

(3) 하나님께 가까이 하기를 즐겨하며

세상에 좋은 것이 많지요. 맛있는 것, 놀러 다니는 것, 얼마든지 다 할 수 있고 먹을 수 있지만 금식하기 위해서 모든 것 다 내려놓고 내 아버지를 가까이 하며 사랑하길 원하는 마음으로 금식하는 것입니다. 아버지께 사랑 받는 일입니다.

길을 여쭤보고 나의 삶을 판단 받기를 원하며 아버지를 가까이 하며 사랑을 고백하는(사58:2~3) 우리에게 "나 네 금식 안 받아"하십니다. "아니 아버지! 왜 알아주지 않으세요? 왜 그러세요?" 하고 여쭤보니 "응. 너희들이 오락하기 때문에 너 일하면서 금식하기 때문에 금식을 받아주지 않는다."고 하십니다. 금식은 오락하지 않고 일하지 않아야 됩니다. 일 시키지 말라는 것은, 너 내것(사43:1)한테 일 시키지 말라는 것입니다. 금식할 때는 쉬는 것이 마땅하다고

(레16:31) 하십니다. 너희가 금식하며 싸우며(렘2:9) 회개하지 않으면 아버지와 싸웁니다. 다투며 악한 주먹으로 치는 도다. (형제를 용서하지 않으면 그 형제를 주먹으로 치는 것, 사58:4~5) 회개하여 하나님과 싸우며 다투는 일을 멈추고 용서하여, 하늘에서도 용서할 수 있도록(마6:14~15) 용서하라고 하십니다. 용서하여 풀어줘야 하늘에서도 풀어주시기 때문입니다.(마18:18)

6) 이사야 58:6절, 기뻐하는 금식은

① 흉악의 결박을 풀어주는데, 즉 기뻐하는 금식은 두 가지

  A. 안 해야 할 일(오락, 일)과

  B. 해야 할 일(회개, 용서)을 해야만 결박이 풀어집니다.(앞부분에 설명)

② 멍에의 줄을 끌러주며

  ※ 멍에의 줄의 원인

  A. 애굽의 종의 멍에, 썩어질 사람, 사람의 종(고전7:23, 롬1:23, 레26:13)

  B. 빚진 자는 채주의 종(잠22:7)

  C. 내 짐 맡기지 못한 멍에, 멍에의 줄을 끌러서(마11:28)

  A-a. 사람을 의지하지 않고 하나님을 의지하게 해주고, 사람은 도와주고 사랑해줄 대상이며 의지하고 믿어야 될 대상은 하나님이십니다.

B-b. 돈 쓰는 방법을 가르치고 돈을 주셔서 채주의 종에게서
    벗겨주고
C-c. 내 짐을 예수님께 맡기고 예수님의 가벼운 멍에를 지게
    해주십니다.

③ 압제당하는 자를 자유케 하며
흉악의 결박의 원인과 멍에의 줄 때문에 관련된 모든 가족의 고
통에서 오는 아픔에서 자유하게 해주신다고 하십니다. 실제로 가족
중에 한 사람이 금식하면 온 가족이 자유함에 들어갑니다.

④ 모든 멍에를 풀어 주신다.
  A. 사람의 종에서
  B. 돈의 종에서
  C. 사명의 길에서 자유함을 주시겠다는 것인데, 저에게 그렇게
    하셨고 저를 만난 많은 사람들(금식하는)에게 이렇게 해주셨
    고 해주시고 계십니다. 다시는 오지 않도록 아주 풀어 버리셨
    습니다. 제가 사명의 길에서 돌아서지만 않는다면요.

7) 이사야 58장 7절은
① 주린 자에게 식물을 줄 수 있게,
육으로 주린 자에게도, 마음이 가난한 자에게도 나누어 주는 역사
(전도), 즉 부요함을 주십니다.

② 유리하는 빈민을 네 집에 들이며
  - 육적인 집을 잃은 자에게 집을 제공(부요)
  - 영의 아버지의 집(교회)을 잃은 자에게 집을 찾아주게 하시며
  - 벗은 자를 보면 입히며(계3:18)
  - 나의 행위를 보고 고치며(꿈, 환상), 남의 것도 보아 고쳐주고
  - 육으로 벗은 자로 입혀주며

③ 네 골육을 피하여 숨지 않게 해주겠다.
  결박자가 내 가정에 오개 되면 자동으로 가정에 불화가 생기고, 가족이 흩어지고, 가족이 사분오열하며, 원수가 되고 예수님 말씀처럼 싸움의 연속이 됩니다(마10:34~39). 그러나 기뻐하는 금식을 통하여 가정의 십자가를 지고 갈 수 있게 가려버린 마음을 추스려 주시고, 가정을 잘 돌볼 수 있게 하시며 골육 친적과 사랑의 관계를 유지할 수 있는 귀한 사랑의 가정으로 회복시켜 주십니다.

8) 이사야 58장 8절은?
  (1) 네 빛이 아침같이 비칠 것이며: 아침 빛, 만물을 깨우는 빛, 그것이 나의 삶에 있을 때에 다른 사람의 삶을 깨우며, 그것이 나의 영혼에 비쳤을 때에 내 영혼을 깨우는 빛이 되고, 내 영혼이 가벼워지면 가정도 자녀도 잘되게 됩니다. "내 영혼이 잘되면 범사가 잘되고 강건하리라(요삼1:2)."

(2) 네 치료가 급속할 것이며, 우리가 병이 나면 병원에 가서 예약하고 진찰하고 치료 받고 하는 데에는 많은 시간이 소요되고 돈도 많이 듭니다. 그러나 금식을 통한 치료는 진단과 동시에 치료가 됩니다. 금식할 때에 치료받는 곳이 더 아프다는 것은 치료하고 계시다는 증거입니다. 흉악의 결박의 이유가 불순종이고, 그 불순종으로 생긴 병은 금식으로 회개하고 용서하여 기뻐하는 금식에 해당되면 병명이 관계없이 풀어집니다.

암, 당뇨, 혈암, 고지혈증, 희귀병 등등 무수히 많지만, 너무 늦지만 않으면 무슨 병이든 해결될 수 있습니다. 말기로 가면 엄청난 믿음이 필요하지만 그렇지 않으면 보통 믿음을 가지고 다달이 3일씩 금식하면 1~2년이면 거의 완치됩니다. 정신병, 우울증, 자폐증, 간질병, 간경화, 뇌종양, 피부병, 아토피 등 우리의 병중에 치료되지 못하는 병이 없습니다. 평생 고칠 수 없는 병들을 조금씩 금식함으로 치료해내는 것입니다. 불순종의 죄를 회개하는 금식은 불순종으로부터 들어왔던 귀신들의 결박이 풀리기 때문입니다.

(3) 네 의가 네 앞에 행하고 "너의 의가 서기관과 바리새인보다 더 낫지 못하면 결단코 천국에 들어가지 못하리라(마5:20)"는 말씀이 있습니다. 의로운 삶을 살고 싶다고 하나 그런 마음과는 달리 우리는 의롭지 못하게 살아지는 것이 현실입니다. 그것은 우리에게 내리고 있는 저주들(사단, 귀신)이 그것을 조장하고 병을 가져다주고 있습니다. 마음으로는 의를 행하고 행동으로는 못하기 때문입니다

(롬7:23).

금식하면 우리의 삶은 성경의 카테고리와 같아서, 이제는 사단을 우리에게서 멀리 하여, 그동안 의로운 삶을 살지 못하도록 우리의 가는 길에 가시덤불, 돌맹이, 바리케이드, 다른 곳으로 가는 화살표 등, 온갖 것으로 막았던 사단에게 아버지께서 성경대로 "자 보라 내 자식이 이제 금식하여 결박을 풀었으니 치워라" 할 수 있는 것입니다. "곧은 길을 내어줘라" 하고 성경이 이야기 해주고 있는 것입니다.

(4) 여호와의 영광이 네 뒤에 호위하리니

이 빛은 아버지의 영광의 빛입니다. 그 빛이 어찌 우리 뒤를 호위할 수 있을까요. 우리가 빛 되신 예수님을 바라보고 갑니다. 그러나 우리의 뒷모습은 그림자가 있습니다. 사람이 앞을 보고 갈 때에 자신의 그림자인 뒷모습을 바라볼 수 없습니다. 그런데 우리의 뒷모습을 아버지께서 보시고 빛으로 환하게 밝혀 주듯이 알게 해주시는 것입니다.

우리는 우리의 행위가 다 바른 줄로 여기기 때문에(잠16:12), 우리의 보이지 않는 뒷모습은 알 수 없습니다. 그런데 나의 알지 못하는 죄, 사람들과 잘못 살고 있는 뒷모습, 사람들이 나의 손가락질하고 있는 잘못된 행위 등을 꿈과 환상으로 보여주셔서 회개하게 하시고, 사단의 침투를 막으시며 의로운 삶을 살아 칭찬받게 하십니다. 손가락질 받아 부끄러움 속에 있을 만한 것들을 없애 주셔서 영광 돌릴 수 있는 아름답고 향기 나는 삶으로 인도해 주십니다. 미완성된 우리로서는 죄를 안 짓고 산다고 해도 나도 모른 사이에 잘못을 저지를 수밖에 없으니 "사망에 이르지 아니한 범죄자들을 위하여 저에게 생명을 주시리라(요일5:16)"

우리는 죄인입니다. 그런데 의로운 삶을 살 수 있는 모든 장치가 성경에서 이루어지고 있으며 죄인인데 영생을 주십니다. 사랑이 아니고서야 어찌 이리 해주실 수 있겠습니까? 이 사랑은 예수님을 내어 주셔서 죄를 사해 주시고 우리를 자식 삼으시고, 예수님의 형제로, 아내로 삼으리고 자신의 영광의 빛으로 어둠움에 있는 것들을 드러내어 알려주시는 것이며 금식자에게 주어지는 특권입니다.

9) 이사야 58장 9절

(1) 네가 부를 때 나 여호와가 응답하겠고, 기도할 때에 응답하시겠다는 것입니다. 우리의 간구의 기도를 듣고 이루어 주십니다. 속히 들어주시지요. 평생 이루지 못한 것들까지도 응답하십니다.

(2) 그리고 너는 내게 부르짖으라. 네가 알지 못하는 크고 비밀한 일을 네게 보이리라(렘33:3). 급한 일이 생겼을 때에 금식은 목을 높여 부리짖는 어떤 목소리보다 더 큽니다. "애야 여기 있다 무슨 일이냐"라고 신속한 응답과 처리를 해 주신 것을 약속하고 계십니다.

(3) 멍에, 손가락질, 허망한 말 이 세 가지를 제하여 버리면, 10절, 11절, 12절 말씀에 나타난 복들을 모두 주시겠다고 약속하십니다.

자, 그럼 제하여야 할 세 가지에 앞서 어떤 복들이 기다리고 있는지 알아보겠습니다.

10) 이사야 58장 10절에

주린 자: 배고픈 자(심령이 가난한 자, 마5:3) 육이 배고픈 자, 그들의 괴로움을 돕느라고 전도하고 많이 애쓰고 수고하셨지요. 그러나 내 삶의 열매로 연결되기는 어려웠습니다. 이제 금식하며 도와주면 "네 빛이 흑암 중에 발하여 낮과 같이 될 것이라"고 하십니다. 낮의 빛은 열매를 맺는 빛입니다. 우리의 삶에 열매를 맺어 주십니다.

11) 이사야 58장 11절

(1) "마른 곳에서도 네 영혼을 만족케 하며" 경제가 안 좋다는 동되는 일이 없다는 등 여러 가지 말을 해도 "사랑하는 자여 네 영혼이 잘됨같이 범사에 잘되고 강건하기를 내가 구하노라(요삼1:2)" 하시는 말씀처럼 영혼이 잘되면, 범사에 잘되고(돈 생기고), 강건(건강)이 저절로 따라 옵니다. 우리는 병이 나면 "병 고쳐 주세요." 돈 없으면 "돈 좀 주세요." 하는데요. 1석 2조의 효과를 보시면 어떨까요? 영혼이 잘되게 해달라고 금식하고 기도하면 범사가 잘되어 필요한 것이 채워지고 강건의 복이 주어져 건강하게 살 수 있는 은혜

가 주어집니다.

(2) "네 뼈를 견고케 하리니" 우리의 병 중에서 뼈에 관한 병이 굉장히 많습니다. 나이가 들면 자동으로 마른 막대기처럼 마르고 칼슘이 빠져서 다리, 허리, 무릎관절 등을 아무리 수술 해봐도 아프긴 마찬가지입니다. 별 방법을 다 써 봐도 도대체 효과 볼 수 없는 뼈! 금식해 보십시오. 성경의 말씀대로 조금씩 하는 금식을 약 1~2년 정도하면 어지간한 뼈를 견고하게 만들어 평상 생활을 하는데 어려움이 없게 됩니다.

(3) 물댄 동산 같고 물이 끊어지지 않는 샘 같을 것이라. 물(성령, 물질, 건강한 나의 삶 등)이 끊어지지 않게 해 주십니다.

12) 이사야 12장 12절에

(1) 네게서 날 자들이 황폐된 곳들을 다시 세울 것이며, 우리 부모로부터 나, 나로부터 나의 후손까지 황폐시키는 사람(술 먹고, 바람 피우고, 정신병, 병들고 등)은 따로 있습니다. 어떻게 보면 복지의 대상으로 봐도 좋습니다. 그러나 황폐된 곳을 다시 세우는 사람은 배움이 있어야 하고, 물질이 풍부해야 하며, 출중한 능력이 수반되어야 합니다. 이러한 지도자들은 후손을 주시고 그들을 통해 무너진 황폐된 곳들을 다시 세워서 최고의 기업(엡1:11, 14, 시127:3)으로 만드시겠다는 것입니다.

(2) 너는 역대에 파괴된 기초를 쌓으리니 조상들의 우상 숭배한 죄(출20:1~), 우리의 불순종의 죄(삼상15:22~23) 때문에 사단, 마귀, 귀신이 우리의 삶에 침투하여 얼마나 많은 것들을 빼앗아 갔습니까? 돈을 빼앗아 가난하게 하였고, 건강을 빼앗아 병들게 하였으며, 자녀를 빼앗아 죽음으로 질병으로 사지로 몰아내었습니다.(호4:6) 죽음으로 말미암아 견딜 수 없는 고통으로(레26, 렘15:1~) 파괴 되어버린 육신의 삶 우리 영혼의 집(고전3:9) 그것을 아주 부셔 버리고, 오직 심령으로 새롭게 되어(엡4:22~23) 새로운 영혼의 집을, 헌 가죽 부대를 버리고 새 가죽 부대를 만듦같이(막2:22) 새롭게 지어져가는 과정에서, 우리의 육신의 삶속에서 잃어버렸던 것을 찾게 하십니다.

(3) 너를 일컬어 무너진 데를 보수하는 자라 할 것이며 길을 수축하여 걸 할 곳이 되게 하는 가라 하리라. 무너진 데를 쌓고 길을 만들어 사람들이 살 수 있게 만드는 일을 어떤 사람이 할 수 있는 일일까요? 느부갓네살 왕이(단4:11) 그의 나무가 고가 높고 푸르러 나무에는 각종 새들이 우짖고, 나무 밑에는 짐승들이 와서 쉬고 논다고 했습니다. 큰사람, 가진 사람, 배운 사람, 넓은 마음을 소유한 사람, 많은 사람에게 높임을 받는 존귀한 사람이 되게 하시겠다는 것입니다.

자, 이사야58장 10~12절까지의 약속이 마음에 드십니까? 마음에 드셨다면 이제 9절에 제하여 버려야 할 3가지가 무엇인지 알아보겠습니다.

13) 사58:9절 下

(1) 멍에

기뻐하는 금식으로 흉악의 결박을 풀어 멍에의 줄을 끌러줬다면(
사58:6) 이제 다시는 멍에의 줄을 묶으면 안 됩니다.

① 애굽의 종의 멍에(렘26:13), 사람은 썩어진다고 했으며(롬
1:23), 코에 호흡이 있는 자는 수에 칠 가치가 없다고 하셨습
니다.(사2:22) 사람을 의지하지 말고 오로지 하나님만을 의
지하여 다니엘과 같이 영광을 나타내라는 것입니다.(단9:18)

② 빚진 자는 채주의 종의 멍에(잠22:7)

지금 현시대가 돈을 미리 쓰는 시대에 살고 있어서 너무나 많은
사람들이 빚에 허덕이며 돈의 종이 되어 있습니다. 우리는 예수님
께 빚쟁이(롬8:13)인데, 돈 때문에 예수님의 빚은 갚을 생각은 못하
고 그저 돈 때문에 미리 쓴 빚 때문에 전전긍긍하며 살고 있는 우리
의 모습을 벗으라는 것입니다. 주시는 대로 하시며 어떨까요? 만원
주면 만원만, 10만원 주시면 10만원만, 참으로 어려운 일인가요? 우
리는 사람들에게 있어 보이려고 사람들에게 보여 지는 나의 모습이
창피해서 감추어야 하고 사람들의 시선 때문에 좋은 차 타야하고,
좋은 옷 입어야 하고, 보이고 싶고, 과시하고 싶은 욕심 등등, 그렇
게 의식하던 사람들이 내가 빚지고 허덕이면 갚아주던가요? 어려

움 당할 때 형제 집에 들어가지 말고(잠27:10), 네가 어려움 당하면 따라갈지라도 없어졌으리라고 말씀하셨습니다.

어려움 당하면 어차피 그들은 아무런 책임이 없고 그 모든 책임은 내가 져야 하는 것입니다. 사실은 그들에게 보이려고 미리 사고, 빚 져 사고, 카드 써서 샀는데 말입니다. 무조건 좋은 것, 무조건 예쁜 거, 다른 사람보다 나은 것, 그러나 그것은 채주의 종이 되려는 우리의 몸부림일 뿐입니다. 이런 일을 하지 말고 어려우면 어려운 대로, 없으면 없는 대로 하고 살면 어떨까요? 제가 해보니까 조금 몸에 배이지 않아서 힘들었지만, 핸드폰이 없어도, 차가 없어도, 옷을 못 사 입어도 있는 만큼 쓰고 맛있는 것을 마음껏 먹지 못해도 빚이 없으니 아주 마음이 편하고 홀가분한 생활이었습니다. 우리 아버지는 자녀들이 빚져서 넘어져 허덕이는 것을 결코 원치 않으십니다.

탐욕, 허영, 방탕, 술 취함(눅21:34) 이생의 자랑(요일2:16) 때문에 때가 가까운 시대에 우리가 이런 곳에 초점을 두고 살고 있는 것을 탄식하시며, 우리에게 말씀하십니다. "빚지지 말라"고 사랑의 빚 외에는(롬8:12), 이러한 종으로의 멍에, 돈으로의 멍에를 벗고 가볍고도 쉬운 예수님의 종으로서 멍에(사명)를 지라 하십니다 (마11:28).

육신적인 일에 바쁜 우리에게 예수님을 위해서 일하라는 것입니다. 우리는 육신에게 져서 육신대로 살면 반드시 죽을 것이라 했고 (롬8:13) 영으로서 육의 행실을 죽이면 살리라고 하셨는데, 육의 삶에 매여 내 사명 감당 못하면 내 육신의 멍에를 벗을 수 없습니다.

특히 주의 종으로서의 사명이 있으신 분들은 그 멍에를 잘 지심으로 형통한 삶을 살 수 있습니다. 나 자신만 아니라 가족과 친척까지도 형통한 삶을 살게 하는 영향을 끼치게 됩니다.

(2) 손가락질하지 마라

먼저 사람을 이해하게 된다면 손가락질하는 것 보다 참는 것이 더 쉬워지므로 아버지의 말씀대로 살 수 있게 됩니다.

첫째, 참는 것(딤후2:24)

무조건적으로 참기만 한다면, 그것은 속에서 곪아 터지고 있기 때문에 언젠가는 밖으로 나옵니다.(병, 화, 우울증, 가정 깸 등) 그래서 이해하는 것이 더 좋은 방법입니다.

둘째, 이해하는 것

사람은 어찌 보면 인형과 같은 존재입니다. 성령께서 그를 지배하며 지극히 인격적인 사람으로(갈5:22~26), 사단의 지배를 받게 되면 비인격이 나타납니다(갈5:16~21, 롬1:29~31) 나타나는 그 사람의 행동을 보면, 인격적인 행동은 '아! 아름답구나!' 탄성이 절로 나오는 반면, 비인격적인 행동은 '불쌍하다'는 생각이 들게 됩니다. 그것은 악의 산물, 사단, 마귀, 귀신이 갖다 주는 인격이기 때문입니다. 말한 바와 같이 그를 불쌍히 여겨 이해하려고 노력하고, 기도와 오래 참음으로 그가 악으로부터 벗어나 진리를 좇을 때까지(딤후2:6) 기다려 준다면, 그에게 향하는 나의 손가락 질을 꺽을 수 있을 것입니다.

셋째, 이해하고 참아 주지 못하고 손가락질 하면 어떻게 되나?

비판하면 너도 비판을 받을 것이지요. 헤아리면 너도 헤아림을 받을 것이다. 형제의 눈 속에 티를 봤다면 네 눈에는 들보가 있으니 들보를 빼고 나서야 네가 말할 수 있을 것이라고 하십니다(마7:1~5). 남의 눈의 티를 보고 있는 그 눈 자체가 잘못되어 있고 자신의 눈에는 들보와 같은 사단의 뿌리가 있는 것입니다. 고쳐야 되는 사람, 즉 티를 가진 사람은 간단하게 꺼내지만, 들보는 수술을 해야 빠질까 말까 할 정도로 빼내기가 어렵고 티를 가진 사람 보다 더 큰 악이 숨어 있습니다. 그런 분이 계시다면 금식이 수술이니 금식하여 자신의 눈을 수술부터 해야 합니다.

남을 판단하는 네가 너를 정죄한다고 말씀하시며, 사람을 판단하는 것은, 하나님의 인자하심으로 나를 인도하심을, 그의 인자하심과 용납하심과 길이 참으심의 풍성함을 멸시하는 일이라고(롬2:4) 하시며, 진노를 쌓는 일이라고 하십니다. 하나님이 각 사람이 행하는 대로 보응하시되, 참고 사람을 판단하진 않는 것은 선을 행한다고 하시고 영광과 존귀와 평강이 있다 하시며(롬2:10), 사람을 판단하고 자신을 정죄하는 사람에게는 진리를 쫓지 않고 불의를 쫓는다 하시고(롬2:5), 노와 분으로 하시고 악을 행한다 하시며, 환란과 곤고가 그들을 기다린다고 하시는데, 그것이 유대인에게나 헬라인에게나 지금 우리로 본다면 먼저 믿는 우리나, 나중 믿는 저들이나 믿지 않고 있는 저들이나 동일하게 응한다고 말씀하십니다. 우리 민족이 열매 맺지 못하는 삶을 사는 것은, 너무나 쉽게 판단하고 손가락질해 버리고, 욕해 버리는 습관, 구습 때문에 내리는 민족의 저주입니다(엡4:22).

(3) 정치인들을 욕하지 맙시다.

그것은 그들이 잘해서가 아니라 우리 자신이 열매 맺는 삶을 살기 위해서입니다. 모든 국민이 TV 앞에 앉아서 너무나 쉽게 정치인들을 욕하고 그들을 비방합니다. 신문, TV에 나오는 기사는 민족의 모든 부정적인 것을 다 찾아내어 밝히는데 그 부정적인 면이 우리의 삶의 전체의 몇%나 될까요? 10%도 차지하지 않습니다. 실제로 긍정이 90%인데, 그 적은 비율의 부정적인 것이 당연한 우리의 삶의 전체인 듯, 그것이 전부인 양하는 매스컴을 바라보며 우리는 너무나 쉽게 욕해 버리고 쉽게 정죄해 버리는 우리 민족의 기질을 알수 있습니다. 그럼 이제 이렇게 해보시면 어떨까요? 아버지여! 저들을 불쌍히 여기셔서 잘할 수 있게 해달라고 예수님이 하셨던 기도를 한다면 어떨까요?(눅23:34)

예수님은 자신을 십자가에 못 박아 죽이는 자들을 용서해 달라고 하셨는데 우리는 나와 별 상관도 없는 남의 이야기를 가지고 손가락질하고 욕하는 것 때문에, 나의 삶에 노와 분을 쌓고 환난과 곤고가 오기만을 기다리는 그런 삶을 산다면 다시 한 번 생각해 봐야 되지 않겠습니까? 우리는 언제나 성경 안에서 나를 보호하는 방책을 연구해야 합니다. 내 입에서 나오고 내가 하는 모든 행위의 보응은 나에게 있기 때문입니다.

우리 민족의 기질은 싸움닭 기질이라 봐도 될 것입니다. 내리고 있는 저주들의 움직임 때문에 찌르고 아프게 하고 고통스럽게 하면서 자라고 자라나는 과정 속을 보면 우리 환경이 보통이 아닙니다. 부모님들의 욕설, 자신들의 감정 속에서 절제 없이, 울분이 나게 하고 내지르는듯한 대화를 부드럽게 풀어나가지 못하는 교육 방법, 대화하지 못하는 아픔들은 마음의 노를 쌓고 풀어나가는 형식의 대화가 아니라 싸움 형식의 대화를 합니다.

그러다보니 정치인들 역시 마찬가지라는 생각이 듭니다. 그렇다면 그들을 불쌍히 여기고 기도해야 하지 않겠습니까? 아무리 정치인들이 싸우고 욕하고 서로 비방을 일삼아도 여전히 우리나라는 "하나님이 보우하사 우리나라 만세"라는 애국가가 있듯이, 하나님이 보호하면서 이제까지 잘되게 하셨고, 앞으로도 우리 하나님이 우리를 보호해 주셔서 더 잘되는 역사가 있을 것입니다. 하나님께서 나라를 치리하여 정치하는 하나님의 종들을 세우시고(렘43:10) 일하시니 이제까지 뒤로 가지 않고 앞으로 전진하였듯이 계속적으로 전진하여 하나님 안에서 복된 나라가 될 것입니다.

우리는 정치인들에게 손가락질하고 욕하여 열매 맺는 삶에서 제외되지 말고, 사람을 이해함 같이 나라를 이해하며 또한 기도해야 합니다. 개인(백성)이 잘되면 나라는 자연히 잘됩니다. 나 먼저 잘합시다. 손가락질하지 말고, 그 손가락질을 나에게 하여 나를 고치면 영광과 존귀와 평강의 삶이 나를 기다리고 있습니다(롬2:10).

(4) 우리는 나 하나만 있는 하나님의 작품

60억 인구 중에 과자를 찍어내듯이, 공을 찍어 만들어내듯이, 옷을 똑같이 만들어내듯이 찍어내는 존재가 아니라, 모든 세상은 하나님이 말씀으로 창조되었지만 유일하게 손으로 빚은 것은 사람밖에 없는데, 그 많은 사람이 하나도 닮은꼴이 없습니다. 틀에 넣고 찍은 제품이 있는 것이 아니라 손으로 빚은 하나하나의 유일한 작품들이라는 것을 우리가 이해해야 하는 부분입니다. 생각하는 것, 행동하는 것, 모든 것이 다른 것은 우리가 이해해야 하는 것이 아니라 당연히 달라야 되는 것입니다. 그러나 우리는 당연히 다른 것을 이해하지 못하므로 남을 손가락질함으로 오히려 나의 삶을 망가뜨립니다. 꽃밭에 꽃이 한 가지 꽃이면 아름다운 것 같아도 금방 싫증납니다.

우리가 똑같이 행동하고 똑같이 생각한다면 이 세상이 아름다울까요? 너무나 다른 사고 속에 닭이 품어야 하는 계란을 에디슨이 품은 그의 특별한 행동 때문에 그의 부모가 다른 아이랑 다른 것 때문에 여러 가지로 어려웠겠지만, 그의 특이한 행동이 지금 우리는 이와 같이 밝은 전기 불 밑에서 얼마나 행복하게 살고 있습니까? 어떤 사람은 가구를, 어떤 사람은 식품을, 어떤 사람은 자동차를, 어떤 사람은 모험을, 어떤 사람은 식당을, 아! 세상에 다른 사고와 행동을 통해서 이처럼 재미있고, 의사, 약사, 선생님, 교수님, 목사님 등등의 많은 다양한 직업을 통하여 우리가 얼마나 이 세상에서 편리하고 자유로운 삶을 사는데도, 우리는 다른 사람과 내가 다른 것을 이해하지 못하고 다른 행동에 대해서 쉽게 손가락질합니다. 이제 폭 넓게 사람을 안아 보시지 않겠습니까? 쉽게 내뱉었던 우리의 입을 제어하고 그들의 행동이 아주 안 좋은 것이라면, 이제 그들을 향해서 아버지 앞에 기도를 시작해 보십시오. 내 삶이 달라집니다. 영광과 존귀와 평강이 올 것이기 때문입니다(롬2:10).

말이 많으면 허물을 면키 어려우나 그 입술을 제어 하는자 지혜가 있느니라(잠10:19), 경우에 합당한 말은 은쟁반에 금사과니라(잠25:11).

성읍의 진흥은 백성들의 축원으로 인함이라(잠11:11). 나를 칭찬하는 자(잠27:2), 한번 복을 빌고 나를 핍박하는 자(마5:11)는 두 번 복을 빌어 나의 가정이 교회가 나라가 복 받게 만들어 나갑시다.

(5) 허망한 말을 제하여 버려라.

뜻은 허하고 망령된 말이죠. 공허하며 꿈이 없고 허공 치듯한 쓸데없는 말이라는 것인데, 허망한 말만 제하라는 뜻은 아닙니다.

입술의 열매를 짓는 나 여호와(사57:19), 내 말이 곧 영이요 생명이라(요6:33) 하셨고 창세기에 하나님께서 천지를 창조하실 때에 말씀으로 5일 동안을 창조하신 창조의 능력이, 우리는 그분의 만드신바 되어 "하나님이 가라사대 우리의 형상을 따라 우리의 모양대로 우리가 사람을 만들고(창1:26)." 이 말씀 속에는 우리의 입술에도 권세가 있어 말하는 대로 이루어진다는 것을 내포하고 있습니다.

우리 민족의 가장 안 좋은 것이 항상 입에 있는 것을 보고 듣습니다. 조상들의 우상 숭배한 죄와 벌이 내리고 있는 이 민족의 입술은 자세히 살펴보면, 성경과 정반대로 말하여 화를 자처합니다. 우리의 입술의 열매는 좋은 말과 나쁜 말이 다 이루어지고 있는 것을 잘 모르고 생각 없이 말하고 있습니다. 이제 성경을 통하여 말이 무엇인지를 자세히 알아 말을 고치고, 말이 어떤 복과 저주를 가지고 있는지를 자세히 살펴보기로 하겠습니다.

첫째, 말의 종류입니다.
① 허망한 말(사58:9), 공중에 떠도는 말
② 완악한 말(말3:13~15), 고집스럽고 악한 말
③ 하나님을 경외하고 존중히 생각하는 자의 말(말3:16~18)
④ 원망 불평하는 말(민14, 잠19:3) : 똑같은 사물을 보고 부정을 끌어내는 사람의 말
⑤ 더러운 말(엡4:29, 마15:18): 욕
⑥ 무익한 말(마12:36~37) : 안 해야 되는 말을 하는 것
⑦ 생의 바퀴를 불살라 지옥으로 내리는 말(약3:6) : 아이고 죽겠네, 못살겠네, 미치겠네
⑧ 얻고 나서도 해를 당하는 말(민11:33) : 불평하여 구한 것
⑨ 때에 맞는 말(잠15:23) : 재치 있게 대처하여 하는 말
⑩ 유순한 대답(잠15:1) : 무슨 말을 하든지 순하게 대답하는 말
⑪ 악인의 입술, 그 입술에 걸려(잠12:13)

⑫ 입의 열매 있는 말(잠12:14) : 우리 아버지는 다 하십니다.

⑬ 궁핍한 입술의 말(엡5:4) : 되지 않는 일을 계속 말하는 것, 이름이 없는 선지자의 말(신18:22)

⑭ 명철한 사람의 입의 말(잠18:4)

⑮ 미련한 자의 입술(잠18:6~)

⑯ 배부르게 하는 입술의 말(잠18:20) : 행복하시지요. 잘 되시지요. 잘 될겁니다.

⑰ 지혜로운 입술(잠20:15)

⑱ 속이는 말(잠21:6), 거짓말(계22:15)

⑲ 경우에 합당한 말(잠25:11) : 때에 맞는 말은 은쟁반에 금사과라

⑳ 말이 급한 사람(잠29:20) : 말이 앞선 사람

㉑ 라헬의 죽겠노라(창30:1, 창31:32) : 이 말 때문에 라헬이 일찍 죽지 않았을까요?

둘째, 우리 민족의 잘못된 말들입니다.

우리 조상들, 우리 부모들, 우리들, 지금은 많은 변화를 받아 있지만 아직도 자세히 들여다보면 귀를 기울여서 고쳐야 할 말과 행동들이 너무나 많은 것을 볼 수 있습니다. 죽겠네, 미치겠네, 환장하겠네, 지랄하네, 염병할 놈, 지랄할 놈, 큰일 났네, 큰일 났어, 안 돼, 못해, 이렇게 험한 말들이 열매를 맺어 우리의 가정과 우리의 삶에 영향을 미치고 있다고 생각하지 않는가요? 이 말들을 자세히 살펴보면 너무나도 무서운 속뜻이 있습니다.

죽겠네, 맨날 죽을 일만 생기지요.

미치겠네, 미치면 정신병원 가는데 맨날 미치겠대요.

환장하겠네, 마음에 변덕이 생긴다는 말인데, 마음이 거칠게, 막 되게 변해버린다는 저주의 말.

지랄하네, 몸을 비꼬며 자빠져서 거품을 물고 있는 상태로 인간으로서는 겪지 말아야 될 병인데 우리는 장난처럼 지랄한다고 입에 다 달고 삽니다.

염병하네, 옛날에는 염병(장티푸스)하면 머리가 빠지고 치명적인 병으로서 죽을 수밖에 없었는데, 그러다 죽으라고 입에 배여 있습니다.

이제 우리의 입에서 아름답고 긍정적이며 하나님이 기뻐하시는 말들로 길들여야 되지 않을까요. 이 말들을 우리 아이들이 받아먹고 그대로 된다는 것을 기억해야 합니다.

저주를 벗어나 복 받으려면

1) 우리의 입의 말을 새롭게 고쳐야 합니다.

"말은 길들이나 혀는 길들일 수 없다(약3:8)" 하셨는데, 제가 경험해 본 바 혀가 길들여집니다. 우리가 하는 말을 내 자식이 듣고 그대로 하고, 그대로 당하고 그대로 이루어져 우리 가정에 재앙을 불러들이고 자초하는 일이라고 성경이 많은 부분에서 증거하고 있습니다.

우리가 듣고 자란 말을 그대로 하여 우리 아이들은 어떤가요? 무엇인가 진행하여 진취적으로 해보고 싶어도 몸이 움직이지 못하고 계속 주춤거리고 어려워하며 말이 어눌해진 이유가 무엇일까요? 조금만 잘못하면 넌 원래 그래, 너 그럴 줄 알았어, 또 그랬어, 맨날 그래, 원래 그래, 이런 말들이 올무가 되어 나와 내 자녀가 끝없는 좌절 속에서 헤매며 고통당하고 있다고 생각해 보지 않으셨는지요? 이제 우리가 말을 바꿔야 만이 될 때가 되었습니다.

말의 어간에 들어가서 우리의 아름다운 말들을 망치고 있으며 우리의 열심을 하나님을 섬기고 가정을 섬긴 예쁜 행동들이 열매로 맺어지지 못하는 것은 원망하며 불평한 말들 때문입니다. (시34:16)

100개를 봉사하고도 말 잘못하면 다 사라지고 10개를 봉사해도 말 잘하면 100개를 받을 수 있는 것이 말이라고 성경이 우리에게 가르칩니다(사57:19). 우리는 오랫동안 길들여진 말들이 너무나 많습니다. "아유! 예쁘다." 하면 "아유 아니에요.", "이 일 좀 할래?" 하면 "아니 못해요"하는 우리의 말! 바꾸면 어떨까요. "예뻐요. 하면 감사해요" 일 좀 부탁하면 "그래요. 제가 할게요," 우리의 입술에서 "아니오"를 빼고 "예"라고 대답하고 감사로 대처하면 어떨까요. "아니오"가 미덕이 아니라 "oh! Yes"가 미덕인 나라 말이에요.

이제 우리 아기가 실수하고 어려워하면 "원래 그래"가 아니라 "애야! 실수했구나, 다시 해보렴. 자 이렇게 해보세요." 사랑스럽게 가르쳐서 예수님과 같이 해보면 어떨까요. 질책하고 손가락질 하고 못했다고 혼내는 것보다 다시 해보도록 기회를 주어서 우리가 부모로부터 배운 잘못된 말들에 대하여 나의 사랑하는 기업(엡1:11, 시127:3)들에게는 새로운 말과 행동으로 대처 시키면 얼마나 아름답고 우리 아버지께서 기뻐하실까요. 열매 맺기를 바라고 극상품 포도를 심었더니(사5:2) 들포도가 맺혀 속상해 하시는 아버지를 뵙습니다. 우리가 열매 맺는 사랑하는 말, 감사의 말(사57:19, 잠13:2)을 한다면 얼마나 좋아하실까요.

성경의 예를 보며 말이 어떤 효과가 있는 것인지 볼까요. 이스라엘 백성들이 출애굽 하여 바란 광야에 도착하여 가나안 땅을 탐지하라는 명령에, 지파에서 한 명씩을 택하여 보내었고 40일 만에 돌아와서 보고하고 이후에 일들이 기록되어 있습니다. 정탐한 10명의 부정적인 말, 그들이 이스라엘 앞에 그 탐지한 땅을 악평(민13:32)하였고, 그들은 아낙 자손 대장부요 우리는 메뚜기와 같다고 했고 그들이 보기에도 그와 같을 것이라고 말했지요(민13:33). 여호수아와 갈렙이 이야기를 듣고 난 후(민13:25~30) 밤새도록 부르짖고 울며 모세와 아론을 원망한 백성들은 말을 들으려 하지 않았고, 아버지께서 나타나셨습니다(민14:10). 거역하고 원망하며(민14:22) 나의 영광과 애굽 광야에서 행한 이적을 보고도 이같이 열 번이나 나를 시험하고 내 목소리를 청종치 아니한 사람들은 너희 말이 내 귀에 들린 대로 내가 너희에게 행하리니(민14:28), 여호수아와 갈렙 빼고는 결단코 가나안에 들어가지 못하리라 하셨고 당시에 그들은 38년이라는 세월 동안에 광야에서 방황하다가 20에 이상 되는 자들은 다 죽었으니, 아버지는 말씀대로 하셨습니다. 그 많은 식구 중에 여호수아와 갈렙과 그의 자녀들만 살아서 그때에 20세 이상 되는 자들이 다 죽었으니, 아버지는 말씀대로 하셨습니다. 그 많은 식구 중에 여호수아와 갈렙과 그의 자녀들만 살아서 그때에 20세의 이하의 자녀들과 가나안에 들어가게 되었습니다. 이것은 원망과 부정의 말 때문입니다. 나의 말 때문에 자식들이 어려움과 고통을 당합니다. 20세 이상의 이스라엘 백성들이 다 죽었듯이 말이에요.

어떤 사건과 사물을 보고 모두 부정과 원망을 창출하고 있는 이스라엘 백성들의 이 모습을 우리의 모습에 대비해 보면 어떨까요? 광야에서 자신의 아름다운 꿈들을 펴보지 못하고 생을 마감하고 있는 많은 사람들을 보면서, 우리의 원망과 불평을 아버지께서 들으시고 그대로 갚아주고 있는 것이 성경이기 때문에 우리의 입술에서 원망과 불평을 제하여 버리고, 도리어 감사의 말을 하는 것이 우리의 삶을 윤택하게 만들며 우리의 미래를 확실하게 이끄는 우리의 지혜가 아닐까 생각합니다.

2) 우리 입술의 두 가지의 말을 들으십니다.

첫째, 내 입에서 나오는 감사와 찬양!

둘째, 다른 사람 입에서 나오는 나의 말, "어휴 저 사람 저래서 쓰겠어, 저 사람이 복 받으면 큰일나지" 하는 말들을 사람들이 하고 있다면, 그 말은 아버지께서 들으시고 갚으십니다. 까닭이 있을 때 말입니다. 까닭 없는 저주는 응하지 않습니다(잠26:2). 그래서 우리는 상대를 배려하고 사랑하며 위로하며 위로 하나님 사랑 그와 같이 이웃을 내 몸과 같이(마22:23) 사랑하라는 말씀대로 살아야 됩니다. 그렇게 되면, 저 사람이 복 받지 않으면 누가 받아, 아 저런 사람은 꼭 복을 받아야 된다고 복 비는 소리를 들으시고 우리에게 복을 내리십니다. 도르가처럼 말이에요. 죽었다가도 살려주시지 않으셨습니까?(행9:40)

셋째, 구하여 받고도 죽는 말이 있습니다.

이스라엘 백성과 섞여 사는 무리가 탐욕을 품으매(지금 가질 수 없고, 할 수 없는 일을 하고자 하는 것) 이스라엘 자손도 함께 먹고 싶은 고기를 구하는 것인데, 애굽에 있을 때 좋았다고 하는 말이 아마도 가장 귀에 거슬리셨을 것입니다. 애굽에 10가지 재앙과 장

자를 죽이고 홍해를 갈라 이 광야까지 데리고 오시면서 많은 이적을 보이셨습니다. 바위에서 물을 터치고(민20:8), 맛나를 먹이시며(민11:9), 온갖 기적을 계속 보았음에도 불구하고 고기 먹고 싶다고 해서 애굽이 좋다고 하며, 장막 문에서 우니 하나님도 모세도 기쁘지 않으셨지요. 모세의 고통의 기도를 들으시고 고기를 주셨지만, 애굽에 있을 때가 재미있었다, 우리가 어찌하여 애굽에서 나왔던고 하는 소리를 들으시고, 그 고기가 이 사이에 있어 씹히기 전에 하나님께서 진노하사 심히 큰 재앙으로 치셨으므로 많은 사람이 죽고 징계를 받았습니다(민11:10~33).

이렇게 기도했더라면 받아서 먹고 좋아하며 하나님도 기쁘게 할 수 있었을 텐데…… 아버지! 고기 먹고 싶어요. 고기 주세요. 단순한 기도가 좋습니다. 우리 아버지는 쟁기를 잡고 뒤돌아보는 사람을 너무 싫어하십니다(눅9:62). 예수님 믿기 전에는 좋았는데, 예수님 믿고 나서 이 모양 이 꼴이 되었다고 하는 사람, 예수님 안 믿었다면 그 모양 그 꼴도 안 되었겠지요.

예전의 애굽(지난날의 삶)을 상기하는 우리의 말이 혹여 라도 입에 있나 살펴보세요. 이제 없애 버리고 우리 예수님이 최고! 우리 아버지가 최고! 나의 성령님이 최고! 라고 칭찬해 드리면서 미래를 바라보고 가며 오늘 최선을 다하면 나의 오늘 어느 날 우리의 꿈을 이루어 주시고 기뻐하실 것입니다. 우리에게 내일은 없습니다. 밤이 지나고 눈을 뜨면 항상 오늘이었고, 내일은 글에 있을 뿐이었습니다. 오늘 하십시오. 우리 아버지를 사랑한다고… 지금 말이예요

석여 사는 무리가 탐욕을 품어서 따라한 것이 화근이 되었지요. 그래서 우리는 "주를 깨끗한 마음으로 부르는 자들과 함께(딤후 2:22)하라는 말씀을 기억해야 합니다."

넷째, 완악한 말이 있습니다(말3:13~15).

우리 입에서 나오고 있는 말이 무엇인지 모르고 있습니다. 우리는 우리의 행위가 다 바른 줄로 여기나 하나님은 우리의 심령을 감찰하십니다(잠16:2). 심령만 감찰하시는 것이 아니라 우리의 입술의 말도 들으십니다. 이스라엘 백성들의 지속되는 불순종과 악행 때문에 순종하지 못하는 그들 때문에 말라기선지 이후에 예수님 탄생 때까지(약430년간) 어떤 말씀도 하지 않으셨습니다. 그리고 너희들이 나를 대하여 완악한 말을 했다고 하십니다. 이스라엘 백성들은 언제 그랬느냐고 그래서 이곳에 완악한 말이 무엇인지 정리해 보았습니다.

① 하나님을 섬기는 것이 헛되다.
② 명령을 지키며 슬프게 행하는(금식) 것이 무엇이 유익하냐.
③ 교만한 자가 복되다.
④ 악을 행하는 자가 창성하다.
⑤ 하나님을 시험하는 자가 화를 면한다.

메시야를 기다리던 백성들이 잘 먹고 잘살게 해준다는 메시야는 안 오고 계속 회개만 촉구하는 하나님이 싫고, 기다리다 지친 그들이 입에서 나온 이야기입니다.

우리가 하나님을 섬기고 금식하여 애쓰는데, 실재로는 저런 자들이 잘되니 않느냐?

교만한 자가 복 받지 않느냐?고 반문하는데, 교만하면 낮아지리라는(잠29:23) 말씀을 잊으신 분들입니다. 인생은 단거리가 아닌 장거리 경주(히12:1)입니다. 교만하면 낮아지고 낮아지면 높여 주신다고(욥22:29, 벧전5:5~6, 마23:12) 하셨습니다. 조금만 더 기다리고 열심히 명령을 지키면 더 좋은 것을 주실 겁니다.

악을 행하는 자가 창성하다고요. 악을 행하는 자는 풀을 베임같이 속히 베임을 당하리라 하셨습니다(시37:2). 하나님을 시험하는 자가 화를 면한다구요. 혹시 우리는 하나님을 시험하지 않으시나요? 우리가 많이 그렇게 합니다. 보이지 않는 세계의 지식이 모자라서 때가 되지 않은 일을 저질러 놓고 수없이 하나님을 시험하고 계신 것은 아니신가요. 우리의 입술을 자세히 살펴 완악한 말을 하지 않도록 늘 조심하여 복된 말을 하도록 입술을 길들이기 원합니다.

다섯째, 하나님의 기념 책에 기록하는 말들이 있습니다(말3:16~18).

어떤 사람들이 완악한 말을 할 때에 하나님을 경외하는 자들, 그 이름을 존중히 여기는 자들이 피차에 하는 말(피차, 설교가 아닌 가장 편한 자세로 주고받는 대화)을 들으시고 기념 책에 기록하신다고 하시는데 그럼 그 말은 무슨 말일까요? 우리 하나님을 자랑하는 말이겠지요. 이생의 자랑(요일2:16)이 아닌 하나님이 우리에게 베풀어주신 놀라우신 일들과 베풀어주신 놀라우신 사랑과 사랑해주시는 이적들에 대한 간증일 것입니다. 아버지가 날 위해 뭘 해주셨느냐고 날 왜 낳아서 이 고생을 시키느냐고 투정하는 말보다는 날마다 나의 삶에서 크고 작게 베풀어 주신 그 귀하신 사랑을 말하는 것이 아닐까요.

아버지께서 다 해주시고도 내가 했다고 칭찬해 주시고, 시험당할 즈음에(고전10:13) 피할 길을 내주시고 가르쳐 주시며, 넘어가게 해주시고서는 넘어간 다음에는 네가 나를 기쁘게 해주었다고(엡5:10) 칭찬하시는 우리 아버지! 나의 아버지! 기념 책에 기록할 만 하겠나요? 우리는 큰돈을 받아야, 큰 교회를 지어줘야, 큰 업체를 차려줘야, 감사할 일이라고 생각하시나요. 하루하루의 나의 삶에 살아계셔서 나와 대화해 주시는 것이 아닐까요? 사랑해 주시고 슬플 때 위로해 주시며 즐거울 때 기뻐해 주십니다. 내가 나의 아이들 때문에 기뻐하고 슬퍼하듯이 말이에요. 우리가 하나님을 섬기는 것은 나의 삶의 평안을 얻으려 하시는 것은 아니신가요?(요14:27)

많이 가지고 크게 가진 것만이 감사할 조건이라고 생각하는 그 생각의 지식이 잘못되어 있다고 생각되진 않으신가요. 나의 이 하루에 생명 있음에 감사한다면, 나의 이름은 분명히 기념 책에 기록해 주실 것입니다.

기념 책에 기록된 사람들을 특별한 소유를 삼는다고 하십니다(말 3:17). 평상시에 하는 말을 들으시고 특별히 사랑하신다는 것입니다. 완악한 말을 계속하며 살 것인지, 아니면 기념 책에 기록될 내 말에 감사하고 살 것인지를 늘 생각하면서 말을 해야 되겠습니다.

(1) 특별한 소유가 되면?

사람이 자기를 섬기는 아들을 아낌같이 그들을 아끼리니(말3:17)라고 하셨는데 그의 아끼는 것은 어떤 것일까요? 눈에 넣어도 안 아픈 그 사랑, 우리가 자식이 있으니 생각해볼 수 있겠지요. 더 주고 싶고 더 해주고 싶고 무엇인가 덤으로 자꾸 주고 싶은 상대가 된다는 것이지요. 아무런 힘이 없는 나도 사랑하는 아들딸에게 무엇인가 해주고 싶어서 애쓰는 그런 아낌 아닐까요?

우리 아버지가 나에 무엇인가 해주고 아껴주시면 나는 어떻게 될까요? 성실하게 대처하시어 훈련시켜 주시고(시119:75) 천국 가는 걱정 없이 해주십니다(말3:6). 기도 들어 응답해 주셔서 나의 소원을 들어 주시고 성령의 종이 되게 하시어 아버지와 대화하며 무시에 기도하게 하시고(엡6:18) 육을 죽여서 열매 맺게 해주시고 귀한 사람 되게 해주시지요(요12:25~26).

(2) 분별하게 해주겠다(말3:8).

"그때 너희가 돌아와서", "정한 어느 때" 그때 돌아와서, 늘 불순종으로 원망하고 불평하고 완악한 말을 하고 회개하지 못하는 백성들에게 말라기 선지자 이후에 400여 년이 넘는 동안 침묵하시기 전에, 그때에 너희가 돌아와서 의인과 악인을, 하나님을 섬기는 자와 섬기지 아니하는 자를 분별하게 해주시겠다는 것인데, 이 분별은 과연 어떻게 하게 하시겠다는 것인가요? "신령한 일은 신령한 것으로 분별하느니라(고전2:13), 육에 속한 사람은 하나님의 성령의 일을 받지 아니하나니 저희에게는 미련하게 보임이요, 또 깨닫지도 못하시나니 이런 일은 영적으로라야 분별함이니라(고전2:14), 신령한 자는 모든 것을 판단하나 자기는 아무에게도 판단을 받지 아니하느니라(고전2:15)."

영의 일은 영으로 분별하여 육에 속한 사람은 성령의 일은 모른다는 것과 같은 뜻입니다. 보이지 않는 영의 세계를 초보자(육에 속한 자)가 어찌 알 수 있으리요(히5:12).

말라기 3장 7절의 특별한 소유는 영에 속한 자가 되게 해주시겠다는 말씀이며, 그 마음을 돌이키게 하고(말4:6, 아비의 마음을 자녀에게, 자녀의 마음을 아비에게) 우리의 마음에 하나님 아버지께서 성령의 이름으로 오셔서 아버지와 하나 되게 하시고(요14:23), 성령의 구원의 방법으로(행2:21), 꿈, 환상, 예언(행2:17)을 따라 보이지 않는 세상을 보고 의인인지 악인인지, 하나님을 섬기는 자인지 아닌지를 분별하게 하신다고 말씀하신 것입니다.

(3) 사람의 속사정은 사람 속에 있는 영 외에 누가 알리요(고전2:11) 성령님이 아니시고는 사람을 알아볼 수 없는 것입니다. 나타내 주시지 아니하시면 알 수 없는 것입니다(요14:21). 어둠에 있는 것을 빛으로 나타내주십니다(엡5:12~13). 그 방법이 꿈과 환상입니다. 예수그리스도의 증거 곧 자기가 본 것은 다 증언하였느니라(계1:2). 우리가 특별한 소유가 되는데 돈이 필요하다면 저 같은 사람은 그 속에 못 들어가겠지요. 특별한 아낌 속에 어떤 사람이 의인

인지 어떤 사람이 악인인지 알아볼 수 없겠지요. 그런데 말만 잘하면, 우리가 피차에 모여 하나님을 경외하며 그 이름을 존중히 여기는 말을 하게 되면(말3:16), 그 소유를 삼아 주신다고 하시니 얼마나 감사한지요. 내 마음에 성령님을 모시고 사랑하는 자들의 영을 분별하여 그들을 돕고 살 수 있는 사람이 되는데 이는 돈보다 말이 필요한 것으로, 항상 말을 잘해야 합니다. 예쁜 입으로 예쁜 말하여 성령의 도구로서의 복된 삶이 우리의 삶이되길 원하며, 더 나아가서 사도며(고전12:28), 제사장이며(계1:5), 우리의 사도시며 대제사장 되신(히3:1) 예수님을 모시고 능력 있는 종과 백성으로 살아갈 수 있는 성령의 길이 우리의 길이 되길 원합니다.

3) 나의 입의 말이 곧 복입니다.

입술의 말로 인하여 복록에 족하고(잠12:14), 우리 민족의 속담에 말 한마디에 천 냥 빚을 갚는다는 말이 있듯이 말 잘못하면 천 냥 빚을 얻기도 하는 것입니다. 우리의 말이 바로 나의 삶의 미래를 결정합니다. 내일이 없으니 항상 글자로 있는 내일은 눈만 뜨면 오늘이 되는데, 오늘 지금 이 시간에 말을 잘해야 합니다. 사랑합니다. 감사합니다. 네 그렇습니다. 암요 그렇고말고요. 매사에 아니야. 못해. 안 돼. 하는 말보다 피차에 네 그러세요. 그렇게 하세요. 그렇게 하십시다. 라고 말한다면, 서로 사랑하고 이해하며 참는 데 어려움이 없을 것입니다. 말로 먼저 짜증내고 말로 먼저 모든 것을 부정해 버린다면 저 높은 곳을 향하여(엡3:19) 천국 가는 우리의 길이 너무

험난하지 않겠습니까?

우리 천천히 조심스럽게 조급하지 않게 하나씩 해 보도록 합시다. 사랑합니다. 감사합니다. 애쓰고 수고하셨습니다. 아버지! 예수님! 성령님! 삼위일체 하나님께 인사를 하고 사랑을 나누다 보면 자연히 입술이 새롭게 길들여지고 사랑하는 말을 하게 되어 사랑하는 사람들과 거룩한 삶을 사는 새로운 나의 인생이 기다리고 있습니다. 우리 민족은 입술이 고쳐지면 저주가 온전히 끊어집니다.

4) 우리의 새로운 삶은 말로부터 그리고 천대까지의 복을 (사58:12)

우리의 새로운 삶을 보라 이제 내가 새것이 되었노라, 성령으로 거듭났으니(요3:1~8), 멍에와 손가락질과 허망한 말을 제하여 버리고, 날마다 기쁨이 충만한 삶, 3~4대 저주가 끊어져 천대까지의 복이 임하여 사랑하는 우리의 하나님 아버지께서 우리를 마음껏 도와주실 수 있는 삶, 내가 기도하는 것이 이루어져 열매가 맺어지고, 그 열매를 통하여 우리 아버지가 노래하시는(사5:1) 그 열매를 나누며 이 땅에서 전도하고 사랑하는 아름다운 삶이 기다리고 있습니다. 이제 우리가 민족과 개인의 저주를 끊을 수 있는 금식을 성경에서 알게 되었으니(사58:12), 우리 민족 전체가 금식을 하여, 우리 아버지께서 우리나라에 복을 주시고, 얽히고설켜 있는 교회 문제들, 나라의 문제들이 해결되길 원합니다. 우리의 기뻐하는 금식으로 흉악의 결박이 풀어져서 우리가 웃을 수 있는 그런 나라, 그런 교회, 그런 가정들이 되어 우리 아버지도 우리들 때문에 웃으실 수 있게 해 드려, 하나님 아버지께 영광 돌려 드리길 원합니다. 3~4대 저주가 끊어지고 천대까지의 복이 임하여(사58:12) 영육 간에 잘사는 것이 우리 아버지께 가장 큰 효도인 것입니다. 사랑합니다.

5) 우리의 속담 고칩시다.

부정적인 속담이 우리의 말과 생활에 있어서 긍정적이며 사람들과 사랑하며 사는 우리의 바른 길에 올무를 놓고 있습니다.

우리의 삶을 긍정으로 이끌려면 우리가 해야 할 행동을 미리 말로 해 놓으면 그대로 따라하는 것이 사람입니다.

① 머리 검은 짐승은 거두는 것이 아니다.

사람 속에 있는 짐승(사단, 마귀, 귀신)을 빼내고, 머리 검은 사람을 잘 훈련시켜 거두고 가르쳐서 나라와 세계를 호령할 인재를 만든다.

② 사촌이 땅을 사면 배가 아프다.

사촌이 땅을 사면 즐겁다. 땅이 없으면 돈도 없을 테니 내 것을 가져갈 것이고, 많이 있으면 갖다 주기 때문이다.

③ 여자가 이마가 넓으면 남자를 망하게 한다.

이마가 넓은 여자는 마음이 넓어 남자를 흥하게 하고 많은 사람을 복 받게 하고 칭찬 받는다.

④ 열두 가지 재주가진 사람이 끼니 간데없다.

열두 가지 재주가지면 부자로 산다. 자신이 있어야 할 자리에

있지 못했기 때문에 끼니가 어려웠고, 길을 여쭤보고 원하시
는 자리에 있기만 하면 누구보다 부자로 산다.

⑤ 두고 보잔 사람 무섭지 않다.

바른 선지자가 되면 두고 봐라하면 무섭다. 하늘의 뜻을 땅에
이루는 사람, 이루어지기 때문이다.

⑥ 3일 굶으면 남의 담 넘지 않는 사람이 없다.

40일 까지 굶어도 남의 담 안 넘고 금식하여 큰 복을 받는다.

⑦ 아들 있는 사람 길거리에서 죽고, 딸 가진 사람, 싱크대 밑에
서 죽는다.

아들은 어려서부터 순종과 부모를 귀하게 섬겨 복 받는 자식
으로 키우고, 재산은 천국 갈 때 까지 물려주지 않고 효도하
게 만든다.

딸은 어렸을 때부터 살림하는 훈련을 철저히 시켜서 엄마의 설
거지까지 해주게 만든다.

우리의 말들이 부정적이어서 우리의 미래에 족쇄를 채우고 안 되
게 만듭니다. 지금 우리들이 쓰고 있는 속담이나 속어 같은 부정적
인 말을 바꾸어 미래의 삶을 미리 긍정으로 말하고 이끌어서 나의
삶도 능력 있게 자녀들도 배워서 우리 민족의 미래가 밝고 아름답
게 열려지길 원합니다. 입술의 열매를 짓는 나 여호와(사57:19) 사
랑합니다.

금식에 대한 부정적인 이야기들

금식을 하면 빨리 죽는데, 건강이 나빠진데, 남자들은 정력이 떨어진데. 이러한 말들이 있습니다. 그런데 이러한 말들은 전혀 근거 없는 이야기이며 금식을 잘못했을 때에 그렇게 될 가능성이 있습니다.

금식은 아주 위험한 일입니다. 그래서 준비된 데에서 준비된 사람들의 도움을 받아가면서 해야 합니다. 그러면 건강이 아주 좋아집니다. 오장육부를 다 쉬면서 진정한 쉼을 가질 수 있는 것입니다 (레16:29~31). 40일까지 해도 괜찮습니다. 예수님이 본을 보이셨기 때문입니다. 그러나 장기는 위험합니다. 아무나 할 수 있는 것이 아니고 아버지께서 허락을 하셔야 하고, 믿음이 합당한가를 타진한 다음에 해야 합니다. 금식은 장기가 아닌 단기금식을 자주하는 것이 아주 좋습니다. 그것도 집이나 교회에서는 절대로 해서는 안 됩니다.

금식은 영적인 수술이기 때문에 병원에서 수술을 해야 한다는 인식을 잊어서는 안 됩니다. 영적인 준비가 필요합니다. 약물투여 주스 소금, 그 무엇도 금식 때는 안 됩니다. 물만 잡수셔야 합니다. 다른 것을 몸에 넣고는 금식이라 할 수 없으며 하려면 제대로 하지 뭘 비슷하게 합니까. 정통으로 가야지요. 그대로 따라 해야 기적의 금식이 됩니다(창6:22, 요2:5). 많이 하는 것이 중요한 것이 아니라 성경이 원하시는 데로 하는 것이 중요합니다(사58:1~12). 보이지 않기 때문에 함부로 하여 건강을 망치고 아주 영적인 문제가 너무나 혼탁해져 버리는 경우가 얼마나 많은지 모릅니다.

금식은 생명과 관계가 있습니다.

(1) 백해무익한 금식
① 일하면서 금식하는 것(사58:3)
② 준비되지 않은 곳에서 하는 것(교회, 집)
③ 보식하지 않은 금식
(금식과 보식은 같은 날짜만큼 해야 합니다.)

(2) 영육 간에 복이 되는 금식
① 일하지 않고 오락하지 않는 금식(사58:3)
② 준비된 금식 기도원에서 하는 금식
③ 보호식을 철저히 해주고 성령충만으로 채울 수 있는 예배와 회개의 말씀이 있는 곳
우리의 삶에 복이 되는 금식을 찾아 하길 원합니다.

3일이나 1주일을 단기라 하고, 장기는 10일 이상을 장기라고 하

는데, 3일 이상으로 금식을 하게 되면 위가 아주 얇아져서 보호식을 잘못하면 위와 몸의 여러 가지 기능을 망가뜨립니다.

그래서 금식은 꼭 죽을 먹고 금식한 날짜만큼을 보호식을 해주어야 합니다.

철저한 보식만이 금식을 완성시켜줍니다.

음식을 금하는 것은 생명과 관계되는 일입니다. 바른 지식을 가지고 접근하셔야 하며 조금씩 천천히 하는 것이 중요합니다. 교회나 집에서 하는 금식은 백해무익합니다. 이렇게 말씀드리면 '집에서 죽 먹고 해야지'라고 합니다. 예배와 찬송 성령과 불로 세례를 받고(마3:11) 물과 성령으로 거듭날 수 있는(요3:5) 은사집회가 필요합니다.

보호식의 중요성

우리나라에 많은 금식기도원이 있습니다. 그런데 금식기도원이 보호식에 대한 중요성을 알지 못하고 있는 것 같습니다. 그냥 죽을 팔아버리고 아무런 제재 없이 먹게 하여, 거기에서 생겨나는 부작용이 얼마나 많은지요. 보호식을 철칙같이 지켜주어야 합니다.

3일 금식하면 3일이 보호식이며 그 기간 동안은 기도원에서 내려가게 해서는 안 됩니다. 3일을 금식하는 데에는 6일의 기간이 필요한 것입니다.

금식하는 기간의 3일은 수술하십니다. 병을 주고 삶을 망가뜨린 귀신을 몰아내십니다. 보호식 하는 기간은 수술하는 자리를 꿰매고 그 자리가 아무는 기간이기 때문에 육신의 병원에서도 이런 환자를 밖에 내보내지 않듯이 금식하는 기도원에서도 이것을 통제를 해주어야 하며, 그 통제를 통해서 죽을 먹게 하고, 음식을 골라 먹이고, 성령충만을 받도록 찬양과 예배와 기도를 하며 수술 받은 부분이 아물기를 기다려야 합니다.

보호식 할 때에 화를 내거나 싸우거나 하면 금식은 헛것이 됩니다. 그것은 사단, 마귀, 귀신이 나갔다가 다시 들어오려고 화나게 하고 사람을 뒤집으려 하는 것입니다. 그럴 때 화를 내면 금식은 쏟아져버리고 나갔던 귀신들이 다시 들어오면서 사람이 더 잘못되어 버릴 확률이 있습니다(마12:43~45). 이럴 때는 한 두 끼 정도 금식을 더하면 괜찮아집니다.

금식할 때에는 사람이 다치는 일이 거의 없습니다. 그러나 보호식할 때에 잘못하면 사람이 다치고 죽기도 합니다. 위가 너무 연약해져 있기 때문에 그렇게 되는 것입니다. 아주 부드러운 반찬과 음식으로 보호식을 시켜줘야 하는 것입니다.

저는 12년 동안 아주 많은 사람을 겪었습니다. 금식과 보호식을 철저하게 하므로 많은 병이 나았고 위장병은 아주 잘 낫습니다. 보호식을 잘못하면 아무 병도 나을 수 없고 또 병이 도리어 중해져 버리는 일이 생깁니다. 그래서 보호식으로 마무리를 잘해줘야만 안전하게 성령충만을 받을 수 있고 자신의 삶에 기쁨을 가지며 불법에서 벗어날 수 있는 금식이 되는 것입니다. 다른 곳들에서 금식하는 형태를 보면 금식하는 것도 날짜를 정하는 것도 모두 자신들이 하고 보호식도 전혀 없이 그냥 자신들 멋대로 하다가 금식 때문에 어려움을 당하는 것을 볼 수가 있는데, 금식은 자기 혼자 하는 것이 아니고 지도자와 함께 도움을 받아가면서 해야 한다는 것을 절대 잊어서는 안 됩니다. 생명에 위험이 있기 때문입니다.

주의 종들이 40일 금식하다가 많이 다치고 삶과 교회에 어려움을 가져옵니다. 무조건 40일만 금식하는 것이 좋은 것이 아닙니다. 40

일 금식이 생명을 너무나 많이 빼앗아가고 보호식도 잘못하여 건강을 망치기 때문에. 조심하시고 차라리 나누어서 일 년에 40일, 10일씩 40일 이렇게 하셔도 좋습니다. 능력이 금식과 기도니까 한번 도전해봐야 되지 않겠어요. 능력을 받으면 어찌될까요. 가정과 교회가 나라가 나 때문에 부흥하지요(막9:29) 위의 성경에 기도외에라고 나와 있지만 어떤 원문에 기도와 금식 외에는 제가 임상실험결과 금식과 기도가 많습니다. 기도만으로는 많은 삶의 고통을 가져야하고 하나님 기뻐하는 금식(사58:6)은 삶의 부흥과 함께 평강이 함께하는 능력과 권세를 동반합니다(계5:12).

조금씩 자주 하시면 더욱더 좋은 일이 생깁니다.

저의 벧엘 금식기도원에서는 보호식을 하지 않고 가시겠다는 분들은 금식을 허락하지 않고 있습니다.

가지고 온 시간의 반은 금식, 반은 보호식을 합니다.

금식기간	보호식기간
1일	두 끼
2일	1일 반
3일	2일 반
4일	3일 반

이런 방법으로 지도하며, 보호식 할 때도 철저히 관리하여 보호식을 시켜주고 예배를 통하여 회개와 용서(마5:21~25)를 하게하고 회개와 용서 거리를 모르면 꿈과 환상으로 알려주셔서 회개시키시고 성령충만 받도록 인도하여 성도들과 주의 종들을 도와주고 있습니다. 아버지께서 기뻐하시고 부흥케 하시며 열매와 사랑으로 갚아 주십니다. 사랑합니다. 우리 모두 금식하여 우리 민족의 저주를 끊고 우리 아버지 하나님, 예수님, 성령님께 효도하며 사랑받으시길 원합니다.

할렐루야!

사랑합니다. 우리 민족을, 여러분을, 우리의 아버지의 사랑으로 사랑합니다.

다섯 번째 이야기

은사

은사란?
우리가 하나님을 기쁨으로 섬기는 도구입니다(고전12장)

하나님께서 우리의 구원(영·육)을 위하여 우리를 돕는 도구를 주신 것이 성령님을 통하여 주신 꿈, 환상, 예언(행2:17)입니다. 그렇다면 우리도 하나님을 섬기는 도구가 있겠지요. 그것이 바로 고린도전서12장 1~11절, 로마서12장 6절 이하에 있는 은사입니다. 하나님께서 각 사람에 성령으로 나타나심을 주심은 하나님을 섬기는 일에 유익하게 하시려고 은사를 주신 것입니다.

성령으로 말미암은 지혜와 지식의 말씀

하나님은 영이십니다(요4:24). 영이신 하나님의 일을 하면서 성령님 없이 한다면 그것처럼 어리석은 일이 없고, 성령이 없이 우리가 하나님을 섬긴다면 그것은 반드시 육신의 일이 되어 죽을 일이 생깁니다(롬8:13). 그래서 우리는 하나님의 일을 지식을 가지고 하여 나의 의가 아닌, 하나님의 의를 이루어(롬10:1~6) 아버지께 영광 돌리기 위하여 성령께서 주시는 은사에 대해서 알아보고자 합니다. 고린도전서12:8~11절에 나타나 있는 은사에 대해서 먼저 보도록 하겠습니다.

말씀은 어떻게 구성되어 있을까요?

1) 삼위일체의 하나님,

① 여호와 하나님,

계획하시는 분(출3:14, 스스로 있는 자 16, 여호와 하나님 렘 51:19, 대하18:18 여호와)

② 예수 하나님,

　주는 그리스도시요 살아계신 하나님의 아들(마16:16)

　자기 아들을 죄 있는 육신의 모양으로 보내어(롬8:3~4)

　하나님 우편에(막16:19)

　그 이름은 기묘자라 모사라 전능하신 하나님이라(사9:6)

　◎ 이루시는 분(요19:30)

　◎ 구원하시는 분(행2:21, 3:6, 4:12, 15:11, 16:31)

③ 성령하나님, 도우시는 분(어머니의 역할, 갈4:26)

　◎ 그는 참 하나님이시오 영생이시니라(요일5:20)

　◎ 그리스도는 성령의 다른 직함, 율법의 저주에서 속량하시
　　는 분(갈3:13)

　◎ 보혜사(요14:16)

　◎ 어머니의 역할(창27:13, 갈3:13 연계)

2) 십계명 율법(출20:1~17)

3) 적용자와 그들의 삶

　지혜와 지식의 말씀은 하나님을 섬기는 방법을 가르치는 은사
·입니다.

　◎ 지혜의 말씀 : 여호와를 경외하는 것이 지혜의 근본이요(잠
9:10). 성령께서 지혜의 근본자시며 이분이 삶의 방향을 결정하는

지식을 주십니다.

　◎ 지식의 말씀 : 여호와를 경외하는 것이 지식의 근본이니라
　　(잠1:7).

　◎ 우리는 하나님의 경륜(법)을 성경을 통해서 배우고,(십계
　　명, 출20:1~17, 생명의 성령의 법, 롬8:2)

　◎ 지식 : 말씀을 가지고 나의 나아갈 방향을 정해주는 것

4) 그 법을 어떻게 지킬 것인가를 배웁니다(율법, 출21~23장).

그런데 우리가 계속적으로 배우는 것은 '하나님은 이런 분이고, 예수님은 이런 분이고, 성령님은 이런 분이시다. 하나님의 법은 이렇게 생겼다' 등을 끊임없이 가르쳐서 머리가 커질대로 커졌습니다. 그래서 그 말씀을 가지고 자신을 직고하라(롬14:12)고 하셨는데 자신의 일을 살피지 않고 상대만 살핌으로써 손가락질이 되고(사58:9), 판단하고, 정죄하여(롬2:1) 노와 분을 쌓고 때가 되면 환란과 곤고가 있어(롬2:9) 고통을 당하면서도 무슨 이유에서 자신이 고통을 당하는지 조차도 알지 못하는 어리석음 속에 살고 있는 우리입니다. 성령께서 주시는 지혜와 지식의 말씀은 하나님의 말씀을 가지고, 그 말씀을 가르치시고(마24:45), 그것이 삶에 적용되고 있는가를 꿈과 환상으로 분별하여, "너희는 이 세대를 본받지 말고 오직 마음을 새롭게 함으로 변화를 받아 하나님의 선하시고 기뻐하시고 온전하신 뜻이 무엇인지 분별하라(롬12:2)."는 말씀대로 구습을 쫓는 옛 사람을 벗었는지 아니면 분별하여 새 사람을 입었는지(엡

4:22~24)를 보고 알려주셔서, 나의 보이지 않는 속사람의 상태를 알게 하시고, 대처하게 하여, 그렇게 살지 못하는 부분에 있어서는 금식과 기도를 통하여 회개 시키십니다.

우리의 행위가 얼마나 중요합니까? 믿음은 행함과 함께 일합니다(약2:22). 의인은 믿음으로 산다(롬1:17)는 로마서의 기록이 대치하여 싸우는 것처럼 보입니다. 그러나 "육신으로 살면 반드시 죽을 것이로되 영으로써 육신의 행실을 죽이면 살리라(롬8:13)"는 우리의 행위에 대해서 더욱더 큰 무게를 두게 하십니다. 나는 지혜가 있고 나는 지식이 있노라 하지만, 실제로 세상에서 신학에서 배운 지식이지 성령님께서 가르치시는 하나님을 섬기는 지식에(방향설정) 이르지 못하고 있는 것을 볼 수 있습니다(요일11:27). 그것은 자신이 말씀만을 가지고 사는 것이 바르게 사는지를 분별할 수 없기 때문입니다. 너희가 나를 사랑하느냐? 그러면 계명을 지켜라. 계명을 지키면 내가 나를 나타내주겠다(요14:21).

너희가 나를 사랑하느냐? 그러면 내 말을 지켜라. 그러면 아버지가 너희를 사랑하실 것이요. 우리가 저에게 와서 거처를 함께 하겠다(요14:23). 진실로 하나님 아버지를 사랑하십니까? 그렇다면 말씀을 지키고 계시는 중에 내가 그 말씀, 계명을 제대로 지키고 있는지 어떻게 알 수 있으며, 그 계명을 지키고 있다고 한들 우리 아버지를 어떻게 만났다는 말인지 조금 생각해 봐야 되지 않겠습니까?

너희 중에 선지자가 있으면 나 여호와가 이상으로 나를 그에게 알리기도 하고 꿈으로 그와 말하기도 하거니와 내 종 모세는 그렇지 아니하니 그는 나의 온 집에 충성됨이라. 모세와 같이 온 집에 충성된다면 지금도 그와 대면하여 명백히 말씀하실 것입니다. 은밀한 말로 아니하신다 하시니 분명 만나서 말씀 하실 것입니다. 그런데 온 집에서 모세처럼 충성되지 못하다면 꿈과 환상으로 알리고 말씀을 하신다고(민12:6) 되어 있으니, 우리가 말씀을 유의하여 살펴보아야 합니다.

개인적인 영의 상태를 알려서 해야 할 일과 하지 말아야 할 일, 전진해야 할 것과 멈춰야 될 일 등을 말씀하시고 그것을 그대로 따라 하는 자에게 함께 하시는 것입니다(요14:23).

그래서 우리는 꿈과 환상으로 이루어지고 있는 말씀과 나의 삶의 분별을 철저히 훈련하여 가르치는 주의 종이 되어야 하고 배워야 하는 백성이 되어야 합니다. 충성된 종은(마24:45) 이렇게 가르치는 자이며, 악한 종은(마24:48) 내 생각대로 아니면 배운 문자적인 말씀만을 가르쳐서 성령님 없이 육신으로 살고 가르치는 종입니다.

때를 따라 양식을 나누어 주는 종은 복이 있고 모든 소유를 맡기신다고(마24:45~47) 하셨고, "악한 종은 엄히 때리고 외식하는 자의 받는 율에 처하리니 거기서 슬피 울며 이를 갊이 있으리라(말24:51)" 성령님이 우리를 도우시는 방법을 잘 이해하면 우리도 은사를 받아 지혜와 지식의 말씀을 삶으로 연결하고 나를 본다면 싸움을 멈추는 교회, 화평의 교회, 화목의 직책을 감당(고후5:18)하는 아름다운 나라와 교회와 가정들이 되어서 아버지 앞에서 칭찬받고 사랑 받는 복된 자리에 가게 될 것입니다.

같은 성령으로 믿음을

  우리가 예수님을 믿는 것도 내 마음대로 할 수 없는 것이지요. 택함(롬1:1)과 중보의 기도(창20:17)와 여러 가지 방법으로 어느 날 우리를 낳으셔서 자녀 삼으시고(시2:7), 보이지 않는 아버지를 아바 아버지라 부르게 하시고(롬8:15), 예수님을 나의 구주로 고백하게 하시고(고전12:3) 믿게 해주신 것도 우리가 한 것이 아니요 성령님께서 하셨다고 하십니다. 성령님이 아니시면 우리의 믿음 자체가 성립이 안 되는 것이지요.

  꿈과 환상으로 우리에게 알리는 것도 마찬가지입니다. 어떤 사람은 보화가 쏟아질 일을 가르쳐 주셔도 안 믿어져서 못 따라하고, 어떤 사람은 그것이 믿어져서(창41장, 바로) 있는 것에 더하여 갖고, 어떤 사람은 가진 것도 잃어버리는 것을 볼 수 있습니다(단4장, 느브갓네살, 마13:11~12). 믿음의 은사가 최고의 것이 아닐까요?

  "이제 일이 이루기 전에 너희에게 말한 것은 일이 이룰 때에 너희로 믿게 하려 함이라(요14:29)", "믿음은 바라는 것들의 실상이요 보지 못하는 것들의 증거니라(히11:1)" 믿어지기만 하면 된다잖아요 보이지 않는 것이 나타납니다 우리에게 꿈과 환상으로 되어질 일, 진행되고 있는 일, 나의 과거, 현재, 미래를 말씀하십니다. 이 말씀을 따라가다 보면 하나님 아버지의 나와 함께 하시는 것을 확연히 알아지고 의심 없이 믿어지며 우리의 믿음을 크게 키우시는 방법으로 사용하십니다. 마리아에게 예수님을 탄생케 하시겠다고 말하지 않고 임신이 되었다면 무슨 일이 일어나겠습니까? 꿈으로 미리 알리시고(마1:20) 알리신 것을 통하여 믿음을 갖게 하시고, 보이지 않는 하늘나라를 보게 하십니다. 우리는 꿈과 환상으로 말씀하시는 것을 해석하여 "아버지! 네 그렇게 하세요."라고 고개만 끄덕거리면 되는 것이지요.

우리 성령께서 하시면 아주 간단하게 큰 믿음의 소유자가 될 수 있습니다. 우리 함께 이 산을 들어 바다에 던지라 하면 던져지는(마17:20) 그런 믿음의 소유자들이 되길 원합니다. 아버지께서 일하신다고 하시면 그것을 하시라고 믿어 드리는 것이 믿음의 은사입니다.

한 성령으로 병 고치는 은사를

우리가 말씀을 불순종하였을 때에 그것을 치리하는 방법 중(레 26:14~)에 기록된 것이 병입니다. 우리가 병들어 어려움을 당하는 것은 또 은사를 주어 사랑하시는 자들을 고쳐줄 수 있는 기능을 주신 것입니다. 육신의 병원도 많이 있지만 실제로 많은 병을 고치지 못합니다. 많은 의학 박사들이 병에 대한 약과 처방을 만들어내도, 하나님의 법에 걸려 있는 자들을 치리하는 방법으로 발병하고 있는 것이기 때문에 그 처방에 미치지 못하는 희귀병을 사단, 마귀, 귀신이 얼마든지 만들어 낼 수 있기 때문에 병원에서 치료 받는 것은 거의 불가능합니다. 다만 지연시키고 있고 그 병이 고쳐진다 해도 그 약으로 말미암아 또 다른 병을 유발시키고 있을 뿐입니다. 허리 디스크에 걸려 엑스레이에 허리뼈 7개가 까맣게 나오는데 금식과 기도를 통하여 회개하여 여러 번 걸쳐 금식했더니 엑스레이에 까맣게 나오던 것이 없어져 버리고 정상이 되어버린 것을 보고 의사가 "어떻게 된 거냐?"고 물으니 명랑하신 우리 권사님이 대답하시기를 "저는 금식한 죄 밖에 없어요."라고 한 후, 의사선생님이 기가 막혀 하시고 까르르 웃으시던 우리 권사님이 생각납니다.

회개하지 못한 백성에게 병도 주고 또 고쳐줄 수 있는 손의 은혜도 주시는 것입니다. 은사를 받아 기도하여 고칠 때에도 회개가 기본이 되어야 합니다. 회개되지 않고 고침을 받으면 또 재발 될 확률이 많으니, 금식과 기도를 통하여 회개시키고 치료해 준다면 재발 가능성이 없이 행복한 삶을 추구할 수 있게 될 것입니다. 우리 모두 병 고치는 은사를 사모하여 사랑하는 그의 자녀들을 영·육 구원합시다.

온전하게 할 수 있는 것은 금식을 통하여 병의 근원자인 흉악의 결박자를 풀어내는 것입니다(사58:6). 그리고 나면 약도 잘 들고 의사 선생님도 더욱더 칭찬을 받게 되겠지요. 결박자를 풀어내고 난 그들이 준 흔적만 제거해주면 되니까요.

능력 행함

1) 첫째, 귀신을 쫓아내는 것입니다.

귀신, 사단, 마귀를 우리의 삶에서 쫓아내는 것인데, 우리가 알고 있는 것은 "예수님 이름으로 이 더러운 귀신아 나가라(막5:8)." 라는 말로만 귀신을 쫓는 것으로 알고 있습니다. 그래서 사람을 붙잡고, 실랑이하고, 때리고 상처를 내기도 합니다. 실제로 때리면서 귀신을 쫓아내면 자신의 육이 일어나서 화가 나고, 울분하고, 육신이 피곤해지며, 신경질이 나서 조급해지고, 조급해지면 여러 가지의 문제가 파생 될 수 있습니다.

귀신 들린 사람, 정신병, 우울증, 알코올중독(술 귀신), 횡설수설, 우유부단, 암, 혈관계질환 등 각종 질병들은 귀신이 주는 것인데, 실제로 피곤하여 걸린 감기도 계속 지속되어 살펴보면 귀신이 잡고 있는 것을 볼 수 있습니다. 아무리 기도해도 안 되지요. 그 많은 우울증 환자들, 정신병동에서 죽어가는 영혼들, 술 귀신에게 걸려 죽어가며, 간암, 간경화, 간계동의 온갖 병에 걸린 자들을 데려다 주어도 100명이라면 한두 명 고쳐질까 말까 하는 것입니다. 손을 얹어 기도하면 해결 할 수 있는 확률입니다.

능력 행함이라 하면 단계 높은 방법을 알기를 원합니다. 사단, 마귀, 귀신의 존재를 파악하여 그들의 움직임을 알고 거기에 대처하면 하나님께서 하늘나라에 법에 대해서 말씀하신 대로 성경에 이럴 때는 이렇게 하면 풀리느니라(사58:6). 그대로 하면 됩니다.

단 한 번에 귀신을 쫓아내는 것이 능력자가 아닙니다. 성경을 알아 성경에 대비하여 조금씩 풀고 온전하게 만들며, 언제든지 회개거리가 생겼을 때 들어오는 사단, 마귀, 귀신을 또 나가게 하는 방법을 성경에서 알아내는 자가 지혜 가진(전7:19~22) 회개시키는 능력자입니다.

어떤 사람이 회개와 용서 없이 손을 대어 귀신을 쫓아냈다고 가정해 봅시다. 그 능력자의 앞을 떠나 얼마 지나지 않아 그 귀신은 도로 들어갑니다. 그래서 우리는 성경을 열어 사람 속에 귀신의 들락거릴 수 있도록 만들어진 영계를 보고 대처해주면(삼상16:14), 그의 사랑하시는 자들이 안전하게 살 수 있는 길을 열어 주는 것입니다.

이런 사람을 능력자라 할 수 있습니다. 손을 얹어 예수 이름으로 귀신을 쫓아내면 영으로 보면 사람의 살이 뚫어집니다. 그러나 능력자의 손아래서 금식과 기도로 흉악의 결박을 풀고 서로 사랑하며 천천히 가면 너무나도 사랑스러운 방법으로 육신의 손상 없이 해결됩니다.

우리가 목회를 하다보면 기도해도 손을 얹어도 해결 할 수 없는 정신적인 문제, 육체의 병 문제 때문에 목회의 힘을 잃는 경우가 많습니다. 자신도 마찬가지입니다. 금식과 병행하시면 자연스럽게 낫게 되며, 능력은 사랑하는데 쓰시면 병도 더욱 잘 고쳐지고, 아버지도 사랑하는 예수님께서도 일을 더욱 더 잘 하실 수 있도록 우리가 돕는 길입니다.

2) 둘째, 능력이 무엇인가?

① 자신을 보는 것입니다.(계1:2).
 - 계급을 보라(딤후2:3, 군사는 계급이 있습니다)
 - 예수님과의 관계는? 친구, 형제, 신부, 제사장(고후11:2, 계 1:5~6), 사도(고전12:28, 히3:1)
 - 말과 행위가 어떠한가?
 - 성령의 열매를 맺었는가?(갈5:22)

② 자신을 거룩하게 지키는 것(고전3:7,8, 약1:27)
③ 예수의 이름으로 더러운 귀신아 나가라(막5:8절 등)

자신을 제대로 이끌지 못하는 능력이 무엇에 유익하게 쓰임을 받겠습니까? 많은 사람을 천국으로 이끌고 아름다운 삶으로 이끌어도 자신이 그러하지 못하다면 누가 나의 능력을 믿겠습니까?

지금 자신의 모든 것을 꿈과 환상으로 보고 겸손과 함께 나의 기쁨이요 면류관인 사랑하는 자들을(빌4:1) 향하여 주신 힘과 능력을 쓴다면 아버지! 예수님! 성령님께서 더욱 더 기뻐하실 것입니다. 사랑합니다.

예언

예언이라고 하면 쉽게 어떤 분에게 가서 "사랑하는 내 딸아 내 아들아 너는 이렇게 하여라(고전14:3)." 라고 듣는 것을 말합니다. 예언은 사람에게 말하여 덕을 세우며 권면하여 안위하는 것으로, 예언은 교회에 덕을 세운다고 하십니다(고전14:4).

"예언을 하면 믿지 아니하는 자들이나 무식한 자들(영을 모르는 자들)이 들어와서 모든 사람에게 책망을 들으며 모든 사람에게 판단을 받고 그 마음속에 숨은 일이 드러나게 되므로 엎드리어 하나님께 경배하며(고전14:24~25)"

예언은 숨은 죄를 드러나게 하는데 사용하여야 한다고 말씀 하십니다. 길을 지정하고 나아갈 방향을 제시 받는 것은 꿈과 환상으로 하고 거기에 준하여 살아갈 때에 우리가 알지 못하는 숨은 죄들이 있는데 그것을 끌어내어 회개하고 하나님을 경배하여 섬길 수 있는 사람으로 이끌어야 된다는 것입니다.

① 마음의 예언(겔13장) : 나의 모든 인생이 잘못 가게 됩니다.

② 사단의 예언(출20장, 롬1:23) : 우리 민족의 고통은 심령에서 나오는 예언의 위험성에 대해서 말씀하고 계십니다(「성경으로 해석하는 꿈과 환상」에서 자세히).

③ 상담을 통한 예언을 할 수 있습니다.

상담 시에는 상대의 상황과 마음 상태를 듣고 성경에 비추어 해주는 것인데 성경적이며, 성령님의 인도하심을 따라 상당히 수준 있는 예언을 성경적으로 하며 상담자의 영성을 보살펴 줄 수 있게 됩니다.

이런 예언을 하려면 성경을 많이 읽어야 하며(계1:2) 꿈, 환상을 보아야 합니다. 창세기부터 계시록까지의 성경을 성령님을 통하여 통달(고전2:10) 하고 있는 사람이 훈련을 통과한 후에 할 수 있는 일입니다. 모든 삶의 움직임을 성경을 가지고 잘한 것 잘못한 것을 체크하여 회개시켜주고 칭찬하여 삶의 평강을 지도해줘야 되는 것입니다. 우리 모두 우리 민족에 맞는 성경적인 예언자들이 되길 원합니다.

④ 예언이 바르게 나온다 해도 그 단어가 해석되어야만이 삶에 접목된다는 것을 깨닫습니다. 더욱 연구해야 됨.

영 분별의 은사

　하나님 나라의 기본입니다. 빛과 어둠을 나누신 하나님을(창1:2) 보고 우리의 영의 세계인 빛(예수님)과 어둠(사단)을 알아보지 못한다면, 우리는 영의 삶을 사는 이 땅의 사람으로서 피해 갈 수 있는 모든 상황을 피해가지 못하여 늘 어려움 속에서 허덕이게 됩니다.

　영 분별의 은사가 있다고는 하는데 자신조차도 분별하지 못하고 있는 것을 볼 수 있습니다.

　영은 이렇게 분별합니다.

　사람 속에 들어 갈 수 있는 영은 성령과 악령(사단, 마귀, 귀신)입니다(삼상16:14).

　그렇다면 어떤 사람에게 어떤 영이 들어있는지 분별하는 방법은 그 사람의 인격을 보면 금방 알 수가 있습니다.

　성령이 함께하는 사람의 나타나는 인격은 사랑과 희락과 화평케 하며, 매사에 오래 참고 자비와 양선과 충성스러움을 보이며, 아버지의 명령을 따르는 온유함을 가지고 있으며 절제의 모습을 보입니다(갈5:22~23).

　악령(사단, 마귀, 귀신)이 들어 있는 사람의 인격은 음행과 더러운 것과 호색, 우상 숭배, 술수, 원수 맺는 것, 분쟁, 시기, 분냄, 당 짓는 것, 분리하는 것, 이단과 투기와 술 취함과 방탕함과 또 그와 같은 것들(갈5:19~21) 곧 모든 불의, 추악, 탐욕(지금 가질 수 없는 것을 갖고자 하는 것), 악의, 시기, 살인(미워하는 것), 분쟁, 사기 악독이 가득한 것, 수군수군하는 것, 비방하는 것, 하나님을 미워 하는 것, 능욕, 교만, 무정한 것, 무자비한 자(롬1:29~31) 이런 일 들을 누추하다고 표현하셨고(엡5:4), 어리석은 말이나 희롱의 말도 마땅치 아니하다고 하셨습니다.

이 두 가지의 분류는 인격으로 나타난 것이고 환경적으로 나타나 는 것은, 우리 조상들의 우상숭배의 죄와 우리의 불순종의 죄 때문 에 "저희를 그 상실함에 버려 두사 마땅치 않은 일을 하게 하셨으니 (롬1:12, 23, 28)" 가난하고, 가난하고, 자녀가 안 되고, 병들고, 죽 음을 갖다 주는 환경이 뒤따른다고 되어 있고(렘15:1~3, 레26장), 앞에서 말한 인격으로(렘15:1~3;롬1:29~31) 나타나고, 가정적으로 나타나 있는데 영을 분별하는 여러 가지의 마음으로 느끼는 것, 또 속이 보여서 악령이 들어 있는 것을 보는 분들도 있겠습니다.

가장 성경적이며 포괄적으로 볼 수 있는 방법을 찾는 것입니다. 영이신 하나님을(요4:24) 섬기는 데에 있어서 빛(예수님), 어둠(사 단의 세계)을 알지 못한다면 사람을 도와도 육신적인 방법밖에 사용 할 수 없습니다. 그 방법은 결국 죽음으로 인도합니다.

그러나 영을 이해하면 쉽게 도울 수 있는 방법이 터득됩니다. 하 나님의 말씀대로 그대로 되게 하려면 먼저 빛과 어둠을 분별하면(

창1:5) 됩니다. 아버지께서 원하시는 것과 우리가 원하는 것이 하나가 되어 그대로 이루어집니다. 불순종으로부터 온 우리의 상실함에 버려진 인격적인 것이나(갈5:16~, 롬1:29~) 환경으로 나타난(레26:14~, 렘15:1~3) 저주는 기뻐하는 금식을 통하여 흉악의 결박을 풀어주면(사58:6) 해결됩니다.

육신의 나라에서도 법에 저촉되는 일이 생겼을 때에, 예를 들면 자동차를 타고 가다가 규정 속도 80Km 도로에서 90Km, 100Km, 120Km 등 법을 위반하면 정도에 따라 벌금이 달라지듯이, 또 음주 운전도 한번, 두 번, 세 번 하면 계속적으로 벌금이 많아지듯이, 하나님께서 만드신 하늘의 법 책인 성경은 너희가 이와 같이 불법하면 벌이 따르고, 회개하고 용서하여 기뻐하는 금식을 하면, 벌금을 내는 것과 같이 원상 복구가 됩니다. 하늘과 땅은 통일되어 있습니다(엡1:10).

이제 영들 분별함을 성경적으로 접근해 보시면 어떨까요? 영 분별의 은사를 받아 성경을 통하여 분별하여 인격적이신 하나님을 만나보시지요. 나와 사랑하시는 자들을 보호하는 방책이기도 합니다.

각종 방언 말함

여러 가지 은사들이 다른 사람을 위하는 것이라면 방언은 나를 위한 것입니다. 모든 은사의 기본이며 방언을 받지 않고서야 하나님과 어떻게 깊이 있게 교제를 나눌 수 있겠습니까? 우리가 입술로 구하는 모든 것은 육신적인 것만을 구하고, 하나님은 영혼이 잘되는 기도를 원하시는데 성령께서 주신 방언을 받게 된다면, "마음을 감찰하시는 이가 성령의 생각을 아시나니 이는 성령이 하나님의 뜻대로 성도를 위하여 간구하시느니라(롬8:27)."는 말씀처럼 이 기도는 모든 일에 합력하여 선을 이루십니다(롬8:26).

"성령은 모든 것을 곧 하나님의 깊은 것이라도 통달하시느니라. 사람의 사정은 사람 속에 있는 영 외에 누가 알리요. 이와 같이 하나님 사정도 하나님의 영 외에는 아무도 알지 못하시느니라(고전2:10~11)" 성령께서 기도를 해주셔야만 내가 알지 못하는 내 영혼이 잘되는 기도, 하나님이 기뻐하시는 기도를 할 수 있습니다.

방언을 말하는 자는 자기의 덕을 세운다. 즉 자신을 위한 것이며 하나님께서 들으시고 "브라보! 브라보!"라고 하시면서 기뻐하신다는 뜻입니다. 그런데 문제는 사람들이 방언 통역의 은사가 없으므로 무슨 소린지 알아들을 수 없어서 재미가 없다고 하기 싫다는 사람도 있습니다. 그러므로 통역하기를 구하라 하셨습니다(고전 14:13). 그런데 쉬운 것은 아니겠지요. 그러니 방언으로 기도하며 방법을 터득한다면 통역이 없이도 별 어려움이 없이 할 수 있습니다. 내가 영으로 기도하고 또 마음으로 기도하며(고전14:15) 방언으로 기도하다 보면 무슨 말인지 알아들을 순 없는데 마음에서 생각나는 사람들과 일들이 있습니다.

그때에 "아! 이 기도를 하고 계시는구나"라고 생각하고 방언으로 기도한 채로 마음으로 구합니다. 생각나는 사람과 사건에 대하여, 그러면 이중 기도가 이루어져서, 방언으로 마음으로 우리의 기도의 항아리를 신속히 채울 수 있습니다. 예수님의 첫 번째 기적의 사건을 보면 항아리를 가득 채워라. 떠다줘라. 예수님의 명령에 묻지도 않고 순종했던 그들, 만약에 항아리 채울 때에 8부, 9부 채웠으면 어떻게 되었을 까요? 그것은 이루어지지 못했을 것입니다(요 2:1~11).

기도의 항아리는 말로 하는 육신의 것만을 추구하는 기도로는 좀처럼 채워지지 않습니다. 아버지께서 기뻐하시는 영의 기도(방언)라야만 빨리 찬다는 것을 깨닫고, 우리 모두 방언 그리고 또 통역의 은사를 구하도록 기도하시고 애쓰시는 것이 어떻습니까? 하나님과 비밀의 대화 즉 밀담이 이루어지면 신나는 일이 생깁니다. 영혼이 잘되면 범사가 잘되고 강건합니다.(요삼1:2) 롬12:6절 이하의 은사 외에도 여러 가지의 은사가 많이 있고 하나님을 섬기는 도구도 사람의 성격과 각각의 성품에 따라 여러 가지로 나타납니다.

그러나 하나님께서 저희에게 권면하십니다. 더욱 큰 은사를 사모하라. 사랑은 언제나 오래 참고, 사랑은 언제나 온유사며, 사랑은 성내지 아니하며, 진리와 함께 기뻐하네.(고전13장) 우리가 은사를 받아 내 몸을 불사르게 내어주어 남을 위해 봉사할지라도 나에게는 아무런 유익이 없다 하시니, 사랑의 본체이신 하나님을 내 마음에 온전히 모시는 성령의 전이 내가 된다면 은사의 주인이 나에게 오셨으니 모든 은사가 나의 것이 됩니다.

내 삶의 24시간을 온전히 주장하사 다른 사람보다 부족하고 연약해도 사랑하는 나의 아버지가 함께 하심으로, 사나 죽으나 주의 것이며(롬14:8) 내가 미쳤어도 온전하였어도(고후5:13) 그리스도와 함께 사는 평안이며, 감사며(몬1:20), 나를 나라와 제사장으로 삼으신(계1:5) 내 아버지를 위해서 아낌없이 죽고 충성하는 저와 여러분이 되며, 이 민족이 될 것입니다. 그것이 성령충만을 구하여내 속에서 온전히 살게 해드리는 것입니다

1) 완전사역과 부분사역(마5:17, 고전12:7~11)

(1) 완전사역

(삼위일체 하나님을 가르치고 성령님을 모시고 살 수 있게 하는 것)

하나님(출2:14~15), 예수님(사9:6), 성령님(요일5:20)을 바르게 알고 가르치는 것입니다. 그리고 하나님께서 성령님을 통하여 주시는 꿈과 환상으로 대화를 이루고 어떻게 하면 아버지께서 기뻐하시

는지 슬퍼하는지를 알고 사랑하시는 자들에게 가르치고 삶에 접목하고 또 접목하는 방법을 가르치는 것입니다.

(2) 부분사역(은사사역)

성령님께서 주시는 자신의 은사로 아버지를 섬기며 그에 사랑하시는 자들을 섬기는 것입니다(빌4:1).

우리는 이 두 사역을 함께 해 나가야 합니다. 우리가 아무리 큰 은사가 있어도 그 은사의 주인이신 성령님을 알지 못한다면, 내 몸을 불태우게 남을 위해 내어준다 해도 그것은 나에게 아무런 유익이 되지 않는다고(고전13:3) 하십니다. 사랑의 주인이신 성령님 아버지를 알지 못하고 모시지 못한다면 우리에겐 모든 것이 시간낭비입니다. 우리는 완전사역과 부분사역을 준비하여 사랑 받는 자리에 있기를 원합니다.

2) 현재 기도원 사역의 문제점과 해결책

(1) 물질문제, 십일조, 감사, 구제 헌금이 십일조로 되어 있습니다.(레27:27~33) 이 물질은 내가 영에 양식을 먹고 있는 교회에 바쳐져야 되는 것이 말라기 3장 10절 말씀입니다. 그런데 많은 분들의 이야기를 듣다보니 이 헌금을 기도원에 드리게 하고 또 집을 방문하여 돈을 요구하는 여러 가지 비정상적인 형태가 판을 치는 것 같습니다. 이것은 옳지 않습니다. 기도원은 필요한 부분의 자신들의 사정에 따른 감사 헌금이 있어야 하겠지요.

(2) 성령님을 제대로 가르치지 못한 완전사역의 부재입니다(마 5:17). 은사의 주인이신 성령님을 은사를 받아서 일을 하고 있는 주의 종들이 잘 알지 못하는 것이 큰 문제라고 볼 수 있겠습니다.

(3) 교회의 사역과 기도원의 사역을 이해하지 못해서 룰을 깨는 것입니다. 첫째, 교회 사역은 초보자들을 구원해서 양육 성장시키는 곳입니다. 둘째, 기도원 사역은 성장과정이나 성장 된 사랑하는 자들이 문제가 생겼을 때 무엇이 잘못되어 그런 것인지를 영으로 보고 영혼이 잘되면 범사가 잘 되고 강건한 것인데(요삼1:2), 영혼이 왜 잘못되었는지의 이유를 성경을 통하여 아버지께 여쭤보고 잘못되어 있는 부분들을 금식과 기도를 통하여 회개 용서시키고 잘못되어 있는 부분들을 잘되게(가난, 병, 자식 안됨, 죽음 병, 레26:14~) 하여 교회에 복구시켜 목사님을 잘 섬기고 하나님께 순종하게 하는 것이 기도원의 사역입니다.

이 연계 관계의 룰이 깨져서 기도원에서 교회의 성도를 자기 양인 양 심방 다니고 찾아다녀 혼잡케 하고 교회에 드려져야 하는 헌금을 착취하는 등의 문제 때문에 목사님들이 기도원을 믿지 못하는 일들이 있어 성도들이 간단하게 해결 할 수 있는 문제들을 해결치 못하여 전전긍긍하면서 일어나는 파생의 일들이 너무 많아졌습니다. 그럴 때 바람직한 기도원을 찾아 지도 받고 금식하고 기도하면 원상 복구되어 정상적인 삶을 살 수 잇는 것입니다.

그의 양떼들을 잘 보살피는 기도원과 교회가 되어 아버지 앞에 칭찬받고 사랑받기를 원합니다.

　기도원이 살아야 합니다. 우리 민족의 산 속마다 자리 잡고 있는 저주의 끈들이 지금도 우상숭배의 죄를 조장하고 있습니다. 우리는 그 옆마다 기도원을 세워 기도하고 금식하면 그들은 무너집니다. 예수님의 신부된 저를 보호하기 위해서 하늘나라에서 전쟁을 통하여 공룡귀신을 내쫓는 바람에 이곳 절은 망했습니다. 그 곳 가까운 곳에 예수님의 신부들이 자리 잡으면 하늘나라의 원리에 의해서 산 속에 그 귀신들은 모두 청소됩니다. 금식기도원교회는 높은 산을 중심으로 울타리를 쳐서 영들을 막아 금식과 기도로 싸워야 하고, 교회는 평지에서 사랑하는 자들의 영혼 구원을 위해서 애쓰고 수고하며 사랑스러운 연계관계를 맺으며 아버지 사랑하시는 영혼들의 영·육의 복을 위해 애쓴다면 우리는 악의 무리를 물리칠 힘과 능력이 100배 증가하게 됩니다. 그 날을 소망하며 열심히 예수님의 신부들을(계22:17) 탄생시키고 복 된 이 민족의 앞날을 꿈꿔봅니다. 우상숭배가 없는 나라를 사랑합니다.

성령충만을 받게 되면

① 지혜와 지식의 말씀이 주어진다(고전12:8). 성도를 잘 가르치겠지요.

② 표적의 사역이 이루어진다(행4:16). 부흥이 되겠지요.

③ 환상, 꿈이 주어진다(행2:17). 분별이 확실해지겠지요.

④ 가르치시고 생각나게 하신다(요14:27). 평안한 삶이 오겠지요.

⑤ 감동의 지시하심이 분명해진다(눅2:21~35). 예수님의 뜻대로 사니 예수님의 모친이요 형제가 되니 예수님을 만날 수 있겠지요.

⑥ 충성된 종이 되게 하시어 때를 따라 양식을 나누어 주게 하시며 술 취한 종이 되지 않게 하신다(마24:45~51). 많은 것을 맡기시겠지요.

⑦ 표적과 기사를 행하게 하사 자기 은혜의 말씀을 전하게 하신다(행14:3). 따끈따끈한 인절미를 먹이시겠지요.

⑧ 보지 못한 눈을 열어 보이지 않는 세상에 있는 주님을 바라보게 된다(행9:1). 영계가 열리겠지요. 하늘나라 비밀을 아시겠네요(마13:11~13).

⑨ 영계를 아는 지도자가 되어 가르치게 된다(행8:31). 많은 사람

이 따르시겠어요.

⑩ 은사가 주어진다(고전12:1~11, 행19:6). 나라와 교회와 가정이 부흥하겠네요.

⑪ 희한한 능력도 행하게 하신다(행11:12). 부흥이 따릅니다.

⑫ 표적으로 주의 말씀이 힘이 있어 흥왕하여 세력을 얻는다(행19:20, 행4:16, 12:24). 부흥이 따릅니다.

⑬ 생명의 말씀(롬8:2)을 전하게 하신다. 삶이 살아나겠네요.

⑭ 스데반 집사와 같이 예수님처럼 죽을 수 있다(행6:1). 열매 맺겠네요(요12:24).

⑮ 육이 죽어 영을 살리고 반드시 살 길을 만들 수 있다(롬8:13). 형통해지시겠어요.

⑯ 한 알의 밀알이 되어 죽을 수 있다(요12:24). 귀한 삶이 되겠어요(요12:26).

⑰ 귀한 사람이 되어 아버지 앞에 기쁨을 드리고 두 가지의 노래를 부르게 해 드립니다.(사5:1) 사랑받으시겠어요.

⑱ 꿈과 환상이 또렷해져서 아버지와 대화가 활발해집니다.

⑲ 꿈과 환상으로 응답 받은 그 범위로 삶으로 연결하는 생각나게 하심(요14:27)과 감동(눅2:27)이 또렷해져서 두려운 삶에서 벗어나 평안한 삶으로 바뀐다(요14:28). 순종하는 방법이기 때문입니다.

성령충만을 유지하려면
① 성령님과의 대화가 이루어져서 불순종을 면해야 한다.

② 불순종을 하지 않으려면 꿈과 환상으로 대화하는 방법을 터득한다.

③ 한 달에 한 번씩 1~3일 정도 금식한다.

행복한 하루, 웃을 수 있는 하루, 잘하진 못해도 날마다 최선을 다하는 하루가 주어집니다.

화이팅! 사랑합니다. 아버지! 예수님! 성령님께서 저와 여러분 때문에 춤추십니다. 할렐루야!

◎ 벧엘 금식기도원교회

- 전 성도가 금식하고 꿈과 환상으로 응답받는 금식기도원교회
- 전국에 사랑하는 종들과 백성들을 하나님 기뻐하는 금식을 하게 하고(사58:6), 아름다운 미소와 봉사로 섬기는 행복한 종들과 백성들이 훈련하며 사는 기도원.

Tel) 031-531-5549 | E-mail) is0224@hanmail.net

주소) 경기도 포천시 내촌면 내리 232번지

도로명 주소) 경기도 포천시 내촌면 내촌로 175번지 19-8